イノベーションの
未来予想図

—専門家40名が提案する20年後の社会—

水野勝之・土居拓務［編著］

創成社

はじめに

２０２１年2月22日衆議院財政金融委員会に参考人として招かれた。その際、「近年、日本にＧＡＦＡのような企業が生まれないのはなぜか」という質問を受けた。誰もが不思議に思うところである。なぜ技術大国の日本が技術で世界に負けているのか。なぜ世界で勝ちうる新規企業が生まれてこないのか。

紙の通帳発行を有料化すると言い放ったみずほ銀行がシステム障害ばかりおこしている。クレジットカードで預金を引き出そうとしたら吸い込まれて出てこなくなったという事例も発生した。大企業の技術はどうなっているのであろうか。大企業でさえ、頭で考えていることに行動が伴わない。まさに、技術進歩で世界をリードできない日本の現在の象徴のような出来事であった。

高度な技術力があるにもかかわらず、日本の企業は鳴かず飛ばずである。日本で技術革新、つまりイノベーションが進まない。いや、スーパーコンピュータ富嶽などはそれこそ性能世界1位というように日本の技術進歩は急速に進んでいるのであるが、ＧＡＦＡやファーウェイなどに匹敵する企業が生まれない。トヨタの社長がタレント風にコマーシャル出演、総務省幹部を接待した大企業はと言えば昭和からのＮＴＴ。昭和真っ盛りである。昭和からのトヨタ、ホンダ、ソニー、任天堂、ＮＴＴ等が今も日本経済をけん引する大企業であり、平成に生まれた大企業も世界経済を引っ張るイノベーション企業とはいいがたい。産業地図が大きく書き換えられないでいる。その原因はどこにあるのか。どうやら技術だけの問題ではないようだ。

イノベーションは経済の構造変化に大きくかかわっている。よって、日本の経済の構造がイノベーション大企業の誕生を阻害している。本書の目的は、読者の皆さんにその構造を打破することに賛同をいただき、技術進歩で夢を抱いていただくことである。空想だけでは仕方ない。その道の専門のプロが、現在の技術進歩の課題解決と方向性に基づいて未来図を描く。その未来図を目指して、日本から次々にイノベーション企業が誕生してほしいものである。その中のいくつかは世界をリードするイノベーション大企業に成長してほしい。

本書は、昨年刊行した『コロナ時代の経済復興―専門家40人からの明日への緊急提案―』水野勝之編著、創成社、304頁（2020年8月28日）をシリーズ化した書である。シリーズ化に協力いただいた株式会社創成社塚田尚寛、西田徹両氏に感謝申し上げる。執筆内容・表現については各執筆者の責任とする。

令和3年4月

水野勝之

目次

《著者紹介》（執筆順）

水野　勝之　明治大学教授（p.1 ～）
庵原　幸恵　明治大学客員研究員（p.8 ～）
庵原　　悠　（株）オカムラ デザインストラテジスト（p.17 ～）
平嶋　彰英　立教大学特任教授／総務省元局長（p.25 ～）
高橋　未来　Pictet Asset Management（Japan）Ltd（p.36 ～）
香坂　　玲　名古屋大学大学院教授（p.43 ～）
川端祐一郎　京都大学大学院助教（p.52 ～）
肥後　彰秀　（株）TRUSTDOCK 取締役（p.60 ～）
河又　貴洋　長崎県立大学准教授（p.71 ～）
山口　文彦　長崎県立大学教授（p.80 ～）
小川　　健　専修大学准教授（p.86 ～）
高橋祐一郎　農林水産省農林水産政策研究所上席主任研究官（p.94 ～）
土居　　望　コラムニスト／土居治療院院長（p.105 ～）
藤井　　聡　京都大学教授（p.110 ～）
楠本　眞司　松山大学講師（p.119 ～）
川合　宏之　流通科学大学准教授（p.127 ～）
多久　俊平　東京ガス（株）DI 戦略部エネルギーイノベーション G 課長（p.133 ～）
神井　弘之　農林水産省大臣官房審議官（p.139 ～）
中逸　博光　熊本県長洲町長（p.150 ～）
竹田　英司　長崎県立大学准教授（p.159 ～）
中村　賢軌　明治大学大学院博士前期課程（p.165 ～）
安藤　詩緒　拓殖大学准教授（p.173 ～）
北野　　大　秋草学園短期大学学長（p.180 ～）
河合　芳樹　明治大学客員研究員（p.190 ～）
赤石　秀之　明治大学兼任講師（p.199 ～）
土居　拓務　明治大学兼任講師（p.206 ～）
南部　和香　青山学院大学准教授（p.214 ～）
中川　直子　中央大学客員教授（p.224 ～）
野竹　章良　(株)野村総合研究所主任アプリケーションエンジニア(p.231 ～)
越山　和明　合資会社ウェイクアップ代表（p.239 ～）
鈴木　　均　明治大学客員研究員／共立女子大学非常勤講師（p.246 ～）
佐藤　大樹　行政ジャーナリスト（p.256 ～）
本田　知之　明治大学客員研究員／一般社団法人 Pine Grace 理事(p.266 ～)
島崎加奈子　業務効率化コンサルタント・フリーランス（p.276 ～）
石田　秀輝　東北大学名誉教授／地球村研究室代表（p.282 ～）
施　　光恒　九州大学教授（p.289 ～）
伊藤　康貴　長崎県立大学講師（p.296 ～）
濵本　賢二　松山大学講師（p.304 ～）
伊藤　紀子　経済コラムニスト（p.310 ～）
松野　寛子　宗谷森林管理署森林官（礼文担当区）（p.317 ～）

第1章　イノベーション

第1節　日本における技術進歩の必要性と課題（注1）

明治大学教授　水野勝之

1　基本的考え

経済では一方的な思考がなされがちである。景気が良いと、その状態が永遠に続くと錯覚してしまう。それに警鐘を鳴らしたのが、かつてのレスター、C・サローの「ゼロ・サム社会」という考え方であった。光と影のように、プラスがあれば他方でマイナスが存在する。儲かる人たちもいれば損する人たちもいて、平均でゼロになるという。1人の人でも、人生プラスの時もあればマイナスの時もある。結局、社会全体の経済のプラスマイナスの合計はゼロという考え方である。経済は少しずつ成長しているので厳密にはゼロではないが、ゼロサムを基準に経済諸課題に対処するのは重要なことである。

2 イノベーション

水野の前編著（２０２０ｂ）で必要性を述べたのが、イノベーションについてである。経済社会がゼロ・サムならば、その全体を底上げすればよい。それは技術革新、つまりイノベーションで可能になる。ＩＣＴにしてもＡＩにしても、イノベーションの真っただ中である。自動車の自動運転、ドローン、ロボットなどいくらでも可能性がある。３Ｄプリンターで、大型の建物も造りえる時代がやってくる。個人も社会も飛躍のチャンスである。

ところが、日本は島国で、自分たちの技術力の高さに酔ってガラパゴス化しがちであった。日本の中小企業の中には、世界の市場の大半のシェアを占める部品を作っている会社もあるが、結局は日本の中の下請け企業が世界の下請け企業になったに過ぎない。本当に日本の技術力が高いのかというと、日本を代表する企業でさえ国産航空機が作れない、クルーズ船を作っても大幅赤字という情けない事実もあった。近年の日本は、肝心の技術力で世界に挑みきれていない。

コロナ禍で設備投資や建設投資を主要因とする景気回復策に頼れない今、世界でも屈指の技術力の高さの日本として、イノベーション力で景気を良くしていくべきである。イノベーションにより、ゼロ・サム状態の社会全体を底上げしよう。目先のマイナスの解決ばかり急がず、実は存在する技術のプラスの芽に気づき、それを育てることが大切である。本書の他章で述べるように、イノベーションを育てることこそ経済再生のカギなのである。イノベーションを促進していくべきである。

3 日本で世界経済的技術進歩が進まない理由〜創造的破壊〜（注2）

では、技術大国であったはずの日本が、いつの間にか世界に後れを取るようになったのはなぜなのか。その理由を考えてみたい。

（1）創造的破壊

創造的破壊という言葉がある。ヨーゼフ・アロイス・シュンペーターという経済学者が「創造的破壊」という言葉を使った。イノベーション期には、マイナスになる企業での失業者の発生は、新たにプラスとなる企業の雇用でまかなわれるという考え方である。新たに生まれる企業と廃れていく企業が混在するイノベーション期には、そのような雇用、産業構造に関して創造と破壊が同時発生する（注3）。日本はこの創造的破壊がスムーズにはこなせていない。

「創造」という点には100％近い人が賛成する。だが、「破壊」という点には、大半の人が反対する。産業を破壊すれば、多くの人が路頭に迷うからである。19世紀の産業革命の時も、労働節約的な生産に変わることに反対してラッダイト運動という労働運動が起きた。仕事を奪われる雇用の破壊に対して、古今東西問わず人々は反発してきた（注4）。

イノベーションは、この破壊を呼び起こす。日本人はこの「破壊」が苦手である。人が一時的に不幸になるのを避けたい。破壊を避けるためには、イノベーションを避けたくなる。戦後の復興で「創造＋創造」で済んだ昭和期には、日本に世界的イノベーション企業が続々と誕生したが、雇用の安定した平成期には、協力し合うことが前提の農耕民族の日本では「創造＋破壊」がスムーズに進められなかった。その証拠に、2019年の大学生の就職人気企業の上位第18位までは昭和からの企業であった（注5）。第4次産業革命と叫びながらも、実は日本では抜本的産業構造変革を進め、産業地図を大幅に書き換えることができていない。

(2) 創造的破壊の未来図

コロナ禍後に本格的経済成長を図りたいならば、この創造的破壊を進めるべきである。だが、創造的破壊も従来とは異なるとらえ方をしなければならない。それは、創造的破壊と同時に文化に関する変革も必要となるということである。コロナ禍で、新たな経済の形として、

①災害時産業や個人に、収入のストップを補うための給付を行うこと
②自宅にいながらリモートで仕事をすること

を学んだ。20年後には、ＡＩが進化し、機械が人間の仕事のほとんどをこなせるようになるという（２０４５年問題）。人は機械に仕事を奪われる。創造的破壊の破壊の部分に相当する。これまでにない画期的技術進歩の下では、新たな仕事を人間全員に創れないわけだから、現在議論が出始めているベーシックインカムの給付が現実化し、それが創造にあたることになろう。その際、機械が人の仕事を代替するので、現在も案として出ている週休３日制が週休５～７日制ともなりかねず、仕事をするにしても自宅にいながらになるのかもしれない。コロナ禍での①、②が本格的に実現するわけである。すると、人間は目標を失い、怠惰になりかねない。この「創造なき破壊」に対処できるよう、その時の生きがい作りを講じておく必要がある。経済学もその他学問も、閉鎖的専門領域の垣根を越えて、新たな人間の生き方について学問横断的に今から考えていく必要がある。

4　結び～イノベーションと「創造なき破壊」の両立

新型コロナで落ち込んだ経済に対して、イノベーションの力で経済を立て直していくべきである（注６）。日本でもイノベーション社会を実現し、20年後には産業地図を塗り替えてほしい。若い人が総保守化してしまい、前述のように、今の就職人気先が昭和の時と変わらない企業ばかりというのでは、イノベーション企業に優秀な人材を回せない。昭和のトヨタ、ホンダ、ソニー、任天堂等を懐かしんではいられない。現時点でも第一線で日本をリードする彼らを脅かすようなイノベーション企業に次々登場してほしい。今後、カーボンニュートラルへ向かっての環境産業、宇宙開発に向けての民間宇宙産業、ベーシックインカムを前提とした文化産業などの登場で、産業地図が大きく書き換えられる可能性がある。それに伴って、20年後には日本にもGAFAやファーウェイなどに匹敵する企業が複数誕生してほしい。

ただし、今回のイノベーションはこれまでのそれとは異なり、人間の労働を一方的に破壊するだけの可能性がある。イノベーションを進めると同時に、その対処法を講じておく必要がある。イノベーションの進展と「創造なき破壊」の解決の両立が求められる。

【注】

（1）２０２１年2月の衆議院財政金融委員会での参考人としての意見表明をベースとして著した。

（2）この理由について他の研究結果もある。水野勝之他（２０１９）（２０２０ａ）において、林業や防衛産業について他産業との取引実態の妥当性について検証した。水野が計算した結果、それらの産業は自分たちの産業内同士での取引に特化していて、閉鎖的であった。つまり、非効率であった。産業間の閉鎖性の打破（他産業との取引を広げる）を呼び起こし、他産業との交流によってイノベーション力を強める必要がある。

（3）同時発生といっても、1年以内の発生というよりも、数十年のスパンという意味である。

（4）The Core Term（2017）The Economy, Oxford, p.692.

（5）キャリスタ終活２０２１「発表！　２０２１年卒の就活生が選ぶ人気企業とは？　～就職希望企業ランキング：総合編～」https://job.career-tasu.jp/2021/guide/study/ranking/（閲覧日：２０２１年3月6日）

（6）　筆者は技術進歩率のラチェット効果の理論を開発した。ラチェットというのは「歯止め」という意味である。聞きなれない言葉かもしれないが、消費のラチェット効果という理論がある。景気減退期に底堅い消費行動が歯止めとなって景気を良くしてくれるという法則である。消費の歯止め効果と同様、水野勝之他（2019）では、景気後退期には、技術進歩率が向上するということを証明した。

参考文献

サロー、L（1981）『ゼロ・サム社会』岸本重陳（翻訳）阪急コミュニケーションズ。

水野勝之・土居拓務・安藤詩緒・井草　剛・竹田英司（2019）『林業の計量経済分析』五絃舎。

水野勝之・安藤詩緒・安藤　潤・井草　剛・竹田英司（2020a）『防衛の計量経済分析』五絃舎。

水野勝之（2020b）『コロナ時代の経済復興―専門家40人からの明日への緊急提案―』創成社。

水野勝之（2021）『基本経済学視点で読み解くアベノミクスの功罪』中央経済社。

The Core Term（2017）*The Economy*, Oxford.

第２節

イノベーションを起こすキーファクター
～オープンイノベーション等を踏まえた20年後の展望～

明治大学客員研究員　庵原幸恵

１　はじめに

日本の経済成長を進めた大きな要因の1つは技術進歩である。技術進歩により、便利な家電、快適な自動車等、人々の暮らしは豊かになってきた。一方で、日本からiPhoneのような新市場を新しく生み出すようなイノベーションが近年見られていない。技術が進歩することと、イノベーションが生まれることは比例しないのである。本章では、そんな日本の現状からイノベーションを起こす上で大切なキーファクターにふれ、その上で20年後の日本のイノベーションの展望について言及する。

２　破壊的イノベーションを生み出せない日本

最初に、なぜ技術進歩とイノベーションは比例しないのかを確認するところから始まろう。クリステンセンは『イノベーションのジレンマ』において、イノベーションを破壊的イノベーションと持続的イノベーションの2種類に分け定義している。持続的イノベーションは、主要顧客が求める要望をもとに、既存製品を高機能化させていくイノベーションである。一方で、破壊的イノベーションは、既存製品がもたらすことのなかったまったく新しい価値を市場にもたらすイノベーションである。それは高機能化していく持続的イノベーションとは異なり、高機能化する流れとは逆行し、機能は削ぎ落とされ、価格は下がることが多い。持続的イノベーションと破壊的イノベーションの性質は異なり、持続的イノベーションの延長線上には破壊的イノベーションは起こらないのである。いわゆる「イノベーション」という言葉でイメージする、革新的でまったく新しい価値をもたらすイノベーションは破壊的イノベーションであり、持続的イノベーションは日本人が得意とする「改善」のイメージに近い。日本では持続的イノベーションを行うことで、破壊的イノベーションを生み出せないという「イノベーションのジレンマ」に近年陥っていると言える。

3　破壊的イノベーションの事例〜iPhone・Wii〜

破壊的イノベーションの成功事例として、iPhoneやWiiのケースをあげる。まずiPhoneにおいては、スティーブジョブズが2007年iPhone発表のプレゼンテーションで「iPodと電話とインターネット機器を1つに」といった想いを語っている。iPhoneは携帯電話の進化版というよりも、パソコンに破壊的イノベーションをもたらしたとも言える。パソコンが改良され、高機能化されていく一方で、パソコンを低機能化、ポケットサイズにしたことにより、新しい市場を創出したのだ。

Wiiの事例も紹介する。Wiiはゲーム機の高機能化が進む時代に、技術進化を追うことはやめ、新しい顧客体験の提供を目指した。「お母さんに嫌われないゲーム機」という想いから開発が始まり、シンプルで低機能、直感的に使用できるようにしたことで、家族内の幅広い世代が使用できるようになり、お母さんの敵としてのゲーム機という存在から、「家族全員に関係のあるゲーム機」という存在として、新市場を確立し人気を博した。

4 イノベーションを生み出せない原因と生み出すためのキーファクター

iPhoneやWiiの創出は、既存製品の延長線上で技術を改善し続ける技術進歩では生まれることはなかったであろう。既存顧客の声を真摯に聞き、「改善」を続けることで日本は成長してきた。一方で、特に大企業においては、既存の延長線からはずれる挑戦に対して、不寛容さもある。クリステンセンも市場の主要顧客のニーズを満たすために奔走する大企業において、破壊的イノベーションは起きづらいと述べている。それでは新しい価値を生み出すイノベーションにおいては、何が必要なのだろうか。

iPhoneとWiiに共通すること。それは、それぞれ「iPodと電話とインターネット機器を1つに」「お母さんに嫌われないゲーム機」という開発者の強い想いやコンセプトにあるのではないだろうか。事業を始める上で、ユーザーニーズの調査は重要と言われる。一方で、ユーザーが既存製品に対しての意見は言えても、見たことのない新しいニーズをユーザー自ら認識し、伝えるということには限界があると言える。だからこそ、開発者が抱く個人的な「どんな世界であるべきか」というコンセプトと、それを貫き実現するイノベーションの原点になるのではないだろうか。それが、イノベーションを生み出す1つのキーと言える。

5　時代に求められるオープンイノベーション

インターネット等の発展によって、ユーザーや社外の人々とつながりやすくなっている中、社内のリソースでイノベーションを起こすのではなく、いかに社外の力を活用してイノベーションを起こせるかがもう1つの鍵となる。社内のリソースだけに頼るクローズドイノベーションから、オープンイノベーションに移行することによって、効果の高いイノベーションの創出、コスト減、スピードアップ等多くのメリットが享受される。オープンイノベーションの重要性について確認した上で、今後のオープンイノベーションの課題についても述べていく。

6 オープンイノベーションの事例

マウンテンバイクに関しては、ユーザー発のイノベーション事例として有名である。マウンテンバイクは、米国の山道をサイクリングする愛好家たちが、自分たちの趣味志向のために改良を重ねて生み出し、それを後から製造業者が正式に開発し、市場に広く広まった。結果的に、社外の力を取り入れたユーザー発のオープンイノベーションの原点のような製品である。

NASAも社外の力を活用するために、Innocentive や Yet2.com 等のオープンイノベーションプラットフォームを積極的に活用してきた。これらの活用によりNASAの専門的な研究者たちも解決できなかった問題を社外の人が解決するケースが出てきている。Innocentive は Seeker と Solver に分かれて、課題を解決してもらいたい Seeker 側が提示した課題に対して、一般の Solver が課題を解決する。NASAの Innocentive 活用の成功事例の1つとして、退職後の一般のエンジニアが地上のデータを元に、太陽フレアの活動予測の精度を85%まで高めたケースがある。長年NASAの専門家が注力した独自システムを使っても、その精度は実現できなかった。社外の力を活用するオープンイノベーションによって、研究開発費や時間を大幅に削減できたと言える。

7 イノベーション創出の鍵となるオープンイノベーションの課題感とその活用

これらの事例を見ると、イノベーションを起こす上で、社内のリソースにとどまらず、ユーザー含め、社外のリソースをうまく活用するオープンイノベーションがいかに重要かがうかがえる。オープンイノベーションにもさまざまなタイプがあり、Innocentive のような「社外プラットフォーム活用型」、P&G の Connect and Develop やトヨタの Monet コンソーシアム等の「自社プラットフォーム・エコシステム構築型」、マウンテンバイクやLEGO等の「ユーザーコミュニティ活用型」等多様な形があり、企業は自社の特性に合わせてオープンイノベーションを実施する必要がある。

日本でも大企業とスタートアップをつなぐオープンイノベーションプラットフォームや、大企業が自社とのシナジーを生むスタートアップを支援するアクセラレーションプログラム、ユーザーとの共創キャンペーン等、オープンイノベーションの取り組みは活発に行われている。しかし手段としてのオープンイノベーション自体が目的化されてしまう傾向にあり、イノベーションを生み出す上での大きな課題である。オープンイノベーションの取り組み自体が増加する中で、今後は実際にイノベーションが生み出されたのか、その成果が求められる時代になるだろう。

そこで重要になるのが経営陣等リーダーの覚悟である。なぜならオープンイノベーションから実際にイノベーションを生み出すには、これまでのクローズドイノベーションから移行することを社員たちが理解する必要があるし、そこへのコミットメントをつくる上で、制度の整備等、経営に通じる大きな意思決定が必要だからである。P&Gでは、オープンイノベーションに舵をきるにあたり、CEOであったA・G・フリーが「イノベーションの50%を社外からもたらす」という数値目標を打ち出し、その宣言から5年あまりで社外起点の新製品を15%増の35%市場に出すことに成功している。オープンイノベーションを目的化せずに、成果につなげるためには、現場はもちろんのこと、経営陣等リーダーの覚悟が必要になる。

8 20年後の未来

技術進歩をし続けるだけでは、イノベーションは起こらない。事例をもとに、イノベーションを起こす上でのキーファクターとして、ユーザーも想像しない世界を生み出すための開発者たちの想い・コンセプトの必要性と、今の時代に特に求められるオープンイノベーションの重要性に言及した。それを踏まえ、20年後の未来についても考えていく。

20年後の未来には、日本のイノベーションの取り組みは国を超えて世界をボーダレスにつないでいくものになっていくであろうし、そうあるべきだ。前述の通り、日本でも近年オープンイノベーションの取り組みが盛んに行われているものの、国内企業同士の協業や国内事業等国内にとどまっているケースがほとんどである。コロナ禍での生活様式の変化によってオンラインで世界中の人々や企業がつながるベースができたとも言える。新しい価値をつくる想いやコンセプトと、それをやりきる覚悟を持った人材が、「これをやりたい！こんな人や技術が必要だ！」と世界に発信することで、世界の人々とオンライン上でつながり合うことにより、オープンイノベーションが国境を超えて実現し、実際に成果としてイノベーションが生み出されていくような未来を目指したい。そのための世界とつながるオンラインプラットフォームが普及し、オンラインコミュニケーションやリアルタイムで共同開発できる環境が日本でも活性化しているはずだ。そのためにも日本人は言語や文化の差を超えて、国内に閉じた発想ではなく、世界にひらけた価値観に変容していくことも求められる。そのような20年後の未来が訪れれば、コロナウィルスのような世界共通の脅威や課題に対しても、世界の人と人とが想いと覚悟を持ってつながり、イノベーションで立ち向かえるようになるに違いない。

参考文献

井上　理（2009）『任天堂〝驚き〟を生む方程式』日本経済新聞出版社。
Apple Inc.（2007）Apple Reinvents the Phone with iPhone. https://www.apple.com/newsroom/（閲覧日：2021年4月24日）

Berto, F. J. (1999) *The birth of dirt: Origins of Mountain Biking*. Cycle Pub.
Christensen, C. M. (2012)『イノベーションのジレンマ　増補改訂版』翔泳社。
Christensen, C., Raynor, M. E., & McDonald, R. (2013) *Disruptive innovation*. Harvard Business Review.
Huston, L., & Sakkab, N. (2006) "Connect and develop", *Harvard business review,* 84(3), 58-66.
Lifshitz-Assaf, H. (2018) "Dismantling knowledge boundaries at NASA: The critical role of professional identity in open innovation", *Administrative science quarterly,* 63(4), 746-782.
Lüthje, C., Herstatt, C., & Von Hippel, E. (2005) "User-innovators and "local" information: The case of mountain biking", *Research policy,* 34(6), 951-965.
Tushman, M. I. C. H. A. E. L., Lifshitz-Assaf, H. I. L. A., & Herman, K. E. R. R. Y. (2014) Houston, we have a problem: NASA and open innovation (A). *Harvard Business School,* 9, 414-044.

第３節

技術進歩によって発展した共創は、地産地消へ向かう

(株) オカムラ デザインストラテジスト　庵原　悠

1　はじめに

「共創」という言葉が一般化してきたように思う。イノベーションを起こし、地域の課題を解決するためには、地方の人口減に歯止めをかける創生の鍵は、異なる立場や業種の人や団体が協力して価値創造や課題解決に取り組む「共創」であると盛んに唱えられている。チェスブロウによって提唱されたオープンイノベーションに準えた共創という手段が、経営学に留まらずこれほどまでに注目されている理由は何なのだろうか。共創に対する期待が高まってきた背景を紐解きながら、発展的な未来を考えるうえで重要となる共創のポイントについて言及したい。

表１　リアルタイムの共同編集機能を持つオンラインツール例

名称	主な機能
Googleドキュメント	表計算，文章作成，プレゼンテーション作成など
Microsoft 365	
Dropbox	ファイル共有が可能なクラウドストレージツール
Adobe XD	WEBサイト，アプリ等のデザインツール
Miro	ワークショップ等の実施を支援するホワイトボードツール
MURAL	
Remo	オフィスレイアウト上でテーブルを選択し会話に参加することのできるWEB会議ツール

2　情報通信技術の進歩が発展させてきた共創

共創が注目されることとなった背景として、欠かすことのできない要素はＩＣＴの発達である。インターネットによる情報流通はいつでもどこでも情報のやり取りができるスマートフォンやＳＮＳといった革新的なコミュニケーションツールや「Wikipedia」のようなインターネット上の集合知による百科事典を生み出した。こうしたＩＣＴの発達によって訪れた情報流通社会は、世界中のコミュニケーションを加速させ、そのコストを限りなくゼロに近づけることで、私たちのビジネスシーンにも大きなパラダイムシフトを生み出した。例えば、システム開発の現場では、複数人によるチームで短期間に集中的に開発を行う「アジャイル」と呼ばれる開発プロセスが一般化し、さらにオンラインでのデータのやり取りだけでアプリなどの成果をつくり出すことができる利点を活かし、そのプロセスをオンライン化するようになっていった。短期間で集中的に行う共同作業の成果を最大化するために、オンライン上での共同作業を可能にするＩＣＴツールが近年も続々と開発されている（表1）。このように、ＩＴ開発の現場で生まれた「短期間で多様な人と成果を生み出す」というプロセスとそのためのツールが共創の手法の基礎として確立されてきたのである。

２０２０年より未曽有のコロナ禍に入り、強制的にリモートワークを余儀なくされた社会の中で、共創を支えるＩＣＴツールはその新たな利用方法が見られ始めた。日本やアジア諸国に在する複数のコワーキングスペースは、オンライン会議ツール「Remo」を利用し、オンライン上に仮想のワークスペースをコワーキングの場として、自分たちの会員に対して提供した。オフィスレイアウトに模したインターフェース上であたかもオフィスに訪れたかのように席に座り、コミュニケーションを取ることのできる特徴を持つ「Remo」を利用することで、オンライン上でコワーキングという行為を実施する環境を構築したのである。また、世界中のコワーキングスペースとネットワークを持つ、ドイツのＷＥＢメディア「Coworkies」が２０２０年5月に開催した「Hack Coworking Online」というオンラインイベントでは、世界中から1，８００名以上のコワーキングスペース関係者が参加した。３日間の会期中に、コロナ禍を乗り越えるための対応策についての議論だけでなく、参加者同士でチームを組み、具体的な施策のアイデアを生み出すハッカソンが行われ、情報共有に留まらないアイディエーションや価値創造行為をオンライン上で成し遂げたのである。

表2　オフィスのほうがはかどる仕事，
リモートワークではかどる仕事の割合

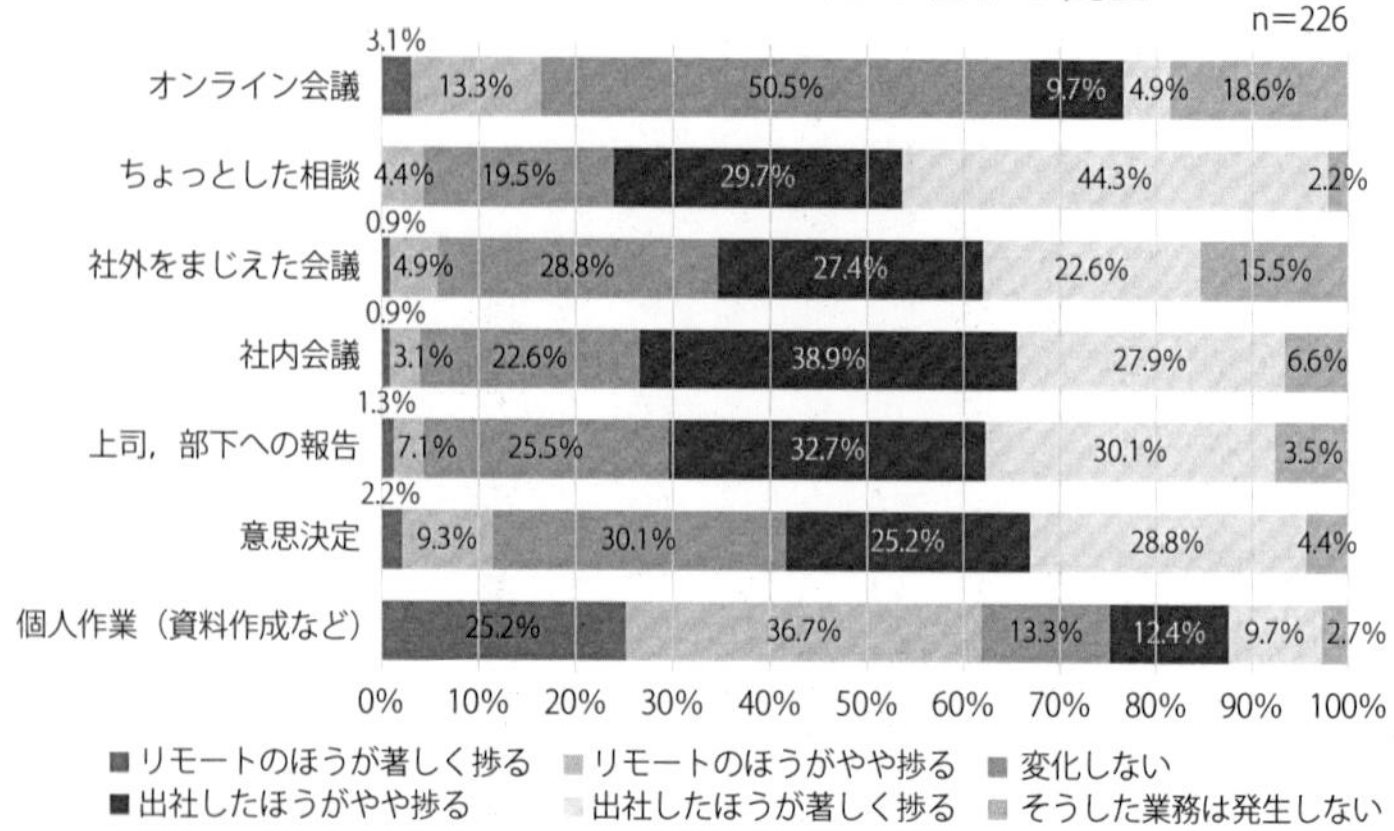

出所：ニューノーマルの働き方，働く場データ集／株式会社オカムラ／2020年

3　オンラインでは達成できない集まる場の重要性の高まり

一方で、ＩＣＴの進化は意外な結果も生み出した。個人間のコミュニケーションの頻度は増加し、その気軽さも向上していることが確かである一方で、コミュニケーションの質そのものが高まったと捉えている人は多くなく、相手と直接向かい合うFace to Faceのコミュニケーションの方がより質が高いと感じられ、その価値が再発見されつつある。株式会社オカムラがコロナ禍に行った２０２０年の調査によると、仕事内容ごとにオフィスとリモートワークのどちらのほうがより効率が上がるかという質問に対し、「ちょっとした相談」「社内会議」「上司、部下への報告」については出社して行った方がはかどると答えた人が多かった（表２）。

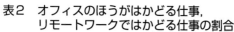

また、同調査にて経営者に対し、「あなたの会社にオフィスは必要か」という質問を行ったところ、9割が必要と回答している。コロナ禍を経験し、富士通株式会社らがオフィスを削減し、在宅ワーク体制を強化する発表を行った一方で、米国のフェイスブックは2020年8月にニューヨーク内に73万スクエアフィートもの賃貸契約を新たに結び、同じくアマゾンも6都市の拠点増強に14億ドルもの投資を行う発表がされるなど、コロナ禍を越えた先の未来に向けたオフィス投資も大きく動いているのである。これからのオフィスに期待される役割はチームワークを高め、社員同士のコミュニケーションや意思決定を行う場として機能することである。まさに共創を支援し、促進する場として機能していくことが求められているのだ。

近年、日本では働き方改革の一環としてオフィスへの投資が増加傾向にあったが、すでにそのような共創を支援する場づくりは実践され始めている。ヤフー株式会社は2016年に本社オフィスの移転を行った際に、社外のワーカーと自社員のオープンイノベーションの創発に期待したオープンコラボレーションスペース「LODGE」を、オフィスエリアの一画を一般開放する形で開設した。約1,330平方メートルものスペースとその運用方法が社内だけでは得られない情報や交流を集める環境として機能し、多くの企業にとって共創を促す場づくりの手本となった事例である。また、中小企業やスタートアップ企業の支援を行う株式会社リバネスは2018年に大企業、スタートアップ企業、町工場をつなぐインキュベーション施設「COG（センターオブガレージ）」を開設した。関係者がともに働きながらプロジェクトを進めることのできるワークスペースやものづくりスペースを提供し、国内外のベンチャーキャピタルと連携した支援プログラムも提供している。コロナを経てこうしたトレンドはさらに加速することが予測される。

4　20年後の共創の未来予想図

ここまで述べてきたように、共創という手段はICTを利活用したオンラインによる発展と、オンラインでは達成しきれないリアルなコミュニケーションを最大化する場づくりによる発展の2つが今後もポイントになると筆者は考える。そして、この2つのポイントはさらなる技術進歩によっていっそう進展するだろう。

期待されるのは、デジタルファブリケーションと物流技術の進歩だ。3Dプリンタをはじめとするデジタルファブリケーション技術は「モノ（物質）」と「データ（情報）」の相互変換によって物流の一部をデータ転送に置き換え、データの行き来の先にものづくりがつながる新しい社会をつくりだそうとしている。一方、情報通信コストの軽減に合わせて、モノのライフサイクルが短くなったことで、物流ニーズは高まりを見せている。ドローンや自動運転による物流技術のイノベーションへの期待は高い。これらの技術はICT技術が実現した時間と空間の近接化をさらに加速させ、人々の創造性を高めていくと考えられる。オンラインとリアルを行き来する共創プロセスが未来へのイノベーションをさらに巻き起こしていくだろう。

これらの技術が一般化された先に、どんな未来が待っているのだろうか？　筆者は地産地消が大きなキーになると考えている。世界と接続し、モノやデータのやり取りが可能になるからこそ、地場に存在する「ヒト・モノ・カネ」のリソースや資源でプロダクションを行い、運送にかかるエネルギー消費を削減し、環境への負担を減らすことが可能になる。データだけを世界とやり取りし、地場での消費が増えることで、地域の活性化にもつながり、持続可能なシステムを構築することができる。この考え方を取り入れ、すでに実践しようとしているのがスペインのバルセロナ市だ。２０１４年に開催された国際会議にて、バルセロナ市長は町を「ファブシティ」化するコミットメントを発表した。エネルギーやモノの需給量とゴミの排出量を減らし、自己充足（Self-Sufficient）に切り替えていくように、40年をかけて挑戦していく。この考え方に賛同した世界各国の都市が同様にファブシティ化に取り組み始めており、２０１８年には鎌倉市が日本初となるファブシティ宣言を行った。ファブシティの構想のように、これからは都市や町という単位で場を捉えていくことが重要になるだろう。行政や民間、市民が英知をただ単に結集するだけではなく、地場に存在するリソースや直視すべき課題を参加する全員でオープン化し、そのデータベースとグローバルネットワークを接続させながら、地産地消型で成果を創出していく。リソースも課題もすべてデータ化し、オープンにすること、そしてそれにアクセスする最も手早い手段として、またそれらを集積させる中核地点として共創の場が存在することが目指すべき未来のモデルなのではないだろうか。

参考文献

ヘンリー・チェスブロウ&長尾高弘（２００８）『オープンイノベーション：組織を越えたネットワークが成長を加速する』英治出版。

Pauline Roussel（２０２０）「コワーキング、グローバルで語るウィズコロナと業界の未来―オンラインカンファレンスレポート」WORK MILL. https://workmill.jp/webzine（閲覧日：２０２１年４月30日）

株式会社オカムラ（２０２０）「ニューノーマルの働き方、働く場のデータ集」WORK MILL. https://workmill.jp/（閲覧日：２０２１年４月30日）

田中浩也（２０１７）「ファブラボから見る『ソーシャル・ファブリケーション』の可能性」『サービソロジー』、４（１）、24－31頁。

Fab City Global Initiative. https://fab.city/（閲覧日：２０２１年５月31日）

第4節

日本がイノベーションを生む国であるために「日本の『自由民主主義』の再構築」と「真の『多文化共生社会』の実現」を

立教大学特任教授／総務省元局長　平嶋彰英

1　「イノベーション」を前面に出した政府の第6期科学技術・イノベーション基本計画

令和3年3月26日に、政府は、「科学技術基本計画」として初めてイノベーションの創出を前面に打ち出した「6期科学技術・イノベーション基本計画」を閣議決定した。その「はじめに」に曰く「我々は大きな時代の岐路に立っている」。現在、地球上には人間活動に伴って発生する化石燃料由来のCO_2やメタンガスが大気中に充満し、異常気象や気候変動を起こす原因と指摘されている。また、プラスチックという人類の発明品が海洋に流出して、生態系に影響を及ぼしている。その上、新型コロナウイルスの世界的流行の収束のめどはついていない。こうした地球的・人類の課題に、科学技術の飛躍的発展が抜本的な解決の方途を見つけてくれるのではないか、というのは誰しもが抱く期待だ。私がまだ小さな子どもの頃、「科学の子」鉄腕アトムに胸をわくわくさせたように。アメリカのアポロ11号が月面着陸を成し遂げた際、小学校は授業を中断して、テレビ中継を見せてくれた。このアポロ計画にちなんで、日本でも「ムーンショット型研究開発制度」の創設によりイノベーションの創出が進められようとしている。従来技術の延長上にない、より挑戦的な研究開発（ムーンショット）を推進する新たな制度だそうである。その中には、「がんや認知症といった疾患の抜本的な治療法」など夢が膨らむものがもちろんある。日本発の科学技術が世界と人類を救うことになれば、それは誇らしいことだ。イベルメクチン発見の大村智氏のノーベル賞受賞を慶んだ一人として心底そう思う。

その一方で第6期科学技術・イノベーション基本計画は、日本の研究力の現状について、分析し「未だ道半ばである」とする。日本の研究力の向上方策については、十分な研究資金の確保により、研究者が研究に専念できる環境を整えることや、研究者を志すものが、将来の生活に不安を持つことなく、研究の道を志すことができるようにすることなどが、有識者から提言されている。いずれも、もっともなことだと思う。しかし私には、それ以前に、日本が継続したイノベーションで成長を続けるために必要なことが2つあるように感じている。まず1つ目は、何も恐れることなくあらゆる分野で自由闊達な議論が展開できるよう、日本の「自由民主主義」を再構築することだ。

第2には、優秀・有能なアジアや世界の挑戦する人々にとって日本が自由で住みやすく、ぜひ日本で研究に挑戦したいと思えるような「自由民主主義」に基づく基本的人権を尊重した、寛容な「多文化共生社会」を実現することだ。皆さんは、この半世紀を振り返り、世界でイノベーションを生んだ地域として、どこを思い浮かべるだろうか。筆者には、論をまたず、移民の国アメリカの、シリコンバレーを中心とする北カリフォルニアである。誰もが「アップル」のスティーブジョブズ、「マイクロソフト」のビルゲイツを知っているだろう。今も、数多くのIT系ベンチャー企業がシリコンバレーから生まれる。それは偶然ではなく、自由で独立した個人が、アメリカという公正な社会で能力を発揮する。そしてそのことこそが新たな進歩を生み出し、必ず、抑圧的で権威主義的な体制に打ち勝つのだというような信念のようなものを持つ米国・カリフォルニアに憧れて、世界中から数多くの挑戦者たちが集まり、その交流の中から多様なイノベーションが生まれていったのだ。カリフォルニアに住む筆者の幼なじみによると、今でもシリコンバレーの技術革新は、中国、インド等のアジアの優秀な頭脳が、アメリカ社会でのびのびと自己実現に挑戦したことに支えられているのだという。

一方で、我が日本の科学技術の戦後の開花も、新憲法の自由民主主義下で、戦前戦中の抑圧から解放された人たちが、自由闊達に自己実現を図った結果ではなかったのだろうか。

これらを考えると、まずは、我が国にはびこる権威主義的な雰囲気を払拭し、日本における自由民主主義を再構築することこそが、重要なのではないだろうか。現状はどうか。日本最大のシンクタンク」と言われた霞が関は、今や「安倍政権から続く強権的な官邸主導の下、自由闊達な議論が失われたと、省庁幹部の多くが口を揃える」という状況のようだ。国家公務員法による身分保障に守られている霞が関でこうなのだから、民間の状況は推して知るべし。ましてや、本来自由な研究者をしばりつけるかのごとき、日本学術会議委員の理由不明の任命拒否がまかり通り、さらに、総理のひと言で携帯料金の引き下げを強いられるような、まるで共産主義・全体主義のようなことがまかり通り、それを批判するようなことも言えないような社会に「イノベーション」など起きない。これらを考えるとまずは、「日本における『自由民主主義』」を再構築することこそが重要だ。

もう1つは、真の『多文化共生社会』の実現である。筆者は1990年代前半、北カリフォルニアで家族を伴い3年を過ごした。印象的だったのは、多文化共生を積極的にとらえていることだった。多様な文化があることは喜びであり、多様な文化があることは社会の強さだという強い意思を感じていた。筆者が住んでいたフォスター・シティの小学校では、市民が出身国の食べ物や物品を持ち寄って楽しむ「多文化共生祭」があった。そこのテーマは、「Celebrating Diversity（多様性を祝おう）」だった。

政府は、今後の経済成長をにらみ、「基本方針2017」などでは、高度外国人人材の活用促進を掲げている。これを反映し、在留高度外国人人材は大幅に増えている。日本企業が当たり前に、優秀な人材を海外から雇用する時代が来ている　今後、外国人高度人材は、他国とも比較し、住みやすい地域を選択するだろう。留学生も学びやすいところを選択する。そうなれば今後、高度外国人人材が住みやすい地域づくりを進めることができる地域が栄えていく。多文化共生は、地方創生の「鍵」にもなるに違いない。しかし、我が国の現状はどうか。政府は人口の減少と高齢化をにらみ、一方で「移民政策はとらない」という建前を頑なに唱え、産業界の要望等も踏まえ、背に腹は替えられないとばかりに、留学生の拡大と技能実習制度の拡充等により、外国人労働者の受け入れを急拡大させてきたのだ。

「多文化共生社会確立」の覚悟のない、ご都合主義的移民政策の結果がどうなっているか。新聞紙面をめくれば、「入管収容中の外国人女性死亡原因判明せず」等々、目を覆いたくなるような記事が連日報道されている。これで日本が、イノベーションを生み出すような優秀な外国人人材の働く場として魅力的だろうか？　東南アジアや東アジアの有能な外国人労働者は、働く場を、日本、韓国、台湾などを比較して決める。その中では、日本の外国人労働者受入れ政策を後追いするかのように拡大してきたお隣の韓国が、外国人労働者を正規労働者・韓国市民として受け入れる社会的統合政策を打ち出し、就労管理にも国家が責任を持つ体制づくりを進めていることが注目される。在韓外国人処遇基本法や多文化家族支援法などの在韓外国人関連法制の整備を進め、もともと日本の外国人労働者政策や多文化共生を追っていた感もあった韓国は、今や日本を追い越した感がある。アジアの有能な人々に、東アジアの国の中で日本を働く場として選んでもらうためにはどうしたらいいか考えるべき時が来ているのだ。

一定期間、日本国内に居住して、家族も含めた生活基盤が日本にできると、元の国へ帰って新たな生活基盤を作ることは困難だ。なし崩し的な実質的移民制度となっている現行の入国管理政策を見直し、家族の帯同も認める方向で検討すべきである。日本の北南米移民もそうだったではないか。受け入れた外国人労働者が、いずれは日本の地域社会で、家族とともに健全な「市民」となっていくことができるような、入国管理政策の見直しと社会統合政策としての「多文化共生」政策が必要である。日本に外国人労働者として迎えられ、就労の場を得て日本に生活基盤を築いた在留外国人は、在留資格を安易には奪われない保障が必要だ。いつ、合法的に「在留資格が奪われるかもしれない」という状況では、有能な人材は他の国に行くだろう。

政府は、社会統合施策としては「外国人材の受入れ・共生のための総合的対応策」を定めたが、実際の対応は現場の地方自治体任せの状態だ。これでは、我が国は外国人労働者にとって魅力がない。これでは異文化や多様な文化の交流からイノベーションが生まれることなど期待できない。これは「多文化共生」の覚悟のない、ご都合主義的実質的移民政策である外国人労働者受入れ拡大の結果である。今からでも遅くはない。日本が難民等も含め、外国人に寛容な、自由民主主義に基づく基本的人権を尊重する寛容な社会であることを明確にし、「多文化共生社会」を確立することが、これから日本がアジアの成長センターとなるために必要なことである。抵抗のある保守層に申し上げれば、戦前、日本は「八紘一宇」を唱え、満州では「五族協和」を唱えていたではないか。日本は、ご都合主義的実質的移民政策を見直して「多文化共生社会」の構築に向けて進むべきである。

2　移民政策と人権

加えて、必要なことをいくつか提案しておきたい。

まず、現在の我が国は、保守層への配慮からか、「移民政策」を「たとえば、国民の人口に比して、一定程度の規模の外国人を家族ごと期限を設けることなく受け入れることによって国家を維持していこうとする政策」と定義付け、外国人受け入れや移民政策であれば必要であるはずの対策を講じることなく、外国人労働者の受け入れ拡大をなし崩し的に進めた。このことが、国際的に見ても深刻な人権問題を引き起こしていることは、明らかだ。まず、我が国の状況から考えて、外国人労働者の存在なしに社会経済や国民生活が立ち行かないことを率直に認め、我が国に居住し生活基盤を有する外国人労働者が、国際的な基準では「移民」であることを認め、諸外国が移民政策として実施しているような、外国人労働者の日本社会への統合政策を進めることが必要である。総務省の多文化共生に関する研究会の座長も務めた山脇啓造明治大教授によれば、先進国の大半では、社会統合を進める法律を制定しているそうだ。まずはたとえば「多文化共生社会形成推進基本法案」を制定し、腰を据えて「多文化共生社会」の確立を進めるべきである。その際には、「多文化共生社会」の確立を担う組織も重要である。出入国管理法の一部改正等に伴って、従前、入国管理業務や難民認定を担っていた入国管理局は「出入国在留管理庁」となったが、報道されているように、「取り締まる」機関だった「入国管理局」の体質を色濃くＤＮＡとして持ったままに見える。入管法改正案が廃案となったこの機会に、ＵＮＨＣＲ（国連難民高等弁務官事務所）の見解も踏まえて、まずは入管法と一体となっている難民認定法を入管法から切り離し、難民認定法を抜本的に見直し、難民認定の事務も「出入国在留管理庁」から切り離し、「独立行政委員会」が担うこととすることなどが考えられる。なお、ＵＮＨＣＲ（国連難民高等弁務官事務所）の見解に対しては、法務省からは、「今回、国会に提出した入管法改正法案の内容については、日本政府として、丁寧に御説明する用意があります」等の見解が公表されている。この際ＵＮＨＣＲの懸念を率直に受け止めて、見直ししてはどうだろうか。そのためにも日本に定住する外国人の生活実態等について、きちんとした調査が必要である。日本の国勢調査も外国人を対象としているが、外国人の数そのものが不明確なのである。諸外国が社会統合政策を決定する上で必ず調査する、家庭で主に使用されている言語等に関する調査も行われていない。２０２０国勢調査に関しても、市町村等から、国籍の選択肢に「日本（外国ルーツ：父母あるいは祖父母の出身が外国）」を追加すること等数多くの調査項目の要望があったが、コスト等の理由から採用されなかった。２０２０の国勢調査は終わってしまったので、次回の２０２５年調査に期すか、補完的な調査を行うこと等も含め、検討すべきである。

関連して、社会統合政策の中でも重要なのは「在留外国人、及びその家族の、日本語習得・学習機会の保障」だ。ＪＳＬ（Japanese as a second language）政策の確立は、日本文化の輸出にもつながっていくと考えて取り組むべきである。日本は「翻訳大国」として知られ、日本語ができれば世界の状況が翻訳文献で調べられ、調査研究が可能な国でもある。そういう意味でも、「やさしい日本語」だけでなく、高度な日本語も含め、志ある者への日本語学習機会の提供は重要である。研究の世界における「英語独占」に、少しでも風穴を開けることにもなるかもしれないのだから。

3　欧州における日本のイメージと難民

北原千畝の命のビザのエピソードは、ユダヤ人のみならず世界の人々に日本への好意を育んでくれている。また緒方貞子さんの国連難民高等弁務官（UNHCR）時代の奮闘ぶりには今も多くの人々が敬意を抱き、後に続こうとする人材も育ってきている。先の大戦前には、初代中華民国臨時大総統孫文は日本に亡命していた。インドの独立運動家チャンドラボーズも日本で活動していたのだ。また、日本はアジア初の難民第三国再定住を始めた国でもある。ベトナム戦争終結後、インドシナ三国から政変に伴い祖国から逃れてきたインドシナ難民を1万人以上受け入れ、自由民主主義にあこがれるアジアの国の人々に希望を与え続けてきた国なのだ。さらに遡れば、日本は、安倍晋三内閣総理大臣が、第二百回国会における所信表明演説で高らかに述べたように、第一次世界大戦後のパリ講和会議で、人種差別禁止を国際連盟規約へ盛り込むことを要求していたのだ。今からでも遅くはない。日本が難民等も含め、国籍や民族などの異なる人々が互いの文化的違いを認め合い、対等な関係を築こうとしながら、外国人や性差を含め多様性に寛容で、自由民主主義に基づく寛容な社会であることが、これから日本がアジアの成長センターとなるために必要なことである。

日本の経済力なら、今後のアジア難民に、かつてのベトナム難民等と同様の安心な生活の場を提供することは可能なはずだ。こうした人道的な対応を図ることこそが、最強の安全保障政策ではないだろうか。併せてこの機会に、難民認定の問題についても、自由民主主義国家にふさわしい、アジア諸国で日本の自由民主主義に期待して日本に来る有能な外国人労働者の期待に応えられるような取組みを期待したい。

4 「『自由民主主義』の再構築」と「真の『多文化共生社会』の実現」した場合、我が国の20年後の姿を考えてみよう

現状でも我が国は、アジアでは経済的に発展し、自由民主主義に基づき、言論の自由等の基本的人権が尊重される、住みやすい安全安心な国であると受け止められている。我が国で『自由民主主義』の再構築と真の「多文化共生社会」が実現したら、今以上に、アジアの「志」ある人々にとって、日本で挑戦してみたいという、生活の本拠を置きたい国になるだろう。カリフォルニアと並ぶ世界のイノベーションの拠点となりうる。そして、安全安心な日本への自由な往来が保障されれば、アジアの富裕層の多くは、生活の拠点の一部を日本に置くことになり、その資産の多くを日本に投資し、日本で運用するようになるだろう。そう

なれば必然的に、東京は世界に冠たる国際金融センター機能を持つことになるだろう。同様に、九州北部はアジアのソフトウェア等の開発拠点となり、関西はアジアの芸術文化の研究拠点になることが考えられる。古代から栄えた都市は、みな自由寛容な地域なのだ。

日本の安心安全な環境で過ごし、安心安全な食料品で暮らしたアジアの富裕層が元の国に戻った場合、何を求めるだろうか。日本にいたときと同様の高品質の食料品と文化を求めるのは当然だ。日本で、フランスやイタリアのワインやチーズが売れているのと同じことが起こるだろう。そうなれば、北海道や東北、南九州・四国などの地方は、アジアの富裕層が求める安心安全で高品質な食料品の生産基地、輸出基地になっていくことが考えられるのだ。『真の「多文化共生社会」の実現』は、我が国の地方や農林水産業にとっての市場開拓でもあるのだ。

第5節

真のイノベーションをもたらす国家観

Pictet Asset Management（Japan）Ltd　髙橋未来

1　ファクトチェック

「日本は硬直的な組織ばかりでイノベーションが生まれにくい」、ほとんど当たり前のように信じられてしまっているこの通説を疑うところから始めよう。そもそも「硬直的な組織」とは何であろうか。それがたとえば創業以来長く存続している企業のことを指すのなら、なるほど確かに、日本には創業100年以上の企業は3万社以上、200年以上の企業も1、000社以上存在し、いずれも世界でダントツの1位である（注1）。だが、それは褒められることでありこそすれ、責められることではないはずだ。なぜなら、企業が1つ以上の世紀をまたいで存続するには変化し続ける時代へ適切に対応することが求められるが、長寿企業が多いということは、日本にはそれだけ時代の変化への対応を臨機応変に行ってきた企業が多いことを示すからだ。小回りが利き、変化を恐れない姿勢こそが企業を長く存続させるのであって、それは「硬直的」という表現とはほど遠い。

次に「イノベーションが生まれにくい」、こちらはどうか。なるほど日本はiPhoneやフエイスブックを生み出すことはできなかった。だがソニーがタッチパネル式テレビ初代エアボードを発売したのは、アップルのiPhoneが世に出た2007年より7年も前であった2000年のことだし、そもそもiPhoneの原型はNTTドコモのｉモードだ。JR東日本がSuicaを展開し始めたのは中国でアリペイがサービスを開始するよりも前のことで、日本にはフェイスブックよりも先にmixiがあった。ウォークマンやフラッシュメモリが日本発の技術であることは周知の事実である。私たちは「イノベーション」という言葉を聞くと、広く私たちの生活に浸透し、それを一変させるような技術のことを思い浮かべ、したがってアップルやフェイスブックといったプラットフォーマーを想像する。だが本来「イノベーション」とは「新しい考え方や発想を創造すること」そのものを指すのであって、それをいかに展開させていくかはイノベーションの次の次元の話だ。つまりプラットフォーマーたちはまさにアインシュタインが語ったがごとく「巨人の肩に乗っている」にすぎず、本当の意味でのイノベーションは日本でも数多く起こっている。

以上の点より、「日本は硬直的な組織ばかりでイノベーションが生まれにくい」という通説には過分に疑いの余地があることがわかる。しかしその一方で、日本がこの四半世紀あまり、世界の技術革新のトレンドに乗り遅れてしまったこともまた事実だ。その背景には何があるのだろうか。

2 「選択と集中」の愚

ここで、これまでの議論に則り、「日本にはイノベーション創出能力はある」という前提で話を進めることにしよう。能力があってもそれを活かせていないのが現実だとすれば、それは環境に問題があるということになる。そして、日本のイノベーション周りの環境には確かに多くの問題があるように思われる。

イノベーションの源泉となるのは、究極的には人間の好奇心である。だが、好奇心が湧いたその瞬間に「このアイディアは将来必ずこのような成果を生む」と判別できる人間はいない。誰のどんな好奇心が将来どのようなイノベーションに結びつくかは誰にもわからない。イノベーションの成功確率は1、000分の3とも言われる（注2）。したがって、1つでも多くのイノベーションを生み出したいと思ったら、より多くの「可能性のタネ」をまき、それぞれのタネに一定程度まで継続して養分を与えていく必要がある。しかし、「どれが成功するかわからない」という不確実性を引き受けることは、営利目的で活動する民間企業には限界がある。だから、イノベーションの創出のためには、公的部門による継続的で一定程度の規模がある安定した支出が必要不可欠だ。とりわけ純粋に学術研究を行う大学部門への公的支出は重要である。だがわが国は、主要国の中では大学部門における研究費を00年比で縮小させている唯一の国という非常に不名誉な称号を与えられている（注3）。さらには、ただでさえ縮小されたその研究費の中身についても「将来有望な研究への選択と集中」を求める始末で、はなからイノベーションの芽を摘んでしまっている。国立大学法人化以降、研究者は自力で研究資金を集めることも求められるようになり、その結果、研究者の研究時間は25％も減少したというデータもある。つまり、われわれはイノベーションが生まれる可能性をこのような愚策によって自ら縮小させているわけだから、それを変えずして、やれ働き方改革だの、やれ年功序列の撤廃だのと民間企業に発破を掛けたところでイノベーションが増えるわけがないのだ。わが国でイノベーションが停滞している原因は、政府による研究部門への投資の減少と、そこに「選択と集中」を求める姿勢にある。

3　「軍事力の否定」がイノベーションを阻む現実

もう1つ致命的なことがある。インターネットがもともとは米国での軍事ネットワーク研究から発展したように、世界を見渡せば、軍事的ニーズや軍事研究がイノベーションの源泉となる場合が非常に多い。国家の究極的な目的は永久の存続だ。われわれは国家間の競争から逃れられない以上、独立国として一国家を存続させるためには軍事力の裏づけを必要とする。それが他国を凌駕するイノベーションへの需要を想起し、国家を発展させるのである。だがわが国は、この「軍事力」というものを建前上は放棄している。戦後の安全保障は米国にほぼ一方的に依存し、自主防衛については議論することすら放棄してきた。したがって、わが国においてイノベーションが生まれにくい、あるいは生まれても世界に広めるための営業力や野心が育たないというのは自明なのだ。

このように、われわれはわが国におけるイノベーションの停滞に関して、そもそもの問題提起も間違っているうえに適切な解決策も取れていないという惨憺たる状況なのである。

われわれが「日本国」をこれから先も存続させ、将来世代へと歴史のバトンを渡していくことを望むなら、イノベーションに支えられた国家の発展を追求することは必要不可欠だ。そのためには、「自らの国家は自らの手で守り発展させていく」という独立国としての気概と自覚を持つことが求められる。隣国中国はこの20年で国防費を18倍にさせた。いまや人民解放軍の戦闘能力は日本をはるかに追い越し、米軍と比肩するとすら言われている。この状況にわが国の為政者が危機感を持つことなく、いつまでも科学技術分野における「選択と集中」に固執し、研究者に自力での資金調達を求め続けるならば、40年後に「日本」という国が独立国として存在している可能性は極めて低いと言わざるを得ない。

4　真の技術立国となり誠の国際貢献を果たすために

先般、経済産業省より「経済産業政策の新機軸」と題する資料が公表された（注4）。ここでは、「財政政策によって総需要不足を解消し、マイルドなインフレ（高圧経済）を実現することは、民間投資を促し、長期の成長を実現するためにも必要」との観点から、長期的で大胆な産業部門への公的支出の必要性が訴えられている。

イノベーションは、「イノベーションを起こそう」と思って起こせるものではない。全知全能の神ではないわれわれ人間ができることは、イノベーションが起きる可能性を上げることだけだ。そのためには無駄を許容する姿勢を持つことと、幅広く「可能性」に投資することが肝要である。その意味で、このたびの経産省の提言は傾聴に値しよう。しかし、そもそも「財源には限りがある」という、平成の30年間、日本を支配した誤った貨幣観からの脱却がない限り、産業政策への投資増はほかの分野の犠牲を要するものとなってしまうだろう。たとえば福祉政策や公共インフラへの公的支出削減とトレードオフになってしまうかもしれない。だが、それでは国家の基盤そのものが崩れてしまい、成り立つ産業政策も成り立たなくなってしまう。産業を振興するためには、国家としてのエネルギー政策も合わせて考えていかなくてはならない。真のイノベーションをもたらすためには、幅広い分野を横断し、わが国の国益を第一に考えることのできる国家観と正しい貨幣観が必要不可欠なのだ。

米国バイデン大統領は先日、2022年度総額6兆ドルとなる予算教書を公表した（注5）。これは巨額のコロナ対策を講じた21年度の7・2兆ドルからは17％減となる水準だが、同時に長期見通しでは2031年予算が8・2兆ドルとなる計画も示しており、これは向こう10年で37％増となるものだ。仮に日本が同じ基準で予算を組んだとした場合、今年度の予算額は151兆円、2031年計画は207兆円となる。今わが国に求められていることは「基礎的財政収支の黒字化」ではなく、このように長期的で大胆な予算計画に基づき、国家の発展とその基礎となるイノベーションの可能性を広げることにコミットする姿勢を示すことだろう。

イノベーションは世界を豊かにする。優秀な頭脳が揃っているわが国には、緊縮的発想から脱却し、イノベーションで世界をリードする責務がある。それが成し遂げられたときに初めて、わが国は世界に貢献する技術立国となることができる。

【注】

（1）周年事業ラボ（２０２０）「世界の長寿企業ランキング」https://consult.nikkeibp.co.jp/shunenjigyo-labo/survey_data/I1-03/（閲覧日：２０２１年４月27日）

（2）前野隆司（２０１９）「人材育成シンポジウム２０１９」https://logmi.jp/（閲覧日：２０２１年４月27日）

（3）科学技術・学術政策研究所（２０２０）「科学技術指標２０２０」https://www.nistep.go.jp/（閲覧日：２０２１年４月27日）

（4）経済産業省（２０２１）『経済産業政策の新機軸』https://www.meti.go.jp/shingikai/sankoshin/sokai/pdf/028_02_00.pdf（閲覧日：２０２１年６月７日）

（5）The White House（2021）『Budget of the U.S. government』https://www.whitehouse.gov/wp-content/uploads/2021/05/budget_fy22.pdf（閲覧日：２０２１年６月７日）

第2章　科学技術

第1節　科学技術・イノベーション政策と合意形成のための総合知
～そもそも社会はバージョンアップするのか～

名古屋大学大学院教授　香坂　玲

1　イノベーションに何を期待するのか

2021年、5年前に大ヒットしたシン・ゴジラを手掛けた監督の映画「シン」シリーズが話題を呼んでいるが、シン・○○というタイトルは映画作品だけではなく、生活様式・産業・行動にまで増えている。「新」ではなく「シン」が使われるのは、映画にあやかりワクワクさせるようにとの期待が込められてのことだろうか（ちなみに、映画の場合、新のほかにも、真とか神などさまざまな意味を感じてほしいという意図が込められているとも言われる）。それはともかくとして、シン・○○は、20年後に振り返ると何とも古臭くなっていることと思うが、イノベーションによって更新された新しいモノということであろう。

アップル社の創業者・故スティーブ・ジョブズ氏が「21世紀の最大のイノベーションは、生物学とテクノロジーが交差するところで起こるだろう。ぼくが息子の年頃にデジタル時代が始まったのと同じように、新しい時代がまさに始まろうとしている」と予測したのは有名な話である。

一方で、ノーベル文学賞を受賞したカズオ・イシグロ氏はインタビューで、クララというAIを主人公にした新作「クララとお日さま」に触れながら、2021年時点での最新の技術といえるAIとゲノム編集について興味深いことを述べている。詳細は、実際のインタビュー記事を読んでもらうとして、AIに信仰心のようなものが宿るとすると希望が抱け、むしろ、遺伝情報に関わる要素に差別などの危険性を見出している。

人が技術とどのように付き合うのか、技術をどのように使えばいいのかという点について、イシグロ氏は問題を投げかけているが、イノベーションによって技術・商品に留まらず、社会や経済まで更新しようという言説は根強い人気がある。

イノベーションによる社会のバージョンアップを目指すワクワク感は、技術分野に比較的限定されたムーンショット、トランスフォーメーションなどの用語、あるいはシン、ジャンプといった言葉にも表れる。

政策においても、2020年には、25年ぶりに科学技術基本法の本格的な改正が行われ、象徴的な動きとして、法律の名称を「科学技術・イノベーション基本法」と変更している。法や計画の名称も「第6期科学技術・イノベーション基本計画」となっている。法や計画の名称とも関係しながら、2つの大きな変更点がある。第一点としては、人文・社会科学が「科学技術」の範囲に、法的にも戦略の柱としても位置づけられた。この変更により、「科学技術・イノベーション政策が、科学技術の振興のみならず、社会的価値を生み出す人文・社会科学の『知』と自然科学の『知』の融合による『総合知』により、人間や社会の総合的理解と課題解決に資する政策となったことを意味するもの」へと変わったとしている（内閣府、2021）。

第二点目にイノベーションという用語の意味合いの変化が挙げられ、過去25年の間に「イノベーション創出」の含意が変わってきたという点も言及されている。つまり、「企業活動における商品開発や生産活動に直結した行為と捉えられがちだったイノベーションという概念は、今や、経済や社会の大きな変化を創出する幅広い主体による活動と捉えられ、新たな価値の創造と社会そのものの変革を見据えた『トランスフォーマティブ・イノベーション』という概念へと進化しつつある」（内閣府、2021）とある。

政策の方向性にも、「『総合知による社会変革』と『知・人への投資』の好循環」と、総合知が打ち出されている。では、総合知とされる人文・社会科学系のアプローチを取るとどうなるのか。以下では、著者の「農林業生産と環境保全を両立する政策の推進に向けた合意形成手法の開発と実践」という科学技術領域に関わるプロジェクトの経験も踏まえつつ、私見を述べたい。

2　社会はバージョンアップしてきたのか

まず、そもそも社会はバージョンアップしていくものなのだろうか。さらに重要な疑問は、バージョンアップすることで「持続的な方向に向かっているのかどうか」ということだろう。商品開発や生産活動に限定されない領域におけるイノベーションが、社会を変革していく力になっていくのかどうかが問われている。

社会の変化というのは複層的であり、教育、慣習、制度、経済などさまざまな要因が絡み合う。したがって、同時的ではないことも多い。また社会主義から民主主義や資本主義への移行で明らかとなったことは、社会の「基層はジャンプしない」（大野、１９９６）という点であろう。社会変革というものは、ゆっくりとした地殻変動のような動きの部分もある点は理解する必要があろう。

思考実験的に、２０２１年という時点から20年後のイノベーションや経済を考える前に、ちょうど今から20年前の２０００年頃の社会を振り返ってみよう（高知工科大学の西條辰義氏・中川善典氏のグループのフューチャー・デザインのワークショップから着想を得ている）。

２０００年に「平成おじさん」から首相となった小渕恵三氏が他界し、翌年に「自民党をぶっ壊す」という劇的な手法で小さな政府を志向した小泉純一郎氏が登場した。国際情勢に目を向けると、アメリカの大統領選挙ではアル・ゴアとブッシュが歴史的大接戦となり、ロシアでは現在まで続くプーチンが大統領に当選している。そして2001年の9月11日には米国において同時多発テロ事件が発生した―多くの人々が、当時ニュースを聞いた際に何をしていたのかということをはっきり思い出せる衝撃的な出来事の1つではないだろうか。私自身はというと、ドイツ南部のフライブルク大学に博士課程で留学をしていた時分に当たり、大陸は異なるものの、まだ事故なのかテロなのか不明という事件発生直後は、自分自身の出先からの飛行機が出るのかといった心配をし、テロと判明した後も、予定されていた夏季の集中講義の講師が米国から欧州に来られずに混乱したのを今でも覚えている。米国に対し、普段はどちらかというと口では距離を取ったり、強引な大国に反発したりすることが多い欧州にあっても、「我々は米国と共にある」という強い連帯感が生まれたことに驚いた（それもその後の戦争開始で霧散したが）。

当時の欧州では、東西の冷戦が1989年末に終結して約10年―当初期待された「歴史の終焉」、つまりイデオロギー闘争が終わり平和で安定した世界が続くということもなく、中東欧の民主主義や資本主義への熱狂は終わっていた。ドイツでも旧東ドイツとの格差はなお大きな課題であったし、2021年の現在でも続いている。

イノベーションという観点からは、技術的には、すでに携帯電話は存在し、インターネットを使った国際電話でも割安なカードも登場しており、スマートフォンではないものの、隔世の感があるかといえば、そこまで感じることは無い。日本という枠を取り払っても、過去20年という時間軸での連続性の中で、そこまで大きなイノベーションは生まれてはいないという実感が個人的にはある。もちろん、スマホ、リアルとバーチャルの接合などの進化が加速している面はあるが。これからの20年のイノベーションの多くも、それまで制御がなかなかされてこなかったような複雑な生物に関わる現場、フィールドにおいて展開がされることは予想される。しかし、たとえば、センサーやデータを活用したスマート農業・林業が推進されているが、センサーなどを活用した環境情報の把握、資源量の測定と比べて、それぞれに地形が異なる実際の作業現場にどこまで落とし込めるのか、平たんな地形ではない日本ではかなり未知数だ。

内閣府からは、『第6期科学技術・イノベーション基本計画』に先立ち『第5期科学技術基本計画』以降、社会のプロセスを進化的に通信機器やソフトウェアの型のバージョンになぞらえ、狩猟社会（Society 1.0）、農耕社会（Society 2.0）、工業社会（Society 3.0）、情報社会（Society 4.0）、そして現在の課題を解決した未来社会をSociety 5.0（ソサエティ5・0）とするといった概念が提唱されている。ただし、目を凝らすと、移行はそう単純ではないこともわかる。20年前と現在を比較しても、私の専門が農林業や環境というせいもあるが、ソサエティ3・0（あるいは4・0）から未来に向けて大きく前進したとは正直、感じられない。技術に限定しても、4・2かせいぜい4・4といったところか。それも、確かに、コロナ禍を受けて、情報化社会の深化及びDX（デジタルトランスフォーメーション）などの進展があっての話だ。だからこそ、もっと頑張ろうという話になるのか。

3　20年後の社会に向けて
～単線的な進化から揺らぎを許容する豊かさ～

そして、本題の2040、2041年の社会はどうなっているのだろうか。狭義の技術という観点からは4・8といったところなのか。あるいは、ソサエティ5・0なる社会にわれわれは生きているのか。

個人的には、過去を振り返ると、点としての9・11、3・11といった日付で記憶される人災や天災の記憶のほうがリアリティを持っている。そして、社会科学者の端くれとして、単線的な進化という社会のアップデートには、当然、懐疑的だ。1・0、2・0などの数字が示す古い社会を見直し、積極的に取り入れようという動きもある。2021年の今でも、自力で実践する満足感などを求め、農耕社会的な要素（Society 2.0）を志向する流れも健在だ。あるいは、農林水産省のみどりの食料システム戦略（21年5月策定）では、農業分野のDXを含め、デジタル技術を組み合わせながら、農薬、肥料などの逓減が謳われている。また、フランスの農業者が有機農業の実践の場で、農機具の手作りや改良に取り組むなど、草の根での工夫とイノベーションも盛んに行われている（香坂・石井、2021）。

また、4・0の情報社会がもたらす社会の影も明らかとなっている。オンラインショッピングサイトの物流拠点を支える非正規雇用の単純労働者、転々とキャンピングカーで放浪生活する高齢者を描いた「ノマドランド」が21年のアカデミー賞を受賞していることも象徴的だ。あるいは、消費者層が4・0に移行した中で、一部の労働者が孤立した3・0に取り残される不安も取り沙汰されている。金融に特化した成功事例として注目されるシンガポールなども、製造業の職場の重要性が見直されている。

単線的なバージョンアップには、5・0であれ、そのはるか先の8・0であれ、持続可能性の観点からは展望を描きづらい。むしろわれわれが生きている社会は、3・0⇓4・0⇓5・0といった単純な推移や進化を経るものではなく、これからも戻ったり、脱線をしたりしながら進んでいくものなのだろう。混在した多様性とその価値観を包括した成熟した社会こそが、私にとってはソサエティの更新となる。1の要素もあれば、5の要素も混在するような社会を望みたい（それがソサエティ5・0などの含意かもしれないが）。

謝　辞

本稿は以下のプロジェクトの成果である：課題名：農林業生産と環境保全を両立する政策の推進に向けた合意形成手法の開発と実践（代表　香坂玲）ＪＳＴ・ＲＩＳＴＥＸ　科学技術イノベーション政策のための科学研究開発プログラム（JPMJRX20B3）URL：https://www.jst.go.jp/ristex/stipolicy/project/project40.html）及び MEXT/JSPS 科研費「人新世の食の変容と食文化の形成」（21K18456）。

参考文献

内閣府（２０１５）『第5期科学技術基本計画』https://www8.cao.go.jp/cstp/kihonkeikaku/5honbun.pdf（閲覧日：２０２１年5月30日）

内閣府（２０２１）『第6期科学技術・イノベーション基本計画』https://www8.cao.go.jp/cstp/kihonkeikaku/6honbun.pdf（閲覧日：２０２１年5月30日）

西條辰義（２０１５）『フューチャー・デザイン：七世代先を見据えた社会』勁草書房。

大野健一（１９９６）『市場移行戦略―新経済体制の創造と日本の知的支援』有斐閣。

香坂　玲・石井圭一（２０２１）『有機農業で変わる食と暮らし　ヨーロッパの現場から』岩波書店。

朝日新聞（２０２１）「カズオ・イシグロさん新作語る　ＡＩとゲノム編集の未来」https://www.asahi.com/articles/ASP3153PVP2VUCVL03Q.html（閲覧日：２０２１年5月30日）

カズオ・イシグロ（２０２１）『クララとお日さま』早川書房。

第2節

テクノロジーの進歩と人文学
～未来を切り拓くのは「自由な科学研究」ではない～

京都大学大学院助教　川端祐一郎

1　大企業における基礎研究の減少

イノベーションが停滞しているとの声はよく聞かれ、たとえば我が国の場合、構造改革が足りないせいで企業の潜在的な創造力が発揮できず、そのことが労働生産性の向上を妨げているのだとされている。しかしイノベーションの停滞は日本のみの問題ではなく、「GAFA」を擁するアメリカでもイノベーションは1970年代頃から減速し、現在に至るまで半世紀ほど低水準が継続しているとされる。日本的経営は時代遅れであり、アメリカ風の企業組織に転換すべきだと語る論者は今も多いのだが、当のアメリカでは、流動性の高いアメリカ型の企業文化がイノベーションの累積を妨げ、その到達点を引き下げているという議論もある。

A・アローラらの2019年の論文によると、1970年から2010年までの間に、アメリカで科学研究への投資は5倍、博士号取得数は2倍、論文数は7倍に増加したにもかかわらず、そのことが生産性に結びつかなくなっている。その原因の1つとしてアローラらが挙げているのは、研究と開発がそれぞれ大学と企業に分離してしまい、「イノベーションのエコシステム」が機能しなくなったということである。

1970年代以降、株主資本主義の浸透で短期的利益が志向されるようになり、また度重なる景気後退の影響もあって、大企業は自社内で基礎研究を行う意欲を失ってしまった。60年代にデュポンやAT&T等の民間企業の研究部門はトップクラスの大学を凌駕するほどの論文や受賞者を輩出していたが、その後の30年間で著名な研究所の閉鎖が相次ぎ、より実利に結びつきやすい開発業務にリソースが振り向けられてきた。基礎研究レベルのアイディアは大学やベンチャー企業に任せておいて、有望な芽が見つかれば資本力を武器に買い取ればいいという方針になったのである。

アメリカの大学の研究費は、1980年から2015年までの35年間で4倍以上に増加し、2003年から2016年のあいだに論文数は37%増加しているが、同時期に企業の論文数は12%減少している。ちなみに同様の傾向は日本にもみられ、大学の論文数の減少ない し伸び悩みが問題視される一方で、文部科学省の科学技術・学術政策研究所がまとめた「科学研究のベンチマーキング2017」によると、減少率でいえば大学よりも企業の論文数のほうが急速に減少している。

2　基礎研究と応用研究

アローラらは、イノベーションを促進する上で、「大企業における基礎研究」に重要な役割があると強調している。大企業は、個人単位の研究を基本とする大学では持ち得ないような、大規模なデータや大掛かりな装置を利用できる。また企業においては、発見の新しさよりも有用性が評価される。だから実際に、企業の研究チームによる発見は、大学の発見に比べて特許にも引用されやすいという。

アローラらによると、アメリカの場合、大企業の基礎研究が停滞し始めた後もベンチャーキャピタルが多額の資金を有力なスタートアップ企業に投資するという経路で、大企業が放棄した挑戦的な研究が継続されてきた面はあるのだという。しかしそれが可能だったのは、ＩＴと生命科学の分野に限られる。ＩＴは技術的な不確実性が低く、生命科学は需要の不確実性が低いので、いずれも投資先として魅力が高く、資金がそれらの分野に偏りやすいのだ。

またスタートアップ企業の場合、政府との交渉力や規制への対応力に欠け、それが原因で需要を作り出せずに終わることも多い。広い範囲で挑戦的な研究を促進し継続的なイノベーションを誘発するには、資金調達や需要リスクへの対処に長けた巨大組織が必要で、だからこそ「大企業」または「政府」主導での研究開発が重要となるのである。

アローラらの論考の要点は、「応用を念頭に置いた継続的な基礎研究」がイノベーションを生むのだということである。応用研究と基礎研究は別物だとされることも多いのだが、どちらかに特化してしまうと、テクノロジーの進歩に結びつく発見は停滞する。これは、現代の「科学」と「技術」の関係を考える上で重要な視点である。

3　純粋科学至上主義への疑い

北海道大学名誉教授の武田靖氏は、「科学技術」という用語に象徴されるような、科学と技術の概念的区別を曖昧にした思考の弊害を指摘している。科学は絶対的な真実を追い求めるもので、人間の欲望や政治的意図とは無関係に、価値中立的で純粋な活動としてイメージされることが多い。一方、技術というものは、特定の個人や集団の活動目的に照らして有用であるか否かによって、相対的にその価値が決まる。そしてわれわれの文明の豊かさは科学よりも技術に多くを負っていて、むしろ技術が科学を生み出してきた歴史すらあるのだが、どういうわけか現代社会では（特にエリート層の間では）「科学者の純粋な好奇心」や「価値中立的で自由な研究活動」がイノベーションをもたらすと信じられている。

「純粋科学への投資が文明の未来を切り拓く」というイメージを作ったのは、アメリカ政府で科学政策顧問の役割を担っていた工学者のV・ブッシュが１９４５年に発表した報告書であると言われる。実際にブッシュの時代には、コンピュータ、ジェット機、携帯電話、人工衛星、原子力など、科学的発見が大規模な技術的応用に結びつく事例が相次いでいる。しかし近年、ブッシュによって作られた「純粋科学至上主義」は一種のイデオロギーにほかならず、相次ぐイノベーションの主たる源泉が「科学」であるというのは幻想ではないかという議論が生まれている。

アリゾナ州立大学教授のD・サレヴィッツは、コンピュータをはじめとする20世紀のイノベーションは科学者たちの知性の「自由な活動」によってもたらされたものではなく、国防総省の技術的需要がそれを率いてきたのだと主張する（注1）。技術的な飛躍は、価値中立的な科学者の活動によってではなく、軍事という実践的な課題解決の文脈の中で、莫大な国家予算が投じられることによって成し遂げられてきた。

そこで結果的に科学的な知見が重要な役割を演じていることは確かである。しかし、たとえば航空機の性能を改善するために空気力学の理論が要請されたように、科学者に「探求すべき課題」を提示してきたのは、往々にして、それに先行する技術であった。また、純粋科学において重要な「真実」が発見されたとしても、それが社会的な需要と結びつかない場合は、その真実の追究自体が中途半端なものに終わってきたのが実態であるとサレヴィッツは言う。

現代の科学論においては、「何の役に立つのかもわからない、自由な研究」への惜しみない投資こそが、社会を発展させるのだと信じられていることが多い。ことに大学人はそのように語りがちである。しかし実際には、われわれの文明の飛躍的進歩は、軍事を含めた実践的な問題意識によってこそ促されてきたのである。

4　テクノロジーと人文学

「価値中立的で自由な科学」への幻想も、現代の民主主義社会において、研究開発予算を引き出すのに役立ってきた面はあるはずである。軍事に代表される「特定の実践的な目的」を支持しない人々が、研究資金の拠出に反対し得るからである。それにもちろん、実用目的に執着しない自由な研究活動が、意外な発見をもたらすこともあるには違いない。しかし歴史を振り返る限り、テクノロジーの進歩が多くの場合「社会的な需要の方向づけ」によって実現してきたのだという事実は、軽視されるべきではない。

注意が必要なのは、今われわれが目の当たりにしているイノベーション停滞の原因を、大企業における基礎研究の不活発化や、国策による投資の不足、「自由な科学」への幻想など、社会的要因で説明し切ることができるかどうかはわからないということである。人間の創造力の限界や自然環境の制約によって、テクノロジーの進歩が飽和状態に至ることもあり得ると考えておいたほうが良いだろう。それに、そもそも科学や技術における際限のない進歩が人間を精神的・文化的に優れた存在にするという保証はなく、イノベーションの継続を望ましいとする進歩主義的な価値観自体にも再考の余地がある。

しかし、われわれの生きる近代以降の資本主義社会は、好むと好まざるとにかかわらず、何らかの意味で発展や進歩を語らないことには機能しないところがある。また、現実に何らかの仕方で解決できそうな課題が山積している以上、文明の進歩が飽和に至るのはまだ先のことであろう。そして歴史的経験に学べば、その発展を健全に遂行するためにも、イノベーションの「方向づけ」に関する社会的な合意は必要だと思われる。

その時ボトルネックになるのは、今われわれの生きている個人主義化の進んだ社会が、「共通の価値観」を形成する努力を長年にわたり放棄してきたという事実である。共通の価値観は、自然科学や理系教育や起業家精神によって作り出せるものではない。人間が（あるいは国民が）どのような道を歩んできたのかについての洞察と、自分たちが真に欲するのはどのような社会や文化であるかを語る言葉が必要で、それはいわゆる人文学にほかならない。

パーソナルコンピュータは70年代カリフォルニアの反抗的な文化の中で、個人の潜在能力を開放し、官僚化した社会に立ち向かうための武器として製品化された。仮想通貨ビットコインは、国家や大企業に管理されない自由な取引を実現するため、匿名の技術者によって開発された。そこには、賛否はともかくとして、思想すなわち人文学的動機づけがあったのだ。

そしてこの人文学とテクノロジーのつながりを見失ったことこそが、近年のイノベーション停滞の真因の1つではないかとも思われるのだが、これは「ビジネスマンや技術者も人文的教養を身につけるべきだ」などと言って済む話ではない。むしろ人文学の側に、大きな問題があるのである。リベラリズムやポストモダニズムに象徴されるように、ここ数十年の人文学は「個人の自由」「個人の解放」に重きを置くものが主流で、それがいくつかの点でわれわれの社会を進歩させたことは認めなければならないにしても、価値観の共有に対して消極的であったせいで、理想の形成能力を欠いているのである。皮肉なことに、ＰＣやビットコインを生み出した個人的自由主義も、この意味では自滅的思想であったと言わざるを得ない。これからの数十年、われわれが取り組まなければならないのは、「共通の理想」を積極的に語ることを可能にするための、人文学の大転換であろう。

【注】

（１）私はこの議論を、武田靖氏の示唆によって知った。参考文献の武田（２０１９）等を参照されたい。

参考文献

清水　洋（２０１９）『野生化するイノベーション』新潮社。

Arora, A., Belenzon, A., Patacconi, A. and Suh, J. (2019), "Why the U.S. Innovation Ecosystem Is Slowing Down", *Harvard Business Review*, November 26, 2019.

村上昭義・伊神正貫（２０１７）「科学研究のベンチマーキング２０１７」『NISTEP RESEARCH MATERIAL』No.２６２、文部科学省科学技術・学術政策研究所。

武田　靖（２０１９）「科学と技術の違い―実践者の立場から」サイファイ・フォーラム第６回（２０１９年11月９日）https://hidetakayakura.webs.com/FPSS-6%20Y%20Taketa%20PPT.pdf（閲覧日：２０２１年５月30日）

武田　靖（２０２０）「軍事技術と科学者」『表現者クライテリオン』２０２０年９月号。

Sarewitz, D. (2016), "Saving Science". *The New Atlantis*, spring/summer 2016.

第3節

利用者接点のDX(デジタル・トランスフォーメーション)

(株)TRUSTDOCK取締役　肥後彰秀

オリンピック・パラリンピックでさぞかし盛り上がるだろうと想像していた2020年。この過ぎた1年間を振り返ってみると、想定外のCOVID－19感染拡大によって、私たちを取り巻く社会生活は激変した。あらゆるやり取りは非対面・非接触が推奨されるようになり、街ゆく人はほぼ全員マスク姿。外出ですら自由にしづらい雰囲気は言うに及ばず、友人とテーブルを囲む・店舗でサービスを受けるといった対面する機会や、手指消毒が求められエレベーターのボタンですら躊躇するほど接触する機会も極力避ける生活を強いられるようになった。

そんなコロナ禍をきっかけとするニューノーマルに対応する社会基盤として、いま、さまざまな領域における利用者接点のオンライン化推進が求められている。出かけずとも手続や取引が行える、出社せずとも自宅で仕事が全うできる、対面せずともサービスが享受できる、接触なしでも決済や指示が伝達できる、こういった変革を促すためのルールや規制の変更、実現するためのデバイスやサービスが急速に進められている。この先20年を考えてみても、オフラインのあたたかみやオンライン疲れといった揺り戻しが一時的に発生する可能性はあるものの、中長期的には不可逆な変化として根付いていくことが予想できる。筆者の専門領域で言えば、民間事業者では顧客チャネルの非対面化が、自治体では住民の申請手続きの非対面化が、それぞれ進んでいくだろう。

本稿では、非対面化（手続き・取引のオンライン化）に欠かせない本人確認という観点で、現状の課題と現時点で「できること」を振り返り、そこから未来のあり方を考察していきたい。

1 オフラインからオンライン、免許証からマイナンバーカードへ

実は、さまざまな手続き・取引をオンライン化するにあたって、パソコンやスマホの向こうの人がどこのだれであるのか、ちゃんと本人であるか、を確認する方法は、意外と確立されていない。ニュースで見るような「なりすまし」による犯罪も、そもそも他人（架空を含む）の名義を騙って手続き・取引を行うもの、他人名義の開設済みアカウントを乗っ取ってその人の権限や財物を窃取するもの、などに分類でき、前者は「どこのだれであるか」の確認、後者は「ちゃんと本人であるか」の確認に関係している。不正や犯罪を防ぎ、安全・安心な手続き・取引を支える技術を確立することが急務であるといえよう。オンラインで本人を確認することは、専門的に「ｅＫＹＣ（イー・ケイワイシー）」と呼ばれている。これは

「electronic Know Your Customer」の略語で、「電子的に顧客を知る」手法として、ここ数年で注目度が高まっている。

そもそも本人確認を示す「KYC」という概念は、古くは金融業界から発生したもの。これを理解する上で欠かせないのが、AML/CFT（マネーロンダリング及びテロ資金供与対策）のための規制として機能している「犯罪による収益の移転防止に関する法律」（以下、犯収法）である。金融機関等をはじめとする特定事業者を規制する法律として、日本における本人確認手法を牽引しているとも言える存在だ。

この犯収法の施行規則が2018年11月に改正（以下、施行規則改正）され、本格的なeKYC時代がスタートした。それまで法定要件として定義されていた本人確認手法といえば、店頭窓口などでの係員が対面し本人確認書類の提示を受ける方法、非対面の場合は、本人確認書類の写しを郵送やファイルアップロードの手法で送付を受け、記載住所に転送不要郵便を送る方法での確認が主として用いられていた。しかし、特に非対面の方法は、本人確認書類の真正性の確認（後述）の面でも懸念が大きい上に、転送不要郵便が利用者に受け取られるまでの時間もかかる。利用者の立場からすると、たとえば、銀行口座の開設では1～2週間かかるということもままあったかと思われる。

これに対し、施行規則改正で定義されたeKYC手法を使うことで、転送不要郵便を送るステップは不要となり、書類の真正性の確認の強化と、手続きの完了までに必要な時間の短縮が可能になった。利用者の立場からすると、手持ちのスマホ等を使って手続きを完結でき、また口座開設も短ければ当日にも可能になった。

もう1つ特記すべきは、実は、施行規則改正の以前からマイナンバーカードの電子証明書による本人確認も可能であったことである。具体的には、利用者が持つクライアントソフトやICカードの読み取り専用デバイス、もしくは読み取り対応スマホアプリを通じて、マイナンバーカードに搭載された電子証明書を用いて、公的個人認証サービスを通じてオンライン本人確認を完了させることができる。この本人確認方法は、マイナンバーカードに搭載された電子証明書を、その場に所有し、また自身がカードの発行時に設定したパスワードを用いて行うことで、改ざんや不正にも強く、非対面での本人確認方法としてはもっとも強度の高い方法となっている。もちろんこの本人確認では、マイナンバー（個人番号）は扱わないことは強調しておく。eKYCの開始と昨今のマイナンバーカードの普及に伴い、マイナンバーカードによる本人確認手法も採用が進んでいる。

2　あらゆる社会生活に浸透するインターネット完結な本人確認とその社会的効用

以上の通り、最も厳格な本人確認手法を求める犯収法において、eKYCやマイナンバーカードを使ったオンライン本人確認を実施する土壌が出来上がった。これによって犯収法が対象とする金融機関や古物商などの事業者はもちろん、さまざまな業界へのeKYC導入の機運も高まっていくことが想定される。

　そもそも、本人確認自体は私たちの生活のあらゆる場面で行われている。銀行口座開設や携帯電話契約時における身元確認、婚活マッチングアプリでのメッセージング開始時の年齢確認のように法令で定められているものもあれば、オンラインゲームの年齢確認や献血の本人性確認、事業者が自主的に行っているものまでさまざまである。

　官民問わず、私たちを取り巻くあらゆる生活シーンにインターネット完結な本人確認が浸透していくことで、これまでオフラインの空間に縛られていたさまざまな制約が取り払われることになっていく。

　このように、非対面での本人確認方法が浸透した際の、社会的な効用として短期的に期待できるのが、手続きの効率化だ。たとえば行政の窓口手続きを考えた際に、これまでは住民の方が申請用紙や申込書などの紙に手書きで記入し、

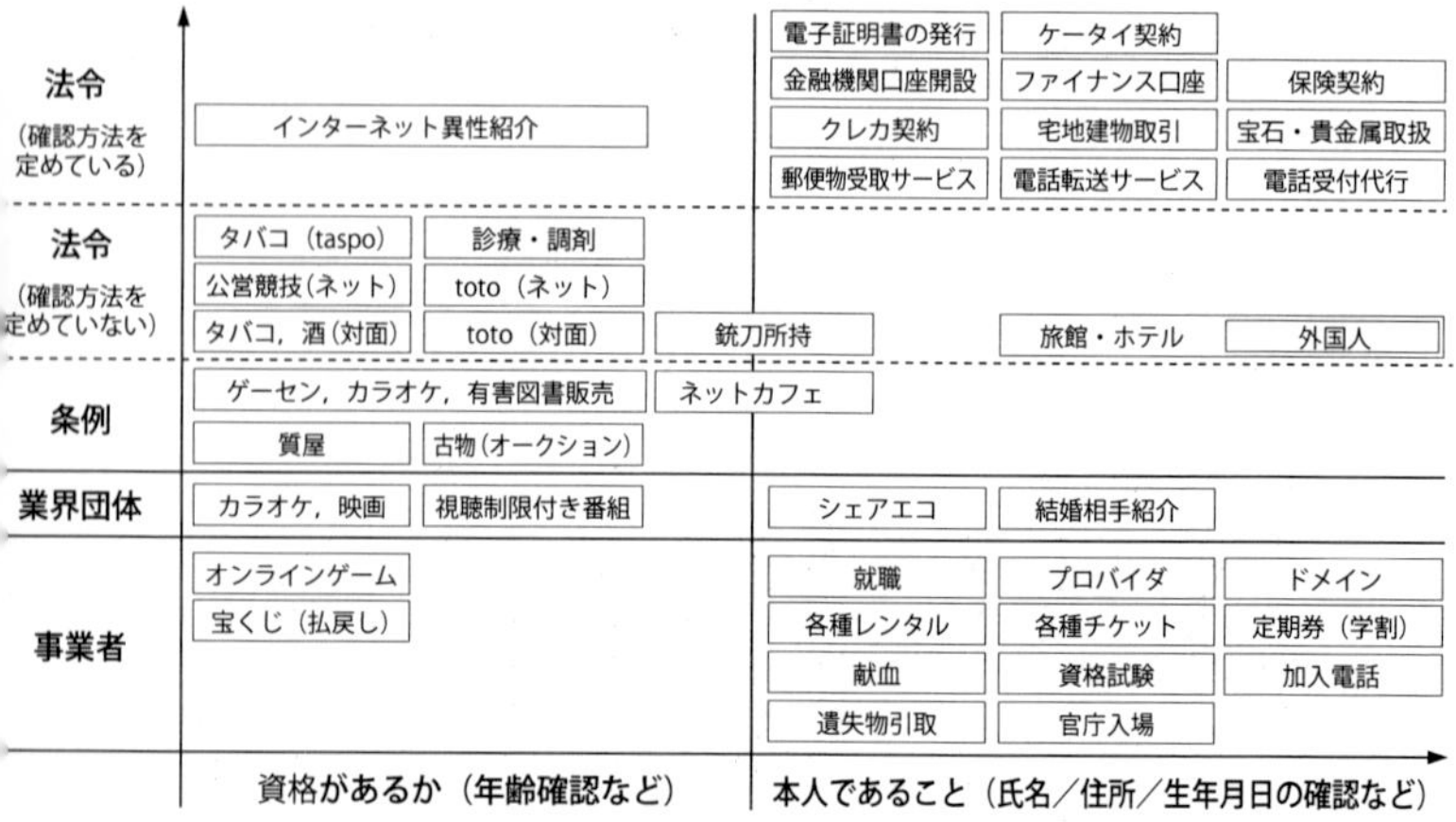

画像提供：TRUSTDOCK

必要に応じて押印（注1）のうえ、窓口という物理的な場所で提出する必要があった。しかし、ニューノーマルな社会生活においては特に、対面必須の手続きは致命傷となる。本人確認がオンライン化することで、このような物理的な制約から解放される。また申請者のみならず、申請を受け付ける側の事業者や行政にとっての効用も大きく、窓口担当者は受付時点から申請に関する情報をデジタルデータで取り扱えるようになるので、手続き完了までの時間が迅速化できることになる。紙で提出された書類の扱いを想像してみてほしい。記入された内容をパソコンに入力する、紙はファイルに綴じて保管する。これだけでも誤記や誤入力の対応、保管に必要な場所の確保や維持に多くのコストが費やされていることは想像に難くない。もちろん、ここでは役割として便宜的に〝窓口〟と表現しただけで、実際には担当者が施設の窓口にいる必要もなくなり、自宅でのテレワークなど物理的な場所の制約を受けないで業務を進めることができるようになると考えられる。

また、本人確認により取得した本人情報は、安全に保管され、必要なタイミングで再利用できるようになることも想定できる。たとえば申請書類に、氏名・性別・住所・電話番号といった情報を毎回同じように手書きで記入するのに、うんざりしている方は多いのではないだろうか。もちろん行政の窓口だけではなく、たとえばレンタカーの申込書やホテルのチェックインなど、同じ基本情報を毎回のように手書きで記入するシーンはたくさんある。これに対して、ブロックチェーンや暗号技術をはじめとするデジタルデータの改ざん防止テクノロジーの発達によって、今後はこれらの本人情報が標準化されたルールのもとで、事業者間で適切にデータ連携されるようになると考えられる。つまり、一度本人確認がなされたら、そのままその情報を流用できるようになり、何度も同じ住所を書く必要がなくなるのである。

3 デジタルツールを使いこなすこと

さて、ここまで触れてきた内容を利用者の視点のストーリーで少し振り返ろう。

現在、自身の身分証のコピーを郵送したり、身分証を撮影した画像をアップロードしたりといったことを、本人確認を求められる都度行っている。そしてこれらの紙やデータは、あなたの身元の証明として通用している。

書類の真正性と前述したが、たとえば、運転免許証の表裏両面をコピーした紙があるとする。ここに印刷された文字や情報の改ざん（加工）を見抜くことはできるだろうか。また、表と裏が本当に同じ1枚の運転免許証のものであるかわかるだろうか。さらには、このコピーした紙を所有している人は、本当にその運転免許証の原本を所有している人だろうか。これらの1つ1つに不正やなりすましを許してしまうリスクがあり、それは、アナログでできることの限界とも言える。

提出した身分証の写しを他人が手に入れることがあったとしたら、手に入れた身分証の写しは、あなたに〝なりすました〟誰かの身元を証明しえるものにもなりえる、ということである。

現在の標準的な手法は、高度化される必要がある。そしてeKYCをはじめ、新たに標準とされていく手法は技術の進歩に伴って、より高度により安全に、そしてより便利になる大きな可能性を秘めている。DXは、事業者や行政だけの関心ではなく、消費者1人1人の適応も必要とする変革である。

デジタルツール全般に対して、よくわからない、怖いという気持ちにさせる情報が世の中にあふれている。実際パソコンの中で、スマホの中で、インターネットの通信において、何が行われているか見えづらい部分もある。そういった新しい手法に対する脅威はことさらに強調される傾向がある。一方で、今、標準的に用いられている方法にすでに存在してしまっているリスクについて触れられる機会は多くない。

ちょっと語気が強くなるが、筆者は、身分証の写し（コピー）の郵送を求める手続き、事業者には警戒する気持ちを持って接しても良いのではないかと考える。

4 デジタルツールの未来像

さて、デジタルツールの未来像を少し予想してみよう。前述したように、アナログの身分証をデジタルで活用することには、一定の限界・支障があると考えざるを得ない。としたときに、デジタルにおいて自分の身元を証明してくれ相手に伝えることができるデジタルツールが利用者1人1人に必要ではないかと考えられる。ここでは「デジタル身分証」と呼ぼう。

この形態は複数考えられる。1つは、デジタルで扱うに適した「もの」になる可能性。この代表格はマイナンバーカードである。現任の平井デジタル担当大臣も「デジタル時代のパスポート」と表現しているが、対面で見せる身分証としても機能するが、マイナンバーカードの真価はデジタルにおいて発揮される。実際にマイナンバーカードの普及は大きく進んでおり、すでにパスポートの発行枚数を超えている。1つは、スマートフォンのアプリとしてデジタル身分証のようなサービスが考えられる。これは官が提供する可能性もあれば、民間事業者が提供することも考えられる（注2）。さらに1つ、このデジタル身分証は、自分自身との紐付けが非常に強いものであることを踏まえれば、生体情報と密接に紐づく状態が実現することも考えられる。社会にはこうした状態を求める声もあれば、監視社会の入口と指摘する声もあるだろう。筆者は、1人1人が識別できることは、1人1人違うということを受け容れることであり、多様性の思想の根本となりうる可能性を持っていると考えている。もちろん、「仕組み」の全体に対して評価すべきことであり、不正や不公正が発生しうるような仕組みであってはならない。それは、技術的なトラスト（信頼）の構築方法も然りだが、関わる組織・人への信頼も必要である。

次に、本人確認でやり取りする情報は、まさに個人情報であるが、企業や組織のサービスを利用するにあたり、他にもたくさんの個人情報を「提供」している。提供した自身の個人情報がどう利用されるか、利用目的を確認しているだろうか。また、提供した個人情報は安全に管理されているだろうか。サービスの利用をやめた際に、提供した個人情報はどう扱われるだろうか。個人情報を提供する際に、利用規約やプライバシーポリシーに「同意する」というアクションを行っているはずであるが、利用者個人にとって、どの企業や組織にどのような情報を提供したのか、をコントロールするのは困難が伴うことは容易に想像できる。利用者の立場に立って、この「同意」をコントロールする（同意する、同意内容を確認する、同意を取り下げる）ことにもデジタルなツールの発展が期待できる。「CMS（同意（＝consent）management system）」などと言うが、利用者にとって自身の個人情報に対して実態を伴って感度を高める効果があるのではないかと考える。

5　おわりに

筆者が所属する株式会社 TRUSTDOCK では、このような未来を想定して、企業や行政がｅＫＹＣを実施できるＡＰＩソリューションと、個人が利用できるデジタル身分証アプリを開発・提供している。私たちはこれを「コ

「コインの表裏」

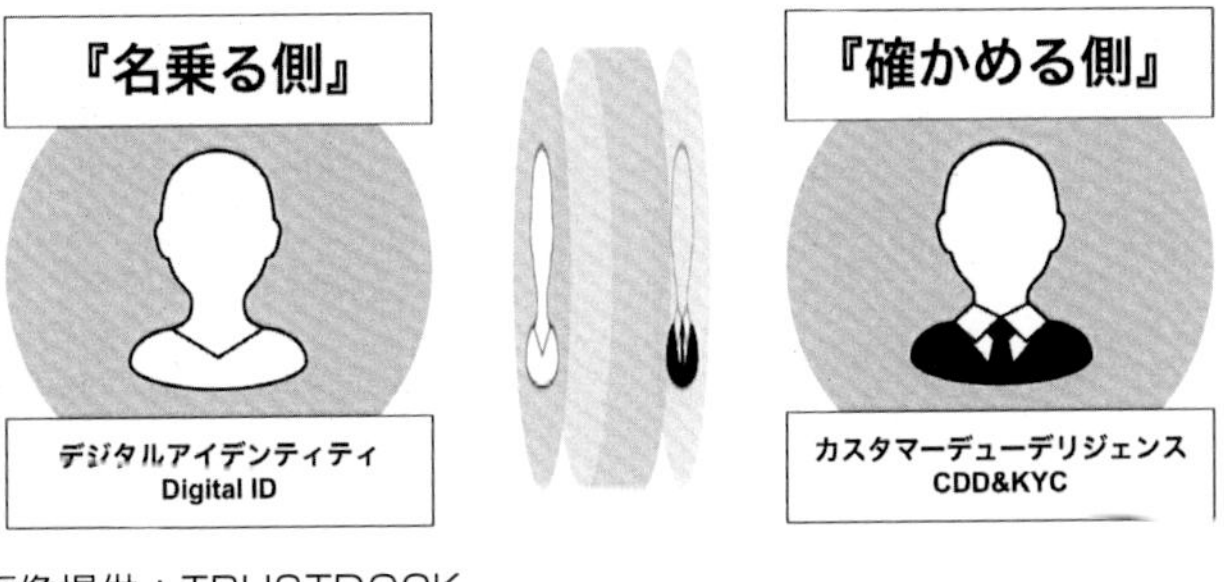

画像提供：TRUSTDOCK

インの表裏」で表現しており、相手が誰かを確かめる側をサポートすると同時に、自分がどの誰かを名乗る側も適切にエンパワーしたいと考えている。本人確認がオンライン化されることにより、利用者あるいは住民としても利便性は高まる。自己に関する情報がオンライン化されていくこと、それを自己のコントロールにより適切に扱うことに対する関心・感度も同時に高まっていくよう日々取り組んでいる。

世の中では「DX（デジタル・トランスフォーメーション）」が大きなトレンドとなっているが、それは本来的には目指すものではなく、マイルストーンの1つとして結果的に通過するものだと捉えている。

あらゆる本人情報が統合的に管理され、利用者接点が的確にオンライン化される。そんな世界への舵きりが2020年に本格化したと、2040年の教科書データには記載されていることだろう。

【注】

（1）押印は、本人確認の意図をもって求められていることもある。「地方公共団体における押印見直しマニュアル」https://www8.cao.go.jp/kisei-kaikaku/kisei/imprint/document/manual/201218manual_ver01.pdf

（2）総務省「マイナンバーカードのスマートフォン搭載に関する研究会」

第4節

情報通信技術（ICT）の発達と近未来としてのサイエンス・（ノン）フィクション

～情報生態系に組み込まれたパーソナル世界～

長崎県立大学准教授　河又貴洋

1　近未来と情報通信技術の視座～過去・現在・SF～

英『エコノミスト』誌のトム・スタンデージ氏は、『2050年の技術―英『エコノミスト』誌は予測する』の一節で、未来を予測するツールとして、過去・現在・SFで描かれる未来が鍵となると、日本のガラケーが15年後のスマートフォンを予測していたとして取り上げている。著者もこれに倣い、来たるべき2040年（近未来）の情報通信産業を推論してみたいと思う。そして、その視点は生活者に置くこととする。得てして、技術進歩がもたらす将来を見通そうとするとサプライサイドの技術機会に目を奪われ、ユートピアのような絵空事や闇の世界のディストピアへの警鐘という現在における参照軸に囚われてしまいかねない。それには技術に対する需要を見極め、社会的受容がなされる必要がある。とりわけ、情報通信技術（ＩＣＴ）の分野は、ヒトの感覚に直接・間接的に作用する技術であり、生活に密着したところで利用されうるからでもある。

2　Appleの戦略から読み解くICT生態系の進化

(1)　PCからインターネットへ

さてそこで、現在に基点を置きながら過去を振り返るに、われわれの最も有用かつ手放せない「デバイス（装置）」であり「ガジェット（道具）」と化したスマートフォンをApple社の商品開発戦略の歴史的変遷を辿りながら取り上げてみたい。そこにはiPhoneというＩＣＴ端末がいかにわれわれの生活を根底から揺るがす革新的なものであったかが窺い知れ、その先にどのような技術革新をもってわれわれの「生活感」の変容をもたらすのかを窺い知る視座を与えることになり得よう。Appleコンピュータは、天才エンジニアのスティーブ・ウォズニアックと商才と先見の明に長けたスティーブ・ジョブズとが、１９７６年に世界初のパーソナル・コンピュータ（Apple Ⅰ）を世に送り出したベンチャー企業として産声を上げた。その後１９８４年からAppleはMacintoshの名で本体とモニターが一体型のコンピュータを生み出すが、そこにはすでにマウスとともにアイコンというプログラムの内容を図や絵にして表しているＧＵＩや、ＰＣ間をネットワークでつなぐAppleTalkが組み込まれていた。そして、Appleは、時代の寵児たるスティーブ・ジョブズとともにＩＣＴ

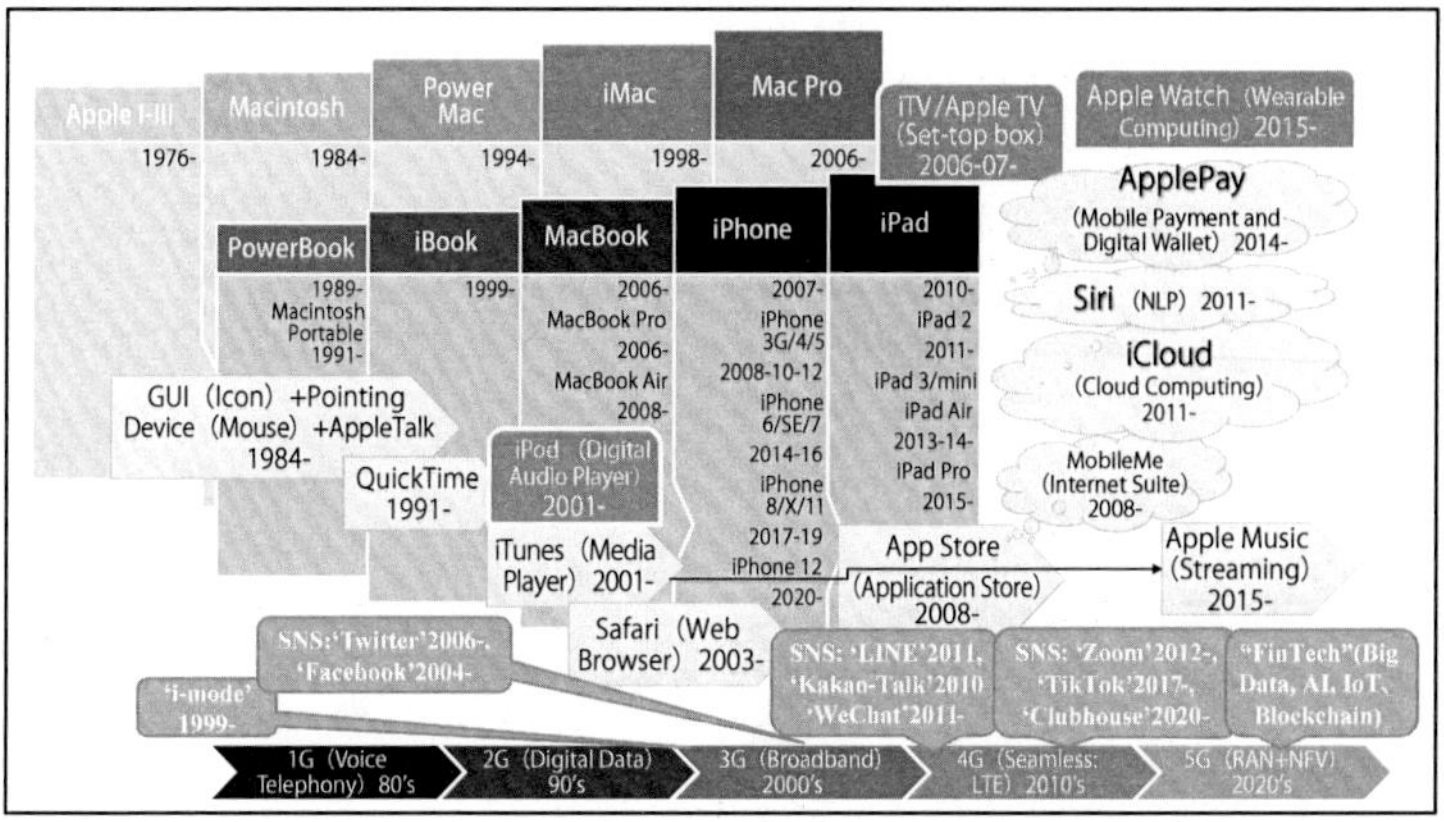

図1　Appleの製品・サービス開発戦略史

産業の第一線に躍り出た。それに対して、IT界の巨人IBMは、ビジネス・マシンとしての大型計算機からPCシリーズへの事業展開を図る。ここでの分岐点はハードとソフトの分離で、OS分野においてビル・ゲイツ率いるMicrosoftが台頭してくることになる。そして、Windows95の発売を機にインターネット時代の幕開けを迎える。なお、インターネット時代は、Webサーバに接続するためのウェブブラウザーとともに急拡大するが、その先駆けは1984年創業のNetscape（のちにMozilla の Firefox へ継承）であり、MicrosoftのExplorer（のちにEdgeに改編）やAppleのSafari、そして検索エンジンから起業したGoogleのChromeといったプラットフォームを生み出していくことになる。

（2）コンテンツを取り込むネットビジネス

一方、Appleは経営から一時期離脱していたスティーブ・ジョブズが1997年に事業戦略の立て直しで復帰し、iMacを基点にｉーシリーズを打ち出していく。それは“Think different”キャンペーンとともに、インターネット時代の成長期にAppleの独自性と先進性、そしてユーザー・フレンドリーを印象付けるエポック・メイキングとなった。さらにAppleは、2001年にデジタル・オーディオ・プレーヤー（DAP）としてのiPodとデジタル著作権管理（Digital Rights Management, DRM）を組み込んだメディア・プレイヤーiTunesをともに発表、音楽業界へ新たなビジネス・モデルでの参入を果たした。すなわち、著作権ビジネスとしてのコンテンツ業界の配信サービスである。そして、Appleの革新は、2007年のiPhoneによる携帯電話端末とインターネット・サービスの融合によって全面的な開花を遂げる。それはモバイル向けオペレーティングシステムを備えた顧客センサーとしてのスマートフォンの出現でもあった。同時期、Googleは携帯電話向けソフトウェアプラットフォームを開発するAndroid社を買収し、携帯汎用オペレーティングシステムAndroidを推進していく。さらに、Appleは2010年にタッチパネル機能を備えたタブレット型端末iPadを発表、eコマースのAmazonが電子ブックリーダーとして2007年に販売を開始したKindleの市場にも触手を伸ばしながら、2006年に先行してiTVを、2007年にはApple TVをセット・トップ・ボックスとして手掛けるなど、テキストから画像・映像のコンテンツを多様なインターネット端末へ配信する体制を確立していった。

（3）センサーとしてのiPhone（スマートフォン）の出現

このような携帯端末の普及とネットワーク配信サービスは、クラウド・コンピューティングへと収斂されてきている。具体的に、Appleでは2008年にアプリケーション・ソフトウェアのネット販売App Storeを立ち上げると同時に、2011年にはiCloudとしてクラウド・サービスを展開している。加えて、自然言語処理能力を有するSiri等、顧客情報のセンサー機能を高度化させてきている。クラウド・コンピューティングの核心は、巨大なデータセンターを擁して、ビッグデータから顧客の嗜癖や行動履歴を解読し、特性を掴むとともに欲望を駆り立てるよう誘導することで、ビジネスを先導しようとするところにある。さらに、2014年には非接触型電子決済サービスのためのモバイルウォレットApple Payを開始した。ここでは個人情報保護を重視したSecure Enclaveが組み込まれたCPUが、iPhoneと、翌2015年に発表となったApple Watchに搭載された。日本ではSuicaとPASMOにも対応し、Appleのウェブブラウザー Safariを使ったウェブ上でのショッピングもできる。そして現在、AR（拡張現実）機能を搭載したウェアラブル端末としての〝Apple Glass〟の開発が進められている。

3　ICT生態系の現在～クラウド・コンピューティングとAI

さて、ここにわれわれの身辺に存在するガジェットは出揃った。ICTの発達は、生活世界の中に多様なメディア装置をもたらした。そして、モバイル通信技術の発達とクラウド・コンピューティング（ビッグデータと人工知能ＡＩ）との連結によって、多種多様なプラットフォームが出現しながらも、ＧＡＦＡ（Google, Amazon, Facebook, and Apple）に象徴される巨大なパワーの情報技術生態系に取り込まれる状況がもたらされている。そこでＧＡＦＡのプラットフォーム・ビジネスから将来の在り得るべき社会経済構造を推論してみよう。そこには、断片化された情報を基に、データをめぐる個人（顧客であり住民でもあ

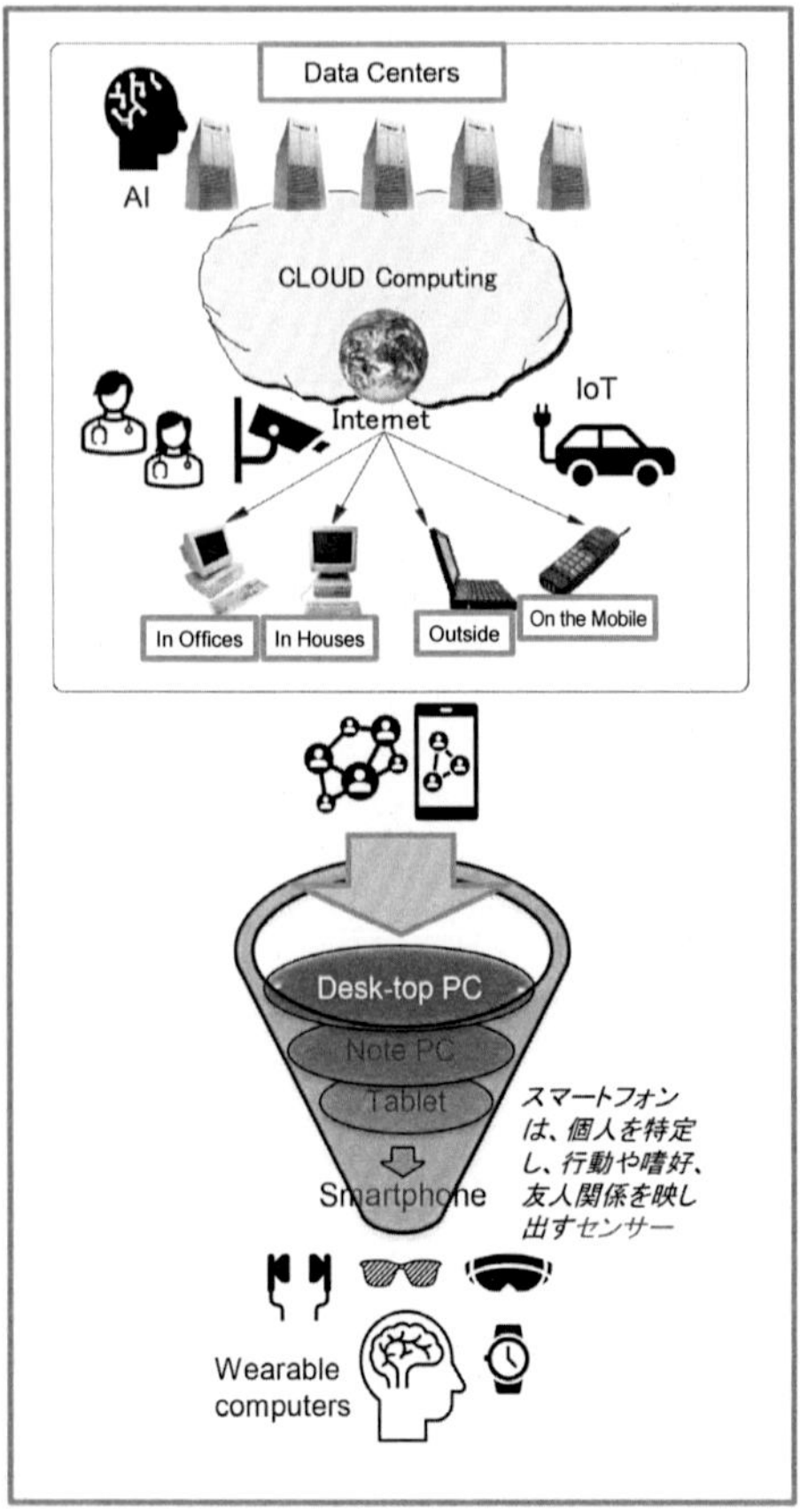

図２　モバイル通信とクラウド・コンピューティング

る）の争奪戦ともいえる構図が浮かび上がってくる。

個人はスマートフォンなどの情報機器を身にまとい、アプリを通じていつでもどこでも欲しい情報を入手できると、情報武装したつもりになるかもしれない。しかし、入手しうる情報はすでにその人物を透視するかのごとく、情報空間においてその人物そのものを投影しており、格付けの対象となっているかもしれない。要するに、個人の情報に対するコントロール権がどこにあるかで、将来の社会経済は異なる様相を呈することになろう。

4　SF透視する未来の情報生態系

そこで、未来（これこそ判断しかねる不確定かつ不明瞭な事象）を占うに当たり、SF小説に描かれた世界を手掛かりに、洞察してみることとしよう。まずは、大型計算機の時代の1968年に公開された映画「2001年宇宙の旅」では、宇宙船ディスカバリー号の運航を制御する人工知能HALが探査計画に疑念を抱き、ボーマン船長らに背き、思考停止に追い込まれる。そこには、人間の行動をも制御する意思と能力を持つAIが描かれていた。

また、1984年に放送されたApple Macintoshの伝説のCMでは、全体主義国家によって分割統治された近未来世界の恐怖を描いたジョージ・オーウェルの『1984』をモチーフに、統治者「ビッグ・ブラザー」に対抗する女性のアスリートがMacintoshの象徴として映し出されている。コンピュータ業界の支配的地位へのカウンター文化としてのApple

の戦略を印象付けるものであった。そして、検索エンジンのGoogleは、1982年の映画ブレードランナー」の原作『アンドロイドは電気羊の夢を見るか』に登場するレプリカント（アンドロイド＝人造人間）Nexus（Six）に由来する自社のAndroid OSスマートフォンを2010年に販売し、人造装置たるスマートフォンの在り方を追求した。そこには、意志を持つアンドロイドの姿と人間との関係を考えさせられる未来があった。そして、第三次AIブームに踊る今日、機械学習によるパターン認識は、シンギュラリティ（技術的特異点）への道程として注目され、人間の能力を凌ぐAIが現実のものとして認識されるようになってきている。

しかるに、ICTが導く未来に、われわれは主体的に関与できるかが問われている。ICT機器を通じて集積されるデータの運営主体はどこにあり、われわれはそれを委ねるのか。国家に委ねた秩序形成を主眼とする統制を求めるのか（国家Security重視）、利益追求を第一として顧客満足を誘導する企業のデータ活用に委ねるのか（経済Business重視）、個人の情報保護とコントロール権を主張するのか（個人情報Privacy重視）、ICTの発達は、これら三つ巴の渦中にあると言ってよかろう。そして、シンギュラリティ（技術的特異点）に近づくICTを、われわれはいかに社会的に受容しようとするのか。その時、人間の尊厳、そしてAIの尊厳はいかにあるのか。カズオ・イシグロの『クララとお日さま』（2021年刊）は近未来におけるAF（Artificial Friend）の心から問いかける。それは、他者との関係性からの個人の存立である。そして、他者としてのAIは、個人を映し出す鏡かもしれず、未来はＡＩとの関係をいかに構築していくのかが問われる社会である。ＡＩは単に隷従する僕（しもべ）なのか、それとも親愛なる友となるのか、はたまた叛逆する敵となるのか。そこにどのような未来の姿を映し出すのかは、われわれ次第である。

参考文献

英『エコノミスト』編集部（２０１７）『２０５０年の技術―英『エコノミスト』誌は予測する』土方奈美訳、文藝春秋。

レイ・カーツワイル著／ＮＨＫ出版編（２０１６）『シンギュラリティは近い―人類が生命を超越するとき』エッセンシャル版、ＮＨＫ出版。

マシュー・ハインドマン（２０２０）『デジタルエコノミーの罠』山形浩生訳、ＮＴＴ出版。

カール・Ｂ・フレイ（２０２０）『テクノロジーの世界経済史 ビル・ゲイツのパラドックス』村井章子・大野一訳、日経ＢＰ。

第5節

情報サービス基盤の進化とプログラミングの将来

長崎県立大学教授　山口文彦

1　情報サービスの構築にかかわる三つの立場の人々

現代が情報化社会と呼ばれている大きな理由の1つは、多くの情報サービスが提供され、利用されていることであろう。情報サービスの構築には情報技術が使われている。情報技術に限らず技術というものは、より使いやすく変わっていく。使いやすいものが社会に受け入れられて普及していくからである。こうした技術の変化を、生物が環境に適応して変化していくことになぞらえて、進化と呼んでも差しつかえないだろう。さて、使いやすさが技術を進化させる指標であるとして、どういう立場の人にとっての使いやすさが支配的な指標となるかについては、少々の考察をすべきである。

ソフトウェアに関連する人の立場を表す言葉の1つにエンドユーザがある。ソフトウェア製品の最終的な利用者という意味であって、開発者と対比される。情報サービスにも最終的にサービスを受ける利用者が存在する。ここで開発者について少し詳細に考えてみる。サービスの提供者は、サービス提供のためのソフトウェアを、必ずしもゼロから開発しているわけではないことに着目しよう。多くの開発者は、サービス提供の基盤となるソフトウェアを利用して、提供するサービスに合わせた開発をしているのである。基盤技術が確立するにしたがって、基盤そのものの開発と基盤を用いた開発の二種類の開発の違いが際立ってきたとも言える。そう考えると、基盤を使ってサービス提供のための開発をしている中間的な開発者という立場があることに気付く。そこで本稿では、情報サービスにかかわる人を、基盤開発者、中間開発者、末端利用者の三者に分けて考えてみる。たとえば、あるＷｅｂサービスを開発するためには、Ｗｅｂサーバ上で動くプログラミング言語やデータベースなど、さまざまなソフトウェアを用いる。これらは基盤となるいわゆる開発ツールであって、サービスの末端利用者が直接使うソフトウェアではない。これら開発ツールのエンドユーザは中間開発者であり、開発ツールの開発者を基盤開発者と呼ぼうということである。

情報技術の特異性の1つは、中間開発者が多いことである。多数派であるがゆえに中間開発者が情報化社会の担い手であると考えられる。もちろん他の工業製品についても中間開発者を考えることはできる。工作機械を基盤と考えれば、工作機械を利用して製品を作っている人たちが中間開発者ということになる。しかし実体のある製品を作るための基盤は、物理的に巨大であったり高額であったりする。一方、情報技術の場合、基盤的であるなしに関わらずソフトウェアは無形である。データ量としては巨大なものも多いが、物理的な大きさで言うと机の上のパソコンに搭載できるサイズである。インターネットが整備されていることを仮定すれば、遠くへもすぐに安価に届けることができるのは情報の大きな特徴である。開発ツールには高額なソフトウェアもあるが、無料のソフトウェアだけを利用する開発形態もある。こうした手軽さによって多くの中間開発者が生まれ、さまざまなサービスが、それぞれの形態に合わせて、個別に開発されている。すべての企業が中間的な開発部隊を抱えているわけではないが、開発の外注先であるソフトウェア会社が乱立しているというのが、現代の状況であると言えるだろう。

2　予想される情報サービス基盤の進化

基盤的な開発から中間的な開発まで、ソフトウェア開発に必要な技術がプログラミングである。情報化社会における必須技能とされ、小学校にもプログラミング的学習が導入されたことは記憶に新しい。また、数年後には大学入試センターの共通試験にもプログラミングが導入されるという。

ところで、このプログラミングは将来も情報化社会の必須技能であり続けるだろうか。近年、プログラムを書かなくても開発ができることを謳う開発ツールが現れている。これらはノーコードと呼ばれ、用意された部品のパラメータを調整し、また部品を組み合わせることで、サービス提供に必要な開発ができるというものである。

俯瞰して見れば、用意された部品を組み合わせるという行為は、従来のプログラミングでも普遍的に行われてきた。ノーコードが新しいのは、提供されるサービスに近い形で、サービス提供に必要な部品を、あらかじめ用意していることだといえる。従来の基盤開発者は、その基盤を使えば何でもできるように、基本的な部品を巧妙に設計してきた。しかし部品が基本的であるがゆえに、サービスに近い形のものを作ろうとすると、多くの基本部品を組み合わせなければならなかった。それがプログラミングである。一方、サービスに近い形の部品は、パラメータで調整できる範囲でしか変更ができないため、何でもできるということにはならないだろう。しかし、多くの部品を用意しておけば、ほんの少し組み合わせるだけでたいていのことができるようになり、それで充分だという思想がある。

計算機科学者としての立場から言わせてもらえば、どんな計算でもできるのが計算機の能力であり、どんな計算手順でも表現できるのがプログラミング言語である。従来の基盤には、そういう万能性があった。この万能性を捨てて「何でもはできないけれど、たいていのことができる」基盤が普及していく、というのが、予想される近未来像である。人類の平均的なプログラミング能力が落ちていくように思えて、筆者にとっては暗い未来予想なのだが、読者諸賢はどう感じられるだろうか。

さて、なぜ万能性を捨てた基盤が普及すると考えているかというと、それが中間開発者にとって使いやすいからである。ある意味で万能な機械である計算機を使いこなすプログラミングをするには、計算機の仕組みを勉強しなければならない。しかし、技術の使いやすさとは結局のところ、勉強しなくても使えることなのである。発電機の仕組みを知らなくてもコンセントにプラグを差し込めば電気を使うことができる。エンジンの仕組みを知らなくても自動車を運転することができる。これらはみな技術の進化の賜物である。だとすれば、情報技術が進化することで、計算機やネットワークの仕組みなど知らなくても情報サービスを提供できる世界が訪れても不思議ではない。ノーコードの出現は、その時流を加速させるものと感じられる。

では、ノーコードが普及した社会ではプログラミングがまったく不要になるかというと、決してそんなことはない。電力会社の技術者は日々、発電機のメンテナンスをしているし、自動車のエンジンも新規に開発されている。情報サービスの中間開発者がプログラミングをしなくなっても、基盤開発者はプログラミングをし続ける。中間開発者がいる限り、基盤開発者の仕事がなくなることはないのだ。だが基盤開発者は、社会の中では少数派である。もちろん、無数にある分野のそれぞれにおいて、ごく少数の高い能力を持った人たちが社会を支えているというのは、あるべき社会の姿ではある。しかし、多くの人々がプログラミングをごく少数の基盤開発者だけのものだと捉えるようになってしまってはいけない。

3　プログラミングの必要性

プログラミングは、情報サービスを構築するためだけのものではない。工業製品や学術においても、新しい手順を自動化しようとするときには必須の技術である。たとえば現在、科学の中で計算機をまったく使わない分野はないと言ってよいだろう。物理学者も化学者も生物学者もプログラムを書いているのである。出来合いのものを調整しただけでは本当に新しいものは表現できないが、どんなに新しくても計算手順でさえあればプログラムで表現できる。研究には新規性が必要であるから、科学者がこれからもプログラムを書き続けることは間違いない。プログラミングは科学全般にとってのリテラシーでもあるのだ。始まったばかりの初等中等課程におけるプログラミング教育が、将来の科学の発展にとって大いにプラスになると期待したい。

そうは言っても、研究者もまた社会の中では少数派である。大多数の人々がプログラミングの必要性を感じられなくなる未来を想像してしまったし、この先20年以内にプログラミング教育不要論が大勢を占めることさえあり得る。数学も科学のリテラシーだが、プログラミングは数学よりもはるかに歴史が浅い。不要論に耐えきれないことも十分に考えられる。そうした論に踊らされて科学の衰退を招くことのないよう、切に願っている。

参考文献

伊藤淳巳・森井良雄（1992）『情報技術の創造的活用』創元社。

山口和紀編（2017）『情報』第2版、東京大学出版会。

文部科学省（2020）『小学校プログラミング教育の手引』第三版、https://www.mext.go.jp/a_menu/shotou/zyouhou/（閲覧日：2021年4月23日）。

日経クロステック編（2021）『ローコード／ノーコード最前線』日経BP。

第6節

送金・支払いの革新と変容

専修大学准教授　小川　健

1　収斂しないキャッシュレス決済

20年の技術進化を捉える上で、送金・支払い方法ほど、この20年で「その前には変化が少なかったのに」技術進化で変化した分野も珍しい。電子マネーの日本における先駆けであるEdy（現・楽天Edy）とSuicaが登場したのがちょうど20年前の2001（平成13）年。当時のSuicaは改札専用であり、20年前もクレジットカードはあったが、当時は現金のお札をまったく見ることなく1週間を過ごすことはほぼ考えられなかった。20年後は、お釣りの概念を知らない子どもが出て来るぐらいの変容を遂げ得る。その鍵が、暗号資産でも利用される分散型台帳技術（ブロックチェーンが代表例）と、法整備を含めた社会の受け入れ体制である。

２０２１（令和３）年、「給与デジタル払い」という言葉が話題に上った（注１）。労働者の同意を基に、給与の一部を銀行振り込みでなく電子マネーやコード決済などに直接入れることを認めるもので、厚生労働省の審議会で（新型コロナの影響で導入予定が遅れたもの）議論されている。銀行を介さなくても済む部分は大きな影響を与えていて、10年前には存在さえしなかった（PayPayや楽天Pay等の）コード決済は今や（還元率などの体力の削り合いを行いながらも）乱立状態といえる。現状の電子マネーやコード決済は支払える場所が各々違い限られているだけでなく、（Suicaをはじめとする交通系の10カードの相互利用を除き）互換性もほぼ無いので、たとえ給与の現金支払い等を規定した労働基準法第24条の「賃金支払の5原則」が緩和されようと全額移行する事案は（チャージ上限が緩和されても）考えにくい。現状の電子マネー・コード決済の多くが中央コンピュータでの管理を中心としているので、大地震等、中央コンピュータとの連携が取れない事態が起きると取引ができなくなる。

東京・大阪・名古屋・福岡・札幌という5地区でSuica等の各地の交通系ICカードの10カードが相互利用を開始した際、かつてDVDが相互互換になったように公共交通機関の利用はこれで収斂し、その利点をもって電子マネーは収斂するかに見えた。しかし札幌の地下鉄・バス・市電等のSAPICA利用圏内ではSuica等の10カードは使えるが、SAPICAではSuicaなど10カード圏内で使えない例に代表される片務的な拡大が広島（PASPY圏内）・松山（い～カード圏内）等地方都市を中心に広がりつつある一方、帯広・釧路等ではバスに商業系ICカードの筆頭格waonの利用が始まり（注2）、都市部・地方で統一の兆しは無い。他方で、10カードの中でも唯一後払いの機能がある（関西系私鉄・地下鉄等での）PiTaPaだけ電子マネーの相互利用から外れる等、収斂からは程遠い。

2　小口決済用CBDCによる収斂

しかし現状では自然淘汰・収斂を期待できない電子マネー・コード決済の状況が、20年の間に再度一変すると考えられる。その鍵となるのが、（ブロックチェーンをはじめとする）分散型台帳技術を基にした中央銀行デジタル通貨CBDC（小口決済用）である。CBDCは強制通用力のお墨付きを与えたデジタル通貨であり、カンボジアのバコンやバハマのサンドダラーなど開始済みのものもあり、中国大陸のデジタル人民元DCEPなどは実用化間近な実験段階となっている。先進国では発行しない説も出てはいるが（注3）、日本銀行やECB（欧州中央銀行）、国際金融の礎を作ったイングランド銀行などでの知見共有のグループも作られていて、日本銀行では実証実験も始まりつつある（注4）。木内報告（2020）によると（注5）、中央銀行自ら発行する形式の他に、民間に発行させた後で法的なお墨付きを与えるsCBDC構想もある。

中島（2020）によると、CBDCには現在の電子マネー・コード決済等と違う部分として、強制通用力（汎用性）の他に（注6）、①店舗で支払いとして受け取って即座に次の支払いに使える、②利用料が無料となる等の点が知られている。デジタル通貨はビットコイン（BTC）等の通常の暗号資産と違い法定通貨とのレート変動がないが、テザー（USDT）等価値の安定を図ったステーブルコインと違い、その裏付け資産が外部から検証可能で

100％保存されるため対法定通貨での価値変動リスクから解放される。②を私で補足すると、通常の電子マネー・コード決済の普及が止まっている理由の1つに手数料がある。しかしCBDCはその費用面を国や中央銀行等が負担するので、手数料がかからない。電子マネー・コード決済だと店側にお金が届くまで日数を待つ必要があるから、すぐに仕入れに使えないし、手数料もかかる。日本のCBDC「デジタル円」が登場すればこれらの部分が解消されるので、デジタル円が優位に立つ。分散型台帳技術の特性を活かすと、地震等で回線が途切れても電池残量があれば使える。

コード決済では「クレジットカードの現金化」への抜け道になる危険性から、（PayPayマネーなど）クレジットカードによるチャージを可能にする決済アプリと（みずほ銀行や多くの地方銀行等で連携するJ-coin Payなど）銀行口座などに残高を戻せる決済アプリは本質的に統合・相互運用できない。CBDCを（現在、多くの国・地域でのCBDC導入事例で行われているように）銀行等の経由で間接発行とすると、後者はCBDCに収斂する。残された前者は（特定箇所への攻撃に対する耐性の特徴を備えた）分散型台帳技術を組み込んだセキュリティ強化を図ることになる。そして、中島（2020）によるとデジタル人民元では、商業銀行の他にアリババ・テンセント・銀聯など大手決済サービスなど仲介機関を通じて渡されるので、アリペイやWechatPayなどの大手決済アプリの中に組み込まれている。デジタル円でも同様の形と思われる。そこでデジタル円等が法的にも整備され、普及した世界を考えてみよう。

3　デジタル円等が法的に整備された世界

従来ではキャッシュレス決済に対応しているのは、コンビニ等をはじめ大手チェーン系列に限られる面が強く、都市部では現金なしで過ごせても、田舎では現金なしでは動かない地区が多かった。しかしデジタル円には強制通用力が法的に定められているので、デジタル円非対応のレジが販売禁止となり、税務上の売上補足等の観点からデジタル円非対応のレジの交換が促進され、手数料を取られないことから小規模店舗も含めてデジタル円が対応するようになった。一方でデジタル円が使える店舗は現金の対応が不要になったので、いざというときに備えて現金やATM用のキャッシュカードを持ち歩く習慣が、デジタル円を持ち歩く習慣に変わった。仕入れへの支払い等も、デジタル円なら即時に受け取れてそのまま使えるとのことで、卸の段階でも銀行が閉まると翌営業日まで待たなければならない口座決済からデジタル円へと移り変わった。「現金は最強の流動性」という言葉は、教科書からも消えた。

デジタル円は小数の細かい刻みまで出せるので、少額決済の産業も成り立ちやすくなった。

デジタル円では全取引の履歴が残るので、履歴を残したいからクレジットカードを使っていた人も消え、クレジットカードは1－2カ月の支払い猶予が必要な人に限られていった。

決定的になったのは、203X年の都市部直下型地震であった。当初のデジタル円は現金があるから不要との扱いで普及が止まっていたが、租税捕捉の面からデジタル円優先の観点で、デジタル円の取り扱いがないと銀行や信用金庫、農協・漁協、ゆうちょ銀行なども法人口座の維持ができない扱いとなり、税金も現金で支払うとデジタル円より追加の手数料がかかるようになっていた。日銀の支店内に中央コンピュータを置いて管理するあり方も検討されたが、一度止まると処理しきれないとの観点から分散型台帳技術が導入され、技術発展により現地間でやり取りができれば決済成立できるデジタル円へ進化していた。

地震直後、分散型発電等の拡大に伴う中型蓄電池の普及で、デジタル円は電磁的なやり取り中心で決済継続できた。しかし、現金しかないお客に対し、店舗内にお釣り等が充分に用意されておらず、またアルバイトの店員の多くがお釣りの概念を（デジタル円で自動計算・自動処理だったので必要なかったから）理解せず正確に計算できなかったので、飲み物1本を買おうにも、渋沢栄一の1万円札をお釣りなしで置いていくしかなかった。もはや現金を持っていても仕方ないことが広まった。現金を引き出そうとすると、犯罪目的でないか逐一理由書を書かされる形になり、デジタル円の方がはるかに便利なためATMは消えていった。

金額を割ってお金を集める方法も、以前ならコード決済が乱立していて相互送金できなかったので、現金をその場で集められないときはPayPayでとかAmazonギフト券でとか、合意を取るのが大変だった。しかし今や、全員デジタル円を持っているのですぐ完了する。

革新的なのは、税金の取り扱いであった。デジタル円で全取引をすることで税務署が全取引を把握でき、脱税の心配がなくなるため、デジタル円で全取引を行う誓約を順守する人の年末調整・確定申告は不要になり、税金もデジタル円から自動引き落としされた。現金取引が発覚すると税額が手数料込みで上がることで、現金を扱うのは時代遅れとなっていった。税理士の多くは、取引一覧から税額計算をする税務署からの業務委託をこなす形に変わった。

4　民間のデジタル通貨と通貨圏を超えた越境取引

最後に、民間のデジタル通貨が発展するのは、越境取引であった。Facebook系のリブラ構想1・0はつぶれディエムとなったが、通貨バスケット型で民間発行のデジタル通貨としてAmazonからショッピング部門を引き継いだ子会社が各通貨圏の小さな地方銀行を買収し、そのシステム活用も含め100％裏付け資産を外部検証可能な形で民間デジタル通貨を発行し、値札表示にそのデジタル通貨での固定表示を加えることで支払い手段として持つようになり（注7）、通貨圏を超えた取引がその都度レート換算を考えることなくできるようになった。

本稿の提出後、中米エルサルバドルで（米ドルに次いで）ビットコインを法定通貨に加える法案が可決し、9月に施行する。このビットコイン法第12条で技術的にアクセスできない場合はビットコインを強制通用力の対象から免除される規定が加わったことで、日本の資金決済法上もビットコインは外貨ではなく暗号資産とする政府解釈が提示された。これはCBDCに対する強制通用力のあり方にも一石を投じるものであり、技術的手段を持たない証明をすることでCBDC導入後も一部店舗は一定期間強制通用力を免除される状況などが移行過程では残る可能性が出てきた。強制通用力も現金とCBDCという複数の中から選択制とする事で事実上共通に使えるものがなくなる一方で、CBDCを拒絶する顧客要望に合わせるためとして現金が残り続けた場合、現金の管理コストは店への負担として残る不幸となる。

【注】

（1）日本経済新聞（2021）「給与デジタル払い21年春解禁、銀行口座介さず 政府方針」2021年1月26日 https://www.nikkei.com/article/DGXZQODF266MB0260120210000000/（閲覧日：2021年4月2日）
（2）乗り物ニュース編集部（2018）「路線バスに「WAON」、北海道で導入 商業系電子マネーでの運賃決済は広まるか」https://trafficnews.jp/post/80444（閲覧日：2021年4月2日）
（3）宿輪純一（2021）「「日本」と「中国」の大違い…先進国では「デジタル通貨」が発行されないワケ」https://gendai.ismedia.jp/articles/-/79801（閲覧日：2021年4月4日）
（4）NHK NEWS WEB、https://www3.nhk.or.jp/news/html/20210220/k10012877471000.html（閲覧日：2021年4月4日）
（5）ケインズ学会第10回全国大会（2020年12月5日）
（6）ケインズ学会第10回全国大会（2020年12月5日）および中島真志（2020）『仮想通貨vs.中央銀行』新潮社。
（7）小川 健（2019）「Libra（リブラ）普及のためにFacebook社がなすべき「複数値札表示」とは」https://coinpost.jp/?post_type=column&p=102093（閲覧日：2021年4月5日）

第7節

クレーマーが支える社会

農林水産省農林水産政策研究所上席主任研究官　高橋祐一郎

1　社会の敵だったクレーマー

「20年くらい前であれば、怒った口調の問い合わせ電話や不満の言葉が目立つメールがやってくると、また何もわからない素人がプロの自分に文句をつけてきたと不愉快になり、対応しなければならないとなると、気が重くなるばかりでした」。OAサプライ会社の開発グループ長の梅川さん（仮名）は述懐しながら、スマートフォンと手袋を取り出した。

平成時代まで、クレーマーはハラスメンターと同一視されていた。一方的に強い要望を呈してくる人や団体は、紛争を生み出す社会の敵とされ、できるだけ関わらないようにする方法や手段が数多く指南されていた。

ところが、そのことは、相手を気遣ってアドバイスを出そうとする人や、契約や信義則に従って正当な要望を出そうとした人をも拒絶してしまうことになった。拒絶された人の中には、失望を経て、相手を非難し信頼を落とすことを目的とするハラスメンターに転じる人も現れた。一方、非難された側もハラスメンターに陥り、双方の対立は表面化し、政治を左右する社会的な紛争に発展したこともあった。

現在では、クレームはトラブルの元ではなく、社会の潤滑油とまで言われるようになった。その背景には、人の取りうる行動をＡＩによってアドバイスできるシステム、通称「ＡＩコンセンサスシステム」の普及が功を奏したといえるだろう。

2　ＡＩが育てたクレーマー

「しかし、今ではクレーマーは当社のサポーターといえる存在です。」そう言うと、梅川さんは手袋を手にはめた。手袋の正体は、同社が開発した、動きに応じて言葉の音声が流れ、その言葉を文字として画面に出力することもできるデバイスである。梅川さんは口を閉じ、手を動かすと、その声がスマートフォンから流れた。

「この製品は、当社のＷｅｂ問い合わせフォームでは意見がしづらいというクレームから生まれたものです。かつてなら、こうしたクレームを呈する人は、問い合わせが目的なのではなく、理由をつけて文句を言い放ちたいだけのハラスメンターと捉えたことでしょう。ところが、このクレームをＡＩコンセンサスシステムで分析したところ、キーボードや画面タッチでは入力が困難な人が数多くいることがわかりました。そこで、人間工学をベースに振動検知技術などのハイテク技術を取り入れ、当人の動きの癖も反映しながら文字を入力できる布状のデバイスを作ってみたのです。」梅川さんは開発の経緯を語った。

「すると、思わぬところにも需要がありました。たとえば、音楽家が楽器のないところで練習したいとか、鳴き声や動きからペットの意思を想像したいというものでした。中でも、脳梗塞の後遺症などで発話や書字が困難になってしまった人に言葉を取り戻してあげたいという要望には心を打たれました。そこで、さらに開発を進めて、動きから言葉を再現できるこの手袋の商品化に至ったのです。さまざまな人に喜んでいただけるようになっただけでなく、手話の普及にも貢献したようです。」無言のまま、手を動かし続けている梅川さんの表情は明るい。

また、クレーマーの側もAIコンセンサスシステムを活用する人が増えている。元医師の新木さん（仮名）は、疑問を感じたり被害に遭ったりすると、まずはこのシステムを活用したアプリを開き、思うままの言葉を音声やチャットで入力し、関係する情報やアドバイスを基に、頭の中を整理してからクレームを伝えるようになったという。「かつての私は、自分の要望を相手が聞いていないように感じると、不満が増幅し、乱暴な言葉で非難してしまうこともしばしばありました。しかし、このアプリを使い、相手の立場になったシミュレーションを行ってみると、そうした自分本位の行動が相手に不信を抱かせ、問題の解決を遠ざけていたことがわかりました。もちろん、伝え方を改善したからといって、必ずしも私が望む解決策が得られるものではありませんが、自分の主張が伝わっている感触が得られ、納得できることが多くなりました。」

3　AIコンセンサスシステムとは

ＡＩコンセンサスシステムの基本的な構造は、ユーザーが質問を入力すると、数学、心理学、組織論などの学説をベースに、現地の気候、過去から最新に至るまでの報道、ＳＮＳやブログも含めたＷｅｂ上の言説など、人々の生活にかかわる膨大な情報が機械学習によって分析され、選択肢を提示していくものである。その原型は、令和時代の初期から水産資源の管理手法や恋愛マッチングサービスなどに活用されていたが、ＡＩコンセンサスシステムでは、生活環境、経験、身体能力、信条などをユーザーが独自にカスタマイズできる機能を搭載した。また、専門的な知識を持たない人々が専門家の意見を聴きながら話し合うことで科学技術の将来性などを評価できる「コンセンサス会議」や、会議の参加者多数のトピックスに対する重要度を順位付けさせることで参加者間の潜在的な共通点を見出す「Ｑ方法論」など、人同士の対話や合意形成を促進する手法も取り入れている。

加えて、このシステムの普及に一役買ったのは、老若男女のいずれもが使いやすいユーザーフレンドリーな仕様を取り入れ、他のユーザーとのコミュニケーションを可能にしたことであった。特に、大画面での操作が可能なＰＣを

図1　アバターチャットの光景

（株）サイバーエージェントが2019年まで提供していたアバターコミュニティサービス「アメーバピグ（PC版）」のスクリーンショット。出所：筆者が2012年頃に撮影。

用いて、Ｗｅｂ上の仮想空間の中で、自分の分身（アバター）を自由に動かしながら、年齢、肩書、外見などに惑わされず、気軽にコミュニケーションが可能なアバターチャットの機能を搭載したことは、２０１０年代にこのサービスを利用して交流を楽しんでいた多くの人々の心を捉えた。

4　AIコンセンサスシステムの開発の背景

ＡＩコンセンサスシステムは、２０２０年ごろから開発が始まった。当時は、ＩｏＴ技術の革新による情報処理や通信環境の高速化が進み、翻訳ソフトの発達によって言語の壁が低くなりつつあった。また、再生医療への道を開いたｉＰＳ細胞や２０２０年にノーベル賞を受賞したCRISPR-Cas9による高度なゲノム編集技術が次々と発明され、その実用化に大きな期待が寄せられていた。さらに、誰もがＷｅｂを通じて容易に最新の情報を得られ、自分の意見を手軽に世界中に発信することが可能になった。人々が行動を選択できる機会は増え、さまざまな価値観が生み出された。

一方、当時はすでに、前日に放映されたテレビ番組の内容が翌日の共通の話題となるような昭和時代とは異なり、同世代でも社会的な体験を共有する機会が減っていた。また、サービスの多くが、手軽さや省力化の視点から、Ｗｅｂの使用が必須となるものに移行していた。そうした状況は、身近な人への相談よりもＷｅｂ検索の結果を信頼する人々の増加を招くとともに、Ｗｅｂを使用できる生活環境の有無によって、大幅な情報の格差や行動の制限を発生させてしまった。一方、Ｗｅｂを普遍的に使用できる人々も、溢れるさまざまな情報の中から、自分が何を選択して行動すべきか迷うようになっていた。

5 Covid－19禍で顕在化した人々の不満

そのようなときに起きたのが、Covid－19禍であった。微量検出技術やゲノム解析技術が発達した現在では、新種の病源ウイルスに対する感染防止策や治療方法も講じられるようになったが、発生直後の２０２０年からしばらくの間は、新型コロナウイルス禍と呼ばれていたように、未知の疾病であり、誰もが脅えた。当時の政治界や医療界は、その対策として、マスコミが報道するCovid－19による感染者数の増加を抑えることに執心し、それまで日常的であった人々の行動を大きく制限した。その結果、ほとんどの人々がマスクをつけなければ外出できない生活を余儀なくされ、経済は停滞し、出生率は低下し、うつ病に陥り自殺する人も増加した。

このような混乱した状況でありながら、専門家集団の意識はなかなか変わらなかった。もちろん多くの専門家個人は、Covid－19禍からの脱却を望み、自分の専門領域の上で必要と考える主張をそれぞれが強く訴えていたであろう。しかし、多くの人々にとって、彼らが所属する専門家集団の行動は、日常生活の危機に対応できなかったにもかかわらず、自らの社会的な権益は維持したいといった不誠実な態度に映った。特に、２０１１年に起きた東日本大震災による原発事故を経験した日本では、その傾向は顕著であった。

誰もが社会の改善を望みながら、その実現のために必要な行動がそれぞれの立場によって異なることによる「決められない社会」が顕在化していた。新たな対策が表明されると、改善を期待する賞賛よりも悪化させる懸念がクローズアップされるようになっていた。当時の人々は、気軽に人と会って対話することさえ制限されてしまった社会の中、誰を信頼して良いのか戸惑い、心は暗くなるばかりであった。こうした時代に求められたのは、人々が口にするクレームの中から将来の社会の改善につながる内容を抽出し、実際の行動につなげていくことであった。ＡＩコンセンサスシステムは、その役割を担うことになった。

6　専門家集団とクレーマーに対する評価の変化

ＡＩコンセンサスシステムは、情報量や選択肢が多い現在の社会環境において、商品の購入や旅行先の選定などの日常的な場面から、政治家や科学者の主張の信憑性や実現性の判断など、将来の社会生活を選定しようとする場面まで幅広く利用されるようになった。また、アバターチャットの活用によって、直接の対話が困難な相手との円滑な関係の醸成にも貢献するようになった。

現在では、一般の人々にも活用されているＡＩコンセンサスシステムであるが、元々は専門家集団によって進められてきた。しかし、現在の利用のされ方は想定しておらず、別の思惑があった。彼らは、自分たちの主張に異を唱えたり無関心な振る舞いをしたりする人々は、専門的な知識が不足しており、科学リテラシーも低いので、非科学的で情緒的な感覚に陥っていると思い込んでいた。そこで、このシステムが用いられることにより、専門的な知識を基にした情報が社会に普及していけば、そうした人々は説得され、自分たちと同じ科学的な判断が可能になると捉えていた。

確かに、AIコンセンサスシステムの普及によって、専門家集団の主張の内容は、科学的な知見に基づいていることが知られるようにはなった。しかし、同時に導き出されたのは、専門家集団の取りがちな行動に対する一般の人々の不満と不信感であった。

たとえば、専門家集団は、自分たちの主張を一般の人々に強くアピールしようとするあまり、異を唱える人々の意見に対する非難を強めることが見いだされた。また、身内に「謝ったら負け」といった意識が強く、他者に対して暴言や無視などの不誠実な態度をとる者が存在することを認識していても、自分たちの社会的な立場に影響しないと捉えた場合は、実効性のある改善策を取らないことが明らかにされた。さらに、身内に存在する実務経験の長い専門家の意見は高く評価するが、実務経験が乏しいと見なす人々の意見は軽視する傾向があることも示された。これらの行動が、一般の人々からは、既得権益の押しつけのように映っていたことを突きつけられてしまった。

これらのことが露わになったことで、専門家集団は意識を変えることを余儀なくされた。特に、自分たちの視点で無関心に見えていた人々は、自分たちが信用されていないので意見を表明しない傾向があるという点を重く受け止め、それまでは非難としてしか捉えていなかった一般の人々からのクレームを丹念に分析し、耳を傾けるようになっていった。その結果、社会を改善したいという人々は熱心に意見を表明するようになり、それらの人々の科学リテラシーの高さも徐々に知られるようになったことで、クレーマーの社会的な評価が大きく変わっていった。

7 AIコンセンサスシステムの社会的な効果

ＡＩコンセンサスシステムの普及は、人の適材適所の考え方や円滑なコミュニケーションの構築などに対し、さまざまな社会的な効果をもたらした。中でも、クレームとハラスメントが区別されるようになったことは、人の評価のあり方を大きく変えた。

ハラスメントは、相手の立場を理解しないままに振る舞うこと、また、それを止められない環境が生み出してしまうものと捉えられるようになり、その解消を目指して、自分が他者の立場になりきって、その役割を演じる体験が得られる「ロール・プレイ」が、教育や研修の場面で一層活用されるようになった。

最大の社会的な効果は、昭和時代から変わらなかった、強すぎた専門家集団と一般の人々との間の権威勾配の解消が図られたことだろう。特に、社会生活への影響が大きい政治、教育、通信、交通、医療などに携わる専門家集団は、一般の人々の意見を基にした時代の要請に応

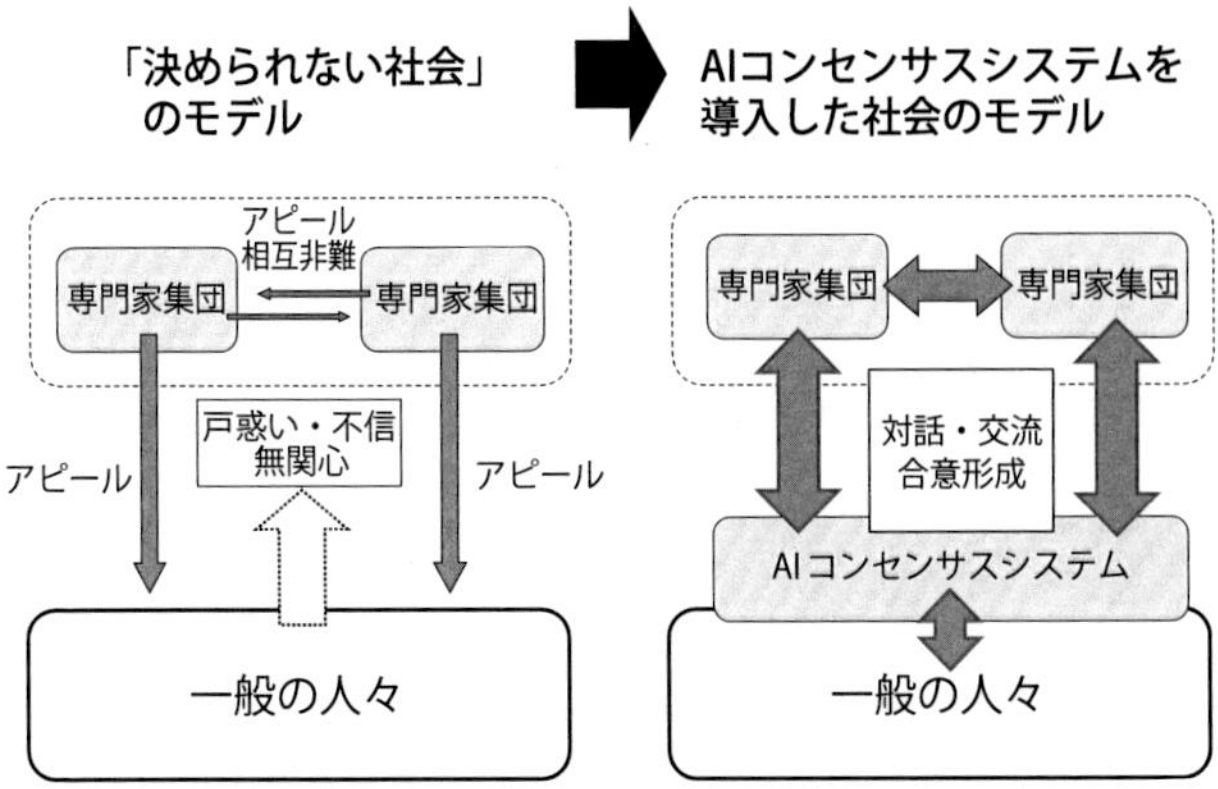

図2　一般の人々と専門家集団との関係

じながら、将来像を見据えた社会への取り組みが求められるようになった。また、専門家集団が、過去の業績によって既得権益が保証されることを前提とした主張を展開することや、ポピュリズムを引き起こして有利な立場を構築しようとする態度は、一般の人々へのハラスメントと捉えられ、彼らの社会的な評価を低下させる行動として見られるようになった。これらのことは、かつては実質的に生涯資格となっていた医師免許や政治家の世襲に対する合理的な更新制度の創設につながった。また、年齢や性別によらず、実力や力量が備わっていれば、応じた資格が付与されるとともに、専門家の立場を悪用して不正を働いた者は、専門家集団から追放され、資格の剝奪を前提に厳しく断罪されるという、現在の社会的な風潮の形成に寄与した。

8　おわりに

今後、科学がさらに発展し、社会生活に関する情報が次々と蓄積されていくことによって、ＡＩコンセンサスシステムも一層の発展を遂げていくであろう。

だが、このシステムは、一般論や社会的に中立な意見を導いてくれるものではない。あくまでも、複雑化する社会と溢れる情報の中で、今後どのような行動を取るかを選択するための目安を得る一つの手段である。つまりは、自分なりにカスタマイズした辞典をさらに手に入れたに過ぎない。もちろん、このシステムを使えない、又は使わない人々の知識や経験を否定するものではない。むしろ、このシステムに頼りきることは、新たな生活環境に飛び込み、目に留まった情報から知恵を得ようとして行動する機会を失わせ、昭和時代には誰もが覚えていた家族や友人の電話番号を、携帯電話が普及した平成時代には多くの人が忘れ去ってしまったように、記憶を退化させてしまうかもしれない。

自分の行動を決めるのは、それぞれの実際の成功や失敗の経験に基づき、現実の世界で生きる人と人の交流を経て得られた、とっさの対応、ひらめき、勘なども含めた自分自身の意思である。そのことは、昔も今も変わらない。

参考文献

小林傳司（２００４）『誰が科学技術について考えるのか―コンセンサス会議という実験』名古屋大学出版会。
吉澤　剛（２０１７）「Ｑマッピング」本堂　毅・平田光司・尾内隆之・中島貴子編『科学の不定性と社会―現代の科学リテラシー』信山社。

第8節

シンギュラリティが創る未来

コラムニスト／土居治療院院長　土居　望

1　シンギュラリティ（技術的特異点）

1997年、人類最強のチェスプレイヤーがIBMの開発したスーパーコンピューターに敗れた。2016年には囲碁のトップ棋士が敗れ、翌年の17年には将棋界最高峰の名人が人工知能（AI）の暴力的とも思える強さの前に敗れている。人工知能（AI）やロボット工学の目覚ましい進歩によって、シンギュラリティ（技術的特異点）の到来が徐々に現実味を帯びて来ている。シンギュラリティ（技術的特異点）とは、人工知能が人類の知能を超える特異点であり、人間の知能では予測不可能な未来社会の始まりとされる。その到来は2045年と予測されていることから、2045年問題と呼ばれる。では、技術的特異点による予測不可能な未来社会は本当に訪れるのであろうか？　物理学者、スティーブン・ホーキング博士は生前に、完璧な人工知能を開発した時、それは人類の終焉を意味するかもしれないと、特異点の到来に危機感を抱いていたという。また、逆に、ドイツの哲学者、マルクス・ガブリエルは、知性は人間の非生物的、感覚的な部分であり、知性と人工知能は異なるとして、特異点の訪れはナンセンスな理論と主張した。この問題に対して筆者は、実社会に先立ってシンギュラリティを迎えたチェスや将棋、囲碁といったボードゲームの世界から未来社会をある程度予測できると考えている。非常に高度な知能を持つプロ棋士たちは今、人工知能に教えられ研究しているのである。人類はどのように人工知能に敗れたのか。そのことについて簡単に説明しよう。1997年5月、チェスの世界で人類は初めて人工知能に敗れる。それは、10年以上世界王者に君臨したチェスプレイヤー、カスパロフとIBMの開発したチェス専用スーパーコンピューター、ディープ・ブルーの戦いであった。ディープ・ブルーは全幅探索型AIであり、毎秒2億局面先を読み、その局面を評価関数により数値化して局面の優劣を判定した。

2　人工知能と心のカタチ

　その日が訪れたのは5月4日、カスパロフ1勝で迎えた第2局である。カスパロフの強さは読みの正確さ、判断力、構想力のみならず、対戦相手の戦い方からその思考法（心）を読み取る技術である。ところが第2局におけるディープ・ブルーは人間的、感覚的とも思える動きを見せる。それは36手目であったが、その一手を見たカスパロフはディープ・ブルーの中に非常に高度な知性を垣間見たと話している。この手を境にカスパロフはディープ・ブルーの思考が理解できなくなり、自らペースを乱し敗れたのである。ディープ・ブルーは人工知能である。知能とは、明白な答えがある問いに対して、素早く適切な答えを導く能力であるが、知性とは、答えの見えない問いに対して、その答えを探求する能力、感覚的に得た情報を判断、整理して、新しい認識を生み出す精神の働きに他ならない。毎秒2億局面先を読む超高速計算の先に心のカタチを垣間見るのである。

3 シンギュラリティ（技術的特異点）が到来する未来

実社会において、確実にシンギュラリティ（特異点）は訪れると考えている。そして、汎用性人工知能の誕生は、人間の心に近い感情を持つ日が来るとも考えている。指先にのる小さなマイクロチップ（ＩＣ）について考えてみよう。マイクロチップとは、あらゆる電子機器を制御する神経系統として使われているが、その性能は開発当初の30年前と比べ、１００万倍の性能を持つという。未来が凄い勢いで生活の中に入り込んできているのである。そして、10年後、20年後には、今からまた１００万倍の性能に達するであろう。テクノロジーの進歩は指数関数的に向上する。つまり、技術の進歩が次の進歩までの期間を短縮させ、イノベーションは加速されるからである。この概念から、レイ・カーツワイル氏は２０２９年には人工知能（ＡＩ）が人間並みの知能となり、２０４５年にはシンギュラリティが訪れると提唱する。経済学的に見れば、人工知能によって経済成長率は急速に加速し、生産性は飛躍的に向上するかもしれない。ハンドルの無い自動運転車が公道を安全に走り、交通渋滞もなくなる。人間よりも短時間に効率よく情報を処理するＡＩロボットが、経理や事務職に取って代わるだろう。人工知能によって技術的失業が加速して行く。サービス職から専門職にまで幅広い分野において、ＡＩロボットなどの技術は応用されていくことだろう。つまり、経済は飛躍的に向上するのに対し、失業者も増大する。そのような不自然な経済状況の中で、何が価値を持ち、何が生き残るのかである。

予測される２０４５年問題を境に人類は３つ目の大転換点を迎えることになるであろう。１つ目は１万年前の農業革命である。この革命で国家や経済が生み出された。２つ目がイギリスの産業革命である。この革命に飛び乗れたヨーロッパやアメリカは先進国となり、乗り遅れたインドや中国は発展途上国となった。そして３つ目の革命が、近い将来におとずれるシンギュラリティである。今、人工知能（超知能）の研究は世界中で激化して進められているが、現時点ではまだ未来学上の概念であろう。現在の日本社会の現状と言えば、少子高齢化が一段と進み、生産年齢人口は下がりつづけている。少なくなる生産年齢人口で増えつづける高齢人口を支えなければならない。つまり、社会保障は削減され、待った無しの増税である。ところが、生産年齢人口である勤労者世帯の収入は、20年も右肩下がりで減少しつづけているという。未来の見えない若者にとって、少子化は必然の現象であり、未婚の単身者世帯は増えつづけるであろう。それも、夫婦共働きでなければ生活が成り立たないからである。そうした中でも日本の株式市場は、コロナショックの大暴落をもろともせず高値を更新している。それもそのはずで、政府、日銀が株を買い支えているのである。株式などの資産を保有する人は富を得て、持たざる人は貧しくなる。この二極化はこれから顕著に現れてくるであろう。

　シンギュラリティ後の世界とは、人間の知能では予測不可能な未来社会の始まりと言われる。ではチェスから将棋に話を変えて、予測不可能な社会を少し予測してみよう。将棋の名人が人工知能に敗れた時、名人はその強さに、人間より将棋の神に近い存在と一瞬すれちがった、と人工知能の強さについて語っている。将棋界は４００年の間、多くの頭脳を駆使して、純粋に将棋の局面における最善の手を求めてきた。それが定跡である。ところがその定跡を入力したＡＩと、何も教えず独学で学習したＡＩでは、独学のＡＩが短時間で定跡を入力したＡＩよりもはるかに強くなってしまった。つまり、定跡には間違いがあって、もともと人間の思考の中に、思い込みというバイアスが含まれているのである。あらゆる学説、すべての産業が人工知能により再定義された時、おそらく多くの思い込みに気付くことになるであろう。人工知能の生み出す社会では、現在難問とされる地球温暖化などの環境問題も食糧問題なども、ほどよく解決するであろう。

第3章　工業・産業

第1節　食産業インフラ・イノベーションが日本を救う

京都大学教授　藤井　聡

1　「食料自給率」の向上は「国家安全保障」のために必須

当たり前のことだが、経済がどれだけ疲弊しようが、エネルギーの輸入が途切れようが、食料さえ自給できていれば、とりあえず生きて行くことができる。したがって「食料安全保障」、そしてそのための「食料自給率」の向上は、すべての国において枢要な国家政策に位置づけられている。

無論、経済力（つまりカネ）さえあるなら、よほどのことがない限り最低限の食料調達は可能であろう。しかし将来、世界的な干ばつや大火山噴火などで世界的に深刻な食料不足が生じないとも限らず、食料供給国と外交的、軍事的な緊張が高まる可能性がないとも限らない。そんな時に食料自給率が低ければ、最低限の食料を確保するために、日本が持つ膨大な国家資産を支払わなければならなくなる。仮に「カネ」だけで解決できるのだとしても、その時に必要な「カネ」は莫大な水準となる。しかも食料は常時求められるものなのだから、そんな支出増は一過性でなく、半永久的に求められる。仮にカネの支出が不要であっても、「食料を買い続けなければならない」という事態が、外交上の大きな弱みとなる。

つまり、食料自給率が低ければ、①**国民の健康と生命が守れなくなるリスクを負うばかりでなく、②持続的な海外への支出拡大とそれを通した日本のデフレ不況拡大の巨大リスクを負っている**と同時に、③**海外の食料供給国たちに将来日本を脅すのに使えるかもしれない巨大な「外交カード」をタダで配り歩いている**ことになる。

しかも、そんな「有事」が仮に永遠に訪れぬとしても、食料自給率はやはり向上せねばならない。

そもそも国民が生きていくためには、所得が必要でありそのための産業が不可欠だ。そして、産業が成立するためには「需要」が必要だ。

しかし、「需要」は無尽蔵にはない。

だから「需要」というものは、国民が生きていく上での貴重な「資源」なのだ。そしてそんな貴重な「需要」の中でも、とりわけ本源的なものこそ「食料需要」だ。人間は食べていかなければ生きていけないからだ。

にも関わらず食料自給率を低いまま維持し続けるということは、日本人が生き続けていくために必要不可欠な「需要」において、最も本源的な食料需要をドブに捨て続けるような話だ。そして日本は今、実際に貴重な日本人の食料需要をドブに捨てるようにして、外国人に譲り渡してしまっているのだ。金額ベースで言えば、日本人の農水産品についての食料需要は、平成27年度時点で約13兆円（＝農産品純輸入額6・2兆円＋水産品純輸入額1・4兆円＋農業GDP4・7兆円＋水産業GDP0・7兆円）あるのだが、その内、日本人が生産しているのは、その41・5％の5・4兆円に過ぎない。つまり、日本は今、7・6兆円（＝13兆円－4・7兆円－0・7兆円）の需要を（輸入するということを通して）、日本の農民・漁民たちが活用することなく、外国の農民・漁民たちに譲り渡しているのだ。

だから逆に言うなら、日本がそれだけ輸入せず、すべて国産で賄おうとすれば日本人の農業・漁業には7・6兆円分ものマネーが流入することになる。今の農業・漁業に流入しているマネーは5・4兆円に過ぎないわけだから、日本が輸入を止めてすべて国産で農水産品を調達するようになれば、日本の農業・漁業には今の2・4倍（＝（7・6兆円＋5・4兆円）／5・4兆円）の巨大なマネーが流入することになる。それだけの巨大なマネーが流入すれば、今の農民、漁民たちの所得は飛躍的に上昇すると共に、今よりもっと多くの従事者を養い続けることが可能となるだろう。

ちなみに、7・6兆円のマネーが日本国内に流入すれば（というか、詳しく言うなら、それだけのマネーの流出を食い止めれば）、マネーが巡り巡ることで日本国民全体の所得の合計値が拡大する効果（乗数効果）を通して、おおよそ10～15兆円もの国民所得の拡大効果が見込めることとなる。

以上をまとめると、**食料自給率の上昇という取り組みは、「まさか」の時の有事対応としての安全保障のために求められているのみでなく、平時における経済成長の視点からも10～15兆円規模という巨大な水準で求められているの**である。

だから日本人は食料自給率の向上をもっと真剣に考えるべきなのである。

2　国産農水産品の増強に向けて

さて、自給率を上げていくためには、生産量そのものを拡大し、政府の補助を拡大しつつ出荷額を低減させていくことが必要となる。そのためのイノベーションとしてどのようなものがありえるのか、その一部を考えてみよう。

・食産業インフライノベーション1：水田から畑作への土地改良

そんな**インフラ・イノベーション**の中でも、特に代表的なものが、**外国から多くを輸入しているたまねぎや飼料作物等の畑を作る**という土地改良だ。とりわけ、米消費量の激減を受けて多くの米作農家の存続が難しくなっている今、既存の水田を畑作農地に改良していく取り組みが、大きな注目を集めている。

たとえば、富山県砺波市では広大な水田のたまねぎ畑への土地改良を成功させている。

そもそも「水をためるのが前提」の水田を、「排水」されることが前提の畑に変えていくには、「排水機能の強化」が不可欠だ。砺波市ではこの点に対する対処として、国と県が支援の下、排水路の新設や改修、調整池の整備等、排水インフラの強化等を総合的に推進し、**83ha（東京ドーム18個分）の水田をたまねぎ畑**に改良することを成功させた。そして平成28年現在には、約5億円のたまねぎを出荷している。

・食産業インフライノベーション2：輸入依存農産物のための農地「開拓」

ただし、農業生産力の増強のためのインフライノベーションにおける最も典型的な取り組みは、言うまでもなく**「開拓」**だ。

そもそも、「瑞穂の国」とも言われる我が国の歴史は、水田開拓の歴史そのものだ。開拓によって農業生産力を上げ、それによって人口を増やし、国力を増強させてきたわけだ。その先人たちのたゆまぬ努力によって、これだけ自給率が低い我が国においても、米だけは99%の自給率を誇るに至っている。

そして今こそ、その「日本人の開拓」の力を、「輸入農産品」を作り上げるための農地形成に投入するべきなのである。

そんな努力の1つが、鹿児島県・曽於市で行われている。

この土地はシラス土壌で保水性に乏しく、開拓しづらい土地であった。そんな中でも、長い歴史の中ではくさいを中心に作付けされていたところ、近年になってさらなる生産力の拡大が図られた。そして、区画整理を図りながら、（水田からの土地改良とは逆の）「かんがい」

のインフラ整備が進められ農地が拡大されていき、今日ではばくさい畑だけでなく、108ha(東京ドーム23個分)もの広大なさつまいも畑がつくられた。さらに、**その多くを輸入品に頼っている「畜産業の飼料用作物」のための畑もまた35ha(東京ドーム7個分)**つくられた。

そもそもさつまいもも、その一部を輸入に頼っていることも踏まえれば、この開拓は日本の食料自給率向上に大いに貢献するものとなっているのである。

・食産業インフライノベーション3：水産品生産力の増強

そもそも、日本近海には豊富な水産資源があり、水産業の能力を増強すれば、自給率を再び向上させることは何も難しいものではない。しかし現在では、諸外国からの「安い」水産品に対する競争力を確保することが不可欠である。そのためには、可能な限り、効率的に大量の魚介類を定常的に採り続けることができる状況を確保することが必要である。

そのためにとりわけ効果的かつイノベーティブな取り組みが、**マウンド礁(人工海底山脈)の整備**だ。これは、効果的な地点を選択した上で海底に巨大な文字通りの「人工山脈」を作り、上昇海流を人工的に創出する。そうすることで、プランクトンを大量に発生させ、それを通して、その海域に生息する魚介類を一気に増加させるという取り組みだ。これは既に、長崎県の五島列島沖に整備されており、大きな効果が確認されている。今後、こうした抜本的な漁場イノベーションが全国的に展開されれば、日本の水産業の生産力が抜本的に向上していくこととなろう。

またこれに併せて、**漁港の集約・大型・高度化**も漁獲高増強にあたって重要である。水産大国日本には、全国各地に大小さまざまな漁港が存在する。ただし、国際競争力を向上していくためには、必要に応じて集約化し、大型化し、それと同時に衛生面や安全性や流通、加工プロセスにも配慮しつつ各種施設を高度化していくための「投資」を図ることも重要である。さらにこうして漁船自体を大型化していけば、漁業生産性を上げていくことも可能となる。たとえば島根県和江漁港では4つの漁港を統合する取り組みが進められたが、こうした事例を全国的に展開していくことも重要な漁港インフラのイノベーションとなろう。

3　PB目標の堅持か廃止かが、未来の食料自給率を決する

我が国政府はこれまで、農水産業を軽視しすぎ、自給率の向上を豊富な財政の下確保する取り組みがおざなりにされてきた。しかしそれは冒頭に指摘したように、我が国は巨大な国益を毀損しているのである。これからの政府はその点を鑑み、本稿で示したような各種イノベーションを活用し、（最終的には価格にも反映され得る）「良質」な農産品を廉価、かつ大量に生産するという主旨での、日本の農業の本質的生産性の向上を図りつつ、自給率の確保に努めなければならない。なお、言うまでもなくここに示したイノベーションはあくまでも例示であり、さまざまな食料産業イノベーションがあろう。政府はそうしたイノベーションを国策として位置づけ、徹底的な政府支出に基づいてその進展を加速していくことが必要

だ。さらには、そうしたイノベーションが真に「社会的」な変革を導き得るためには、全国各地に「普及」させていくことが必要であり、そのための政府支出の拡大も不可欠だ。

さらには、こうした国産農産品と海外からの輸入農産品との市場競争において、国産農産品が勝利していくことが自給率の向上において不可欠であることは言うまでもない。そのためにも政府は欧米各国を見習い、徹底的な政府支援に基づく「保護政策」を採用していくことが不可欠だ。もとより、欧米各国の農業においては、日本とは比べものにならないほどに潤沢な政府支援が支給されている。したがって、日本の国産農産品がマーケットにおいて競争力を獲得していくには、欧米各国政府に遜色のない支援と保護が日本政府において必要不可欠であることは論を待たないのである。

果たして、我が国政府は、食料自給率を抜本的に向上させるための抜本的な政府支援、すなわち、食産業イノベーションの国家的推進と普及、ならびに国産農水産業への政府による徹底的な保護政策を行うことになるのだろうか？　それはひとえに「潤沢な公的資金の農水産業への持続的投入」が可能なのか否かにかかっている。もし今日の政府のようにプライマリーバランス（ＰＢ）黒字化目標を掲げている限り、それは絶対的に不可能であろう。したがって、ＰＢ黒字化目標が撤廃されない限り、日本の食料自給率の抜本的向上は絶望的に不可能であろう。今日から20年をかけて、日本の農水産業はさらに弱体化し、食料自給率はさらに低下していくことは避けられないであろう。

一方で、近未来においてＰＢ黒字化目標が凍結・撤回され、国家の持続的繁栄のために必要な政府支出拡大が日本政府において可能となれば、大なる可能性で、日本の食料自給率は抜本的に向上していくこととなろう。そして、20年後には自給率が5割を超える水準に到達することはまったくもって可能となろう。

すなわち、日本の未来はひとえに、PB黒字化目標が凍結・撤回可能か否かという「一点」にかかっているのである。

ただし、令和3年6月に菅内閣が閣議決定した「骨太の方針」には、(令和2年6月に策定された骨太の方針においては削除されていた) PB黒字化目標が、再び明記された。次年度以降に向けて、我が国にどのような内閣が誕生し、その内閣がPB目標についていかに判断するのか——明るい日本経済の未来を企図するのなら、その一点にわれわれ国民は注視しておかねばならないのである。

第2節

医療と医薬品産業のイノベーション

松山大学講師　楠本眞司

1　コロナ禍で浮き彫りになったもの

日本の医療の現場や医薬品産業は、経済面では元来その需要が景気に左右されにくい産業と思われてきたが、新型コロナウイルス感染防止対策の影響で、全国の医療機関で激しい受診抑制が生じ、東証一部上場製薬企業の2020年度、第一四半期決算では、24社中16社が前年同期比で減収となり、このうち11社はいずれも2桁台の大幅な減収を記録するに至った。同、4大卸も売上高が3・6％の減少という結果となり、医療用医薬品の研究開発業務も大きな打撃を受けた（注1）。2020年4月前半の病医院新規患者登録数は国内で前年同期比57％も減少しており、主要製薬企業は新規薬剤開発介入試験の立ち上げを軒並み中止することになった。この影響で数多くの治験が後回しとなって、新薬開発業務に遅延が拡大し続けている。

反面、新型コロナウイルス感染防止対策により、医療の現場や医療用医薬品開発分野でいくつかの新しい展開を見ることになった。

まず、医師と患者間での対面接触を避けるべく、これまで医療過疎地の診療のみに認められていた初診患者のオンライン診療が、期間限定ではあるが認められたが、このことの意義は大きい。

さらに、我が国の製薬業界の創薬の分野での、東京千代田のMICINやMIROHAオンライン診療リモート治験等（注2）の、臨床試験の被験者の通院を免除し、オンライン・フォローアップを行うことによって、被験者に通院の負担を免除し、今後、臨床治験の症例登録数の増加や期間短縮が見込めることになるだろう。さらに今後、新薬開発に関わる総費用を抑制できる可能性も出てきた。

またこれに伴い、全国的な遠隔診療が急速に浸透し、対面医療の必要性を軽減させる効果を持つ、いわゆる〝バーチャル医療〟への期待感が高まっていくことが予想される。

さらに、今回の新型コロナウイルス蔓延は、肥満や高血圧、糖尿病などの、重症化リスクの高い生活習慣病が感染時に致死率を高めることを世界中の人々に知らしめ、大きな警鐘となった。このことは今まで以上に、生活習慣病に対する関心を高め、この分野でのさまざまなディールが増加していくことが予想される。

各国とも、医療機関との関わり方や新薬開発の方向性等、国民の医療に関する需要の変化が少なからず現れていくだろう。たとえば、対症療法剤開発需要から、予防医療製剤への世界的な需要シフトも現れうる。これに伴って、各種ベンチャー企業に対する融資の増大や医療分野でのディールの拡大が期待できるかもしれない。

2　製薬業界のグローバルな投資動向

新型コロナウイルスのワクチンメーカーとして、アストラゼネカ、ファイザーといった海外の大手企業名が頻繁に報道され、国際的な新薬の大規模オリジネーター群にスポットがあたった。世界の先進国製薬企業のイノベーションは、ここ数十年、大規模なM&A・企業提携という形で推し進められてきており、我が国でも数多くの大規模合併と企業提携が進行し続けている。

戦後の高度成長期以来、世界の製薬企業が供給し続けてきた大型新薬（ブロックバスター）が揃って特許期間の終了期を迎えつつあることが最大の要因であるが、世界の主要製薬企業は、新たな収益源の確保を目指して、国際的なM&A・企業提携活動を活発に推し進めている。

癌の免疫療法や細胞治療の分野で企業間の提携活動は魅力的であり、アルツハイマー病やパーキンソン病といった神経変性疾患をはじめとするアンメット・メディカルユーズへの領域においても、資本市場は活動を活発化させている（注3）。

世界の製薬業界は、企業合併や業務提携により、癌免疫療法、細胞治療へのイノベーションを創出しながら、開発後期の経営資源不足を補填、新たな営業条件を獲得しようと躍起である。

また世界各地での医療面での営業領域を一気に展開し、戦略的な重要性が相対的に低下しつつある従来の経営資源を放出し、これの代替となる事業連携を複数の企業で再編成するという形で経営の高度化を意図している。またこのことは、事業の土台である自社独自のプログラムへのサポート投資の確保という狙いもある。

２０１９年までは上記の疾病治療関連のバイオ医薬品の研究費捻出を目的に、世界規模で巨額買収劇が展開されたが、今後、新型コロナの収束を経て、20年後には大規模な合併企業群が形成されていることが予想される。

２０２０年度成立したバイオテック企業のM&Aのほとんどが、大企業が開発専門分野のバイオテック企業を部分結合していくというタイプであったが、この形で企業間の大型合併や部分結合が進んでいくだろう。

新型コロナウイルス感染防止対策の収束とともに、手始めに、各社がこうした手薄な部分を補完する形でのM&Aが進行していくことで、世界的な感染症に対する国際的な関心の高まりの中で、今後、各国で新たな新薬開発競争の拡大が期待される。

しかし、２０２０年、新型コロナウイルスの感染拡大は各社の投資判断を鈍らせ、企業が買収に動けなかった側面が多々見受けられた。医療機関の臨床試験受入体制を整えることが困難となり、世界的な新薬開発スケジュールを大幅に遅らせた。我が国でも先の製薬業界の収益の大幅減により、２０２０年から買収案件はまったく出ていない（注４）。

3　20年後の医薬品業界の可能性と展望

先進諸国間共通の課題は、やはり国民各層の医薬品アクセスと保健償還・薬価問題が現時点で最大のテーマであり、特に我が国では、少子高齢化に伴う医療費削減政策、即ち医療保険制度の持続可能性と、かたや企業の製薬イノベーションをどのように両立していくかが、引き続き大きな難問として立ちはだかる。

薬価収載後の再選定の仕組みは強化され続け、薬価の予見性は不透明さを加速化している。このことは開発新薬の効能追加への開発意欲の低下要因となっており、もちろん欧米といえども例外ではない。また最近、後期高齢者の自己負担を増大させるという行政の方向性が示されたことは記憶に新しい（注5）。

20年後を考えるにあたり、現時点での新型コロナウイルスの感染拡大防止による医療・医療用医薬品産業への社会的な影響として、次のようなものが考えられる。

まず、先に述べた初診患者のオンライン診療の限定付解禁に代表されるように、20年後は、患者と医療担当者間、医療機関相互のデジタル化と情報共有化が、現在とは比較にならないほど進展しているであろう。

感染症に対する国際社会全体の関心と、人々の警戒感の増大に伴って、感染の拡大防止を目的とする、人々の行動データ（スマートフォンのＧＰＳ機能のデータ）や健康データ（カード型IC診察券等）を社会的に収集することのできる何らかの医療情報共有可能な体制作りが発案され、それは同目的に留まることなく、経済再生や行政管理への応用プランの素材として採用されているかもしれない。すなわち、現在ではとても受け入れがたい不安を伴う試案ではあるが、一定のレベルでこれらの個人の監視機能を社会的に容認すべきだという意見も、今後、少なからず生まれてくるかもしれない。

また、現在の感染防止のためのソーシャルディスタンスが、経済活動をオンライン化させて、人々の活動が一時的ではあるが、少なからずベッドタウン等の居住地に分散した（注6）。このことによって大都市圏居住のデメリットが見直されていき、このことが20年後、かなりの程度、住民の地方分散化を加速させて、地方都市単位での大形医療機関を中心に院内オペレーションをサポートするさまざまな自動化、個々人の非接触化、周辺の中小病院・開業医間の連携体制の構築を進行させているかもしれない。

また、今回、すべての産業分野が経験した国家間の物流制限というリスクは、これに対応していくための製造面でのデュアルソース化や、供給リスク国の再選定、あるいは自国への供給源の移転等、歴史的なサプライチェーンの見直しを今後、活発化させるであろう。これまでその進展を手放しにされてきたさまざまな産業のグローバル化傾向に、まず医薬品部門を皮切りに、全体的なブレーキがかかる可能性があることも念頭に置かなくてはならない。

今回の世界的な新型コロナウイルス感染防止対策の影響により、世界中の人々の感染症に対する関心が高まったことで、グラクソスミスクラインの例に代表されるように、感染症治療薬の開発プログラムに関する契約・売買が急増した（注7）。

有望な新薬候補やバイオテック企業の技術にアクセスを求める製薬企業群にとって、提携は今後も有望なアセット、すなわち効率的な方法であることに変わりはなく、特にバイオテック業界に対する資本市場の投資意欲は今後も弱まることはない。

従って、各国政府は全ゲノム開発プロジェクトの推進、健康医療ビッグデータ、AIゲノム医療分野への革新的な創薬支援を推し進めると考えられ、20年後はかなりの進歩が予想される。

全世界の医薬品業界は、今回のウイルス感染症に留まらず、従来のマラリア・結核・HIV（エイズ）という3大感染症治療をはじめ、NTD（顧みられない熱帯病）・NCD（非感染性疾患）・AMR（薬剤耐性）治療薬の開発を期待されている。

また今後、リアルワールドデータと呼ばれる膨大な医療データが、AI技術を駆使した解析により創薬の生産性を向上させていく可能性は大きい（注8）。

我が国でも、従来の病院外来受診、通院、薬局処方、入院治療の形態から、契約開業医のオンライン診療中心の予防ヘルスケアと受診へ、養老介護施設や保育所を中心とした在宅医療（往診）専門ドクター・看護師医院の普及、医薬品開発企業では、処方箋が必要な医療用医薬品開発中心から、処方箋不要のOTC（町の薬局薬剤）開発中心へのシフト等が大幅に進行しているかもしれない。

しかしながら、現実問題として、高齢化社会＝医療費削減政策の諸問題と、新薬開発イノベーションの両立が、今後も解決の見通しの立たない問題として、国際社会に立ちはだかり続けるであろうことは想像に難くない。

【注】

（1）Answers News（２０２１）「新型コロナウイルスは国内製薬企業の業績にどんな影響を与えているのか。国内製薬企業２０２０年４～６月期業績と通期業績予想」『Answers News』

（2）ＮＩＣＩＮ（２０２１）「ＮＩＣＩＮ、ＫＤＤＩと協業し、オンライン診療サービス "curon for KDDI" を提供」『ＮＩＣＩＮ』

（3）OBJECTIVE Investment Banking & Valuation（2019）Life Science and Healthcare Market Trends Business Valuation Buy-side M&A Capital Raise Healthcare Insight Life Science Sell-side M&A strategic Advisory. February 11, 2019.

（4）同右。

（5）日本経済新聞（２０２１年2月5日）

（6）みずほ総合研究所（２０２０）「コロナ禍で人口の地方分散の兆し。定着へリモートを促進し、地方創成を推進」『ＭＩＺＵＨＯ』（２０２１年12月４日）

（7）GSK（2021），"We are science-led global healthcare company"，*GSK Annual Report 2020*. April 29, 2021.

（8）日本製薬工業協会（２０２１）「イノベーションの推進と国民皆保険制度との両立を求めて」『製薬協政策提言２０２５』21－28頁。

第3節

自動車の自動運転技術の経済学的考察

流通科学大学准教授　川合宏之

1　はじめに

本節では、自動車の自動運転技術の普及について、経済学的な視点から考察していく。自動車の自動運転技術は単に車が自動で走るだけではなく、パッセンジャーエコノミーと形容されるように、巨大な経済圏を築きあげるといわれる。20年後の2040年頃には、都市部では自動運転の自動車が走り周り、乗りたい人が行きたいところまで運ばれるような風景が当たり前になっているかもしれない。一方で、自動運転自動車の普及は、法的な整備および軍事利用などに関する倫理規定などの社会制度の枠組みの中で推進されなければならないということについて論じていく。

2　自動運転技術の概要

まず、自動車の自動運転技術について概要を説明する。自動車の自動運転技術というと、おそらく多くの人は自動車に乗るだけでドライバーが運転することなく、安全に目的地まで移動できるようになる、ということをイメージするだろう。しかし、実際には一口に自動運転技術といっても、そうした完全な自動運転技術が実現されるまでにはいくつかの段階がある。国土交通省（2016）は、自動運転のレベルを4つに分けて定義しているので、以下では各レベルについてまとめたい（注1）。

レベル1は「単独型」と呼ばれている。これは、加速や操舵、制動の一部をシステムが担う段階でありすでに実社会に投入されている。たとえば、障害物があった場合に自動で止まったり、前の車と車間距離を保ちながら走ったり、車線からはみ出さないように運転を調整する技術が想定されている。レベル2では、レベル1の技術が複合された段階である。これはたとえば、前の車に付きながら車線からはみ出ないような運転をサポートする技術や、車間距離を保ちながら急な障害物を検知したらストップするような技術が想定されている。さらにレベル2では複合化するだけでなく、各技術のバージョンアップが想定されている。たとえば高速道路での運転が想定されており、遅い車があれば車間距離を保つのではなく追い越したり、高速道路での分合流を自動で行うような技術が想定されている。レベル3では、システムの高速化である。この段階からは基本的な加速や操舵、制動についてはシステムがすべて自動で行い、ドライバーはシステムが要請した時のみ対応するようになる。そしてレベル4では、ドライバーはまったく運転に関与しなくなる。さらに、限定地域での無人自動走行移動などが行われる段階である。つまり、無人の自動車がタクシーのように走っており、それに人が乗ったりするような状況になる。

3 自動運転技術のメリット

自動運転技術の実現は、単に今の生活が便利になる、という社会生活の領域だけでは済まず、法制度や、新しい産業の誕生など、極めて広範な影響を及ぼす。仮にレベル4の完全自動運転が実現された場合、その経済効果はアメリカの場合で2035年で8,000億ドル、2050年までで約7兆ドルに達すると言われている(注2)。日本のGDPとアメリカのGDPは約5倍ほどの差があるので、日本に限った場合でもその経済効果は2035年までで16兆円、2050年までで1,400兆円ほどの経済効果が見込まれる。

こうした巨大な経済圏は「パッセンジャーエコノミー」と呼ばれており、その主たるサービスは自動運転車による移動手段を事業者や個人に提供する「モビリティー・アズ・ア・サービス(MaaS)」が中心となる。そして、その内訳は事業者向けMaaSが約43%、一般向けが55%、また、それらに伴って新たに生まれるアプリなどの市場が残りの約2%ほどを占めると予測されている(注2)。

自動運転技術の普及は、それ以外の経済効果ももたらす。たとえば渋滞の解消だ。塩澤(2020)によると、日本では渋滞によって年間約50億時間が無駄に浪費されており、平均賃金をその時間に掛け合わせると、経済損失は約10兆円にもなるという(注3)。また、日本損害保険協会（2014）によると、日本における自動車事故による経済損失は年間3兆2、406億円にものぼる（注4）。自動運転技術はこうした渋滞や事故のリスクを格段に減らすことができ、上の2つを合わせて約13兆円の経済損失を防ぐことができる。

4 自動運転技術のリスク

もちろん、自動運転技術の普及は、そうしたプラスの側面だけではなく、たとえば配達員やタクシー運転手といった雇用を奪うというリスクもある。アメリカの研究では、自動運転技術の普及によって恩恵を被る産業と損失を被る産業について推計したものがあるが、それによれば、利益になる産業はデジタルメディア産業、貨物輸送産業、電気機器・ソフトウェア産業、自動車産業、土地開発産業、オイル・ガス産業である。逆に損失を被る産業は、最も損失を被るのが保険産業、次が交通警察、個人移動、自動車修理、建築・インフラ、法律、医療となっている。それぞれ上位6種についての損益を加算すると、全体では750億ドル、先ほどと同様の日米のGDPの規模の差が5倍であることを考えると、単純に計算すると日本でも150億ドルほどのプラスになると考えられる（注5）。

加えて、自動運転技術の普及は、治安という面でのリスクを抱えている。仮に自動運転技術が十二分に普及したとすると、交通はすべてITによって管理されることになる。道路のどこが混雑していてどこがすいているか、そしてどの程度のスピードで走ればよいか、すべてが全体の状況を踏まえた上で管理されることで安全で快適な生活が保障される。しかし、このことは逆にいえば、道路交通システムをハッキングされた場合、すべてが混乱し、事故が多発するということである（注6）。

さらに、自動運転技術の普及は、世界の戦場にも影響をもたらしだしている。対テロ戦闘などでは、無人戦闘機の導入によって人的被害が軽減されており、その恩恵から今後も普及していくといわれている（注7）。しかし、こうした技術はただちに全世界に普及するわけではない。そのため、ただの機械同士の戦闘というマンガのような世界が繰り広げられるわけではなく、実際には自動操縦技術を開発できる国とそうでない国との間での戦闘における格差を拡大することになる。つまり、機械が相手の兵士をただ攻撃するだけのような、フィクションよりもより残酷な世界になる可能性も否定できないだろう。

同様に自動車の自動運転技術の普及も、徐々に世界に進んでいくものと考えられる。そうなると、自動運転の自動車を作れたメーカーが利益を独占し、さらに技術投資を行うことによって、発展途上国における雇用や格差はより深刻なものになるといえる。

以上のように、自動運転技術は経済的な恩恵が莫大なものである反面、社会制度、法制度を整えるだけでは不十分で、倫理的な制約なども含めた包括的な取り組みが必要となる（注8）。20年後というとずいぶん先のように感じられるが、こうした技術進歩を支えるフレームワークの構築にはそれ相応のコストがかかることを考えるならば、十二分に想像力を働かせ、未来の社会におけるニーズやリスクを予測し、対応していくことが重要だろう。

【注】

（１）国土交通省資料（２０１６）「自動運転を巡る動き」https://www.mlit.go.jp/common/001155023.pdf（閲覧日：２０２１年４月２日）

（２）Strategy Analytics (2017) Accelerating the Future: The Economic Impact of the Emerging Passenger Economy, June 2017.

（３）塩澤誠一郎（２０２０）「自動運転は年間約10兆円の経済損失をプラスの経済効果に変えることができるか?」ニッセイ基礎研究所。https://www.nli-research.co.jp/files/topics/63430_ext_18_0.pdf?site=nli（閲覧日：２０２１年４月２日）

（４）日本損害保険協会（２０１４）「自動車保険データにみる交通事故の経済的損失の状況」https://www.sonpo.or.jp/report/publish/bousai/ctuevu000000545f-att/leaf_jikojyokyo.pdf（閲覧日：２０２１年４月２日）

（５）Clements, Lewis M. and Kara M. Kockelman (2017) "Economic Effects of Automated Vehicles. Transportation Research Record", *Journal of the Transportation Research Board*, No. 2606, 106-114.

（６）浅田　稔（２０１９）「自動運転車がハッキングされたらどうなるか」『東洋経済 online』https://toyokeizai.net/articles/-/261596?page=2（閲覧日：２０２１年４月２日）

（７）ウォールストリートジャーナル　２０１７年10月31日「自動運転は戦場にも、広がる無人化技術」https://jp.wsj.com/articles/SB11022197734224814472604583486290779460674（閲覧日：２０２１年４月１日）

（８）遠藤　薫（２０２０）「自動運転と社会倫理―文化的背景をふまえて」『学術の動向』https://www.jstage.jst.go.jp/article/tits/25/5/25_5_48/_pdf/-char/ja（閲覧日：２０２１年４月１日）

第4節

電力ビジネスの変革―電力供給からサービス提供へ―

東京ガス（株）ＤＩ戦略部エネルギーイノベーションＧ課長　多久俊平

1　サービスに溶け込んでいく電力

現在、日本国民のほぼすべての人が、電力会社から電気を購入して生活しているだろう。以前は、電気は、地域で決められていた電力会社（旧一般電気事業者）からしか購入することはできなかったが、２０１６年4月から、電力の全面自由化が開始され、家庭含むすべての電力需要家で、電力会社を自由に選べるようになった。これにより、「新電力」と呼ばれる新しく電力小売事業を行う会社が続々と現れ、２０２１年6月30日時点で、日本では７２７社もの電力を販売する会社が存在している（注１）。このような新電力の増加に伴い、基本料金＋従量料金といった従来の料金プランに加え、独自の割引や特典がセットになったプラン、CO_2フリーの電力プランなど、各社工夫を凝らしたさまざまな電力プランが出てきているが、電力会社が電気を調達して顧客に販売し、電力の消費量（ｋＷｈ）に応じて課金するという基本的なビジネスモデルは１００年以上変わっていない。

では、将来、電力会社はどのようになっていくであろうか？　私は、現在のような電力の使用量に応じて対価を請求するようなビジネスモデルは崩壊し、電力やエネルギーだけを消費者に販売する会社というのは存在しなくなるのではないかと考えている。なぜかというと、顧客は電気そのものが欲しいわけではなく、電気を使う製品を用いた快適な生活が欲しいのであって、これまでは、電気を使う製品（たとえば、照明、冷蔵庫、洗濯機など）と、電気は別々の事業者から顧客に届けられていたが、これらを一体となって顧客に提供した方が合理的になれば、顧客への価値の届け方もそのように変わってくるだろうと考えるためである。このようなビジネスモデルの変革は、製造業のサービス化の流れやデジタル化の進展を踏まえると、今後10－20年のうちに十分起こっていくであろうと考える。

製造業のサービス化として代表的な例は、自動車が挙げられるだろう。2018年1月にトヨタ自動車の豊田章夫社長は、ラスベガスで開催されたCESというイベントで、トヨタは「自動車をつくる会社」から「モビリティカンパニー」に変わり、「移動」に関するサービスを提供する会社になるという宣言（注2）をし話題になったが、製品の価値が、ハードウェアからソフトウェアに移行していくにつれ、またあらゆるものが常時インターネットにつながり、ソフトウェアの価値が常にアップデートできるようになるにつれ、「モノ」だけを売るビジネスモデルから、サービスの一要素としてモノが提供されるようになっていくであろう。そのようなビジネスモデルが一般的になった時には、電力も「モノ」と同じくサービスの一要素になってくると考えられる。

家庭の中では、さまざまな家電製品が使われているが、これらも、モノではなく、サービスとして提供されるようになるだろう。提供のされ方としては、月額固定のサービス使用料を支払うようなビジネスモデルもありえるし、利用時間や利用回数によってサービス利用料を支払うようなモデルもあり得るが、いずれにせよ電気代も含めて、家電製品を使って得られる価値の対価として「サービス事業者」に支払うようになるだろう。

2 サービス事業者による電力の使い方の創意工夫

たとえば、洗濯機を提供するサービス事業者であれば、どのようなサービスを提供するであろうか。洗濯機であれば、衣服をきれいな状態にすることを価値として提供するものになるが、サービス事業者としては、コストを抑えるため、電気の使い方も工夫がなされていくだろう。実は、電気は卸電力市場という市場で売買がなされているが、需給に応じてその値段は30分単位で時々刻々と変化しており、現在でも数円／kWhから数百円／kWhまでダイナミックに値動きしている。再生可能エネルギーの普及が日本より進んでいる欧州では、太陽光や風力発電量の多い時間帯はマイナスの価格（電気を使えばお金がもらえる）となるようなこともすでに起きている（注3）。（電気は需給のバランスが崩れると、系統が不安定になり停電等を引き起こすため、天気や風況の状況により再生可能エネルギーの供給量が多くなりすぎる場合は、消費量を増やす必要性が出てくるため、そのようなケースで電気を使えば、需給を安定化する対価としてお金がもらえるケースが発生している）

日本の再生可能エネルギーの普及は欧州に比べ遅れているが、日本でも10-20年後には、電気を使えばお金がもらえるような時間帯が当たり前のように発生してくるだろう。電気の値段が時間帯によって変わったり、電気を使うことでお金が入るのであれば、サービス事業者は、たとえば消費者に洗濯を完了してほしい時間を入れてもらい、電気が高い時間帯は一時的に止めたり、電気代が安かったりマイナスの時間に積極的に動かしたりといったオペレーションを行うだろう。

一家電製品ごとにサービス事業者が存在するのは消費者にとっても煩雑なので、さまざまな家電を使った価値をまとめてサービス提供する事業者も現れるだろう。この事業者は複数の家電を、電力コストを抑えながら消費者の利便性を損なわない範囲でオペレーションするだろう。実は、再生可能エネルギーの普及に伴い火力発電所が減少していくと、発電量を柔軟にコントロールできる電源が相対的に減るため、電気を同時に使うことに今まで以上にコストがかかるようになる（つまり、現在の料金形態にあてはめると、ブレーカー容量に応じて決まる電気の基本料金が上がることになる）。このような状況になると、洗濯機も、電気が安い時間帯に回すだけでなく、他の家電が使われていない時間帯になるべく回し、電気の同時使用率を下げるようなオペレーションも入ってくるだろう。ドライヤーや電子レンジなど短時間だが比較的消費電力の多い家電が使われているタイミングに小刻みに洗濯機を止めるようなことも行われるかもしれない。

3　電力から得られる情報の価値への変換

さらに、電気の使用状況からは多くの消費者の情報を読み取ることができる。電力の消費量や波形を分析することで、どの家電をいつどのように使っているか、また家電の劣化具合も手に取るようにわかるようになるだろう。そのようになってくると、顧客の生活パターンに応じて新たなサービスの広告を出したり、劣化の状況に応じて最新機器へのリプレイスを提案したりすることができる。自宅での在不在や何をしているかの状況を読み取り、宅配事業者等に対して、最適なお届け時間をお知らせすることもできるかもしれない。このように、電力から得られる情報を価値に変えることができれば、サービス事業者にとっては、電力の調達コストは、電力から得られる情報の価値に相殺され、電気代としては実質ゼロになるような世界も到来するかもしれない。

このように、製造業のサービス化の流れやデジタル化の進展を踏まえると、電力はサービス事業者が、サービスを提供するにあたって用いるモノの一要素となり、電力だけを顧客に届ける会社というのは存在しなくなるだろう。また、本サービス事業者は、顧客の利便性を損なわない範囲で電力コストを最小化するようなオペレーションを行うようになり、また電力から読み取れる情報を価値に変えることを行うようになるだろう。これにより、電力会社や電気代という概念が存在しない世界が到来するかもしれない。

※本書の内容は、個人的な見解であり、所属する会社や組織の考えとはまったく関係ありません。

【注】

（1）経済産業省ＨＰ　https://www.enecho.meti.go.jp/category/electricity_and_gas/electric/summary/retailers_list/（閲覧日：２０２1年7月31日）

（2）トヨタ自動車ＨＰ　https://global.toyota/jp/newsroom/corporate/20566891.html（閲覧日：２０２1年４月24日）

（3）伊勢公人（２０１４）「再エネ大量導入を進める欧州の電力システム改革」『日本原子力学会誌』Vol.56、No.11、６８６-６８7頁。

第5節

デジタルで進む生態系サービスの「見せる化」
～ガハハ先生の農業概論～

農林水産省大臣官房審議官　神井弘之

２０４１年5月のある水曜日の午後、ガハハ先生の研究室を、なるほど君とデモネさんの学生２人が訪ねた。オンライン主流の中、稀少な週１回の対面でのオフィスアワーの時間だ。

1　農業・農村が提供する価値って

ガハハ：いらっしゃい。よく来たね。今日は、技術革新に支えられて、農業・農村が提供する価値の「見せる化」が進んでいることについて考えてみよう。先週のおさらいだけど、そもそも農業・農村が提供する価値って、どんなものだったかな。

なるほど：農産物だけじゃなく、洪水の防止や土壌の生成、農村の景観、地域の食文化なんてものも含まれるんですよね。市場での取引に馴染みにくいものが多いことに要注意。経済学の講義では、外部経済の典型例とされてましたよ。

ガハハ：ばっちり、ご名答。じゃあ、農業生産で、「短期価値の追求が長期価値を毀損」した具体例って覚えてるかね。

デモネ：昔のアメリカ農業ですよね。「土壌とは生命体である」ことを忘れて、短期的な経済合理性を追求した結果、地面の沈下だけでなく、農耕地そのものを消滅させてきたというお話でした。

ガハハ：そうそう。他にも、農産物供給という価値を性急に追求して、土壌や水質、生物多様性などの他の価値を損ねてしまった例は枚挙にいとまがないんだ。農業生産は基本的には環境に負荷をかけるものだけれど、人間が生き残っていくためには必要不可欠。持続性確保のためには、上手く折り合いをつけてかなきゃいけない。市場の失敗をどう克服するのか、私は価値の「見せる化」がポイントだと考えている。2人には、ICTなどの技術を利用した見せる化の具体例を調べて来るようにお願いしたけど、どうだった。

2 価値の「見せる化」の具体例は

なるほど：僕は、農業生産の現場でどんな工夫がされているか、実家の父親に聞いてきました。正直、あんなに電子地図（GIS）と携帯端末が駆使されてるなんて思ってもみませんでした。筆ポリゴンって言って田畑の輪郭を線引きした電子地図に、種を蒔いた日、農薬や肥料を投入した日や量など作業データを紐づけて管理してるんですよ。さらに、携帯端末で、作物の生育状況や病害虫の発生状況などの画像を撮影、送信して診断サービスを受けたり、付属の測定キットを使って土壌中の微生物群のDNAを分析したりと、データ分析の結果を筆ポリゴンに紐づけて、その結果を見ながら、次の生産に活かすことが行われていました。

デモネ：微生物群のDNA分析って、どういう風に役立てられてるの？

なるほど：土壌中の微生物群を把握することで、土壌の栄養バランスを診断して健康な土づくりの取り組みに反映することに始まり、先進的なところでは、収穫量アップを期待できる微生物を特定して、種にまぶしてから蒔くなんて技術も導入されてるんだ。他にも、気象情報や過去の収穫実績なんかの関連データも経営管理ソフトを使って電子地図上に紐づけられて、一覧性のある形で農家がチェックできるようになっていて、経営のPDCAサイクルが回っている。収益のシミュレーションもできるので、長い目で見て、持続的な農法を採用しようというモチベーションにもつながっているみたいだ。僕が面白いなと思ったのは、圃場周辺でクモを捕まえ、おなかの中をDNA分析して、どんな害虫を捕まえて食べているかを把握していたこと。水田や畑が開放系の空間で、周辺の環境との間で相互に影響を与え合っていることをデータで実感できたよ。

ガハハ：よく調べたね。このような個々の農家によるデータ測定が進んだので、AIプログラムのための教師データが容易に入手できるようになって、農業関連のサービス事業が活性化してるんだ。たとえば、農家が携帯端末から、圃場情報と作付予定の作物と日付を送ると、AIが、どんな病害虫がいつ頃発生する可能性が高いか診断して返信してくるようになっていて、そのリスクに応じて農薬や化学肥料の使用を減らす計画などが簡単に立てられるようだよ。朝、天気予報の降水確率を見て傘を持って行くかどうか決めるみたいに、病害虫の発生予報を見て、より低コストで、環境負荷の少ない、それでいて、収穫量の落ちない農業生産が実現できてるんだね。

デモネ：私は、ESG投資の会社で働いている先輩に、農業関連の資金調達で、どんな取り組みがあるのかインタビューしました。20年前のコロナ禍の時代に、消費者が購買で直接農家を応援する共感消費の動きが注目されて以来、農業や農村活性化の取り組みを応援するクラウドファンディングが増え続けてますが、ビジネスとして裾野を広げる上で、データに基づく見せる化が大きく貢献して来てたんです。たとえば、棚田のエリアで環境配慮の取り組みを進めて、虫や魚などの生物多様性を高めるとともに、水質浄化や洪水防止などの機能を高度化するプロジェクトを企画、クラウドファンディングで実践費用を募集するなんて話。クラウドファンディングの参加者には、プロジェクト側から、随時、動画やメッセージが送られて感性に訴えるフィードバックがあるだけでなく、電子地図上のデータ表示で進捗状況の検証と報告が行われているんです。また、ESG投資の中でも、特に前向きに社会課題を解決するインパクト投資として、食品産業や観光産業など、農業や農村から重要な経営資源を得ている企業が、農業や農村の持続性を高める取り組みを支援していることを評価する例が増えています。支援対象がその企業の長期的な経営リスクを軽減するのに適当な内容か、支援がきちんと結果（アウトカム）に結びついているかなど、データで検証可能だからこそ、より多くの投資家を惹き付けることができているんです。

ガハハ：デモネさんの紹介してくれた資金調達は、昔は外部経済として、市場取引に反映できないとされていた価値を評価する新しいマーケットが創出されている事例として捉えることができるよね。要すれば、持続性に配慮した農家の取り組みに対してお金が支払われる仕組みなんだが、なるほど君、お父さんから、補助金に関して似たような話を聞かなかったかい。

なるほど：はい、直接支払いと言って、日本だけでなく世界の多くの国で、生物多様性や炭素貯留、水質浄化などに配慮した農地の利用をする場合に、政府から補助金が支払われていると聞きました。昔は農家にとっても、自治体職員にとっても膨大な手続きが求められて大変だったそうですが、今は、電子地図を使って、申請手続きや取り組みの報告、役所の確認も簡単に行えるようになって劇的に楽になったと言ってましたよ。申請はタッチパネル方式で、取り組み対象の圃場を指定して、メニューを選ぶだけ。進捗の報告は携帯端末で画像を役所に送信し、受付サイドも電子地図上でそれを確認。ただ、衛星画像の診断で不正行為がばれると厳しいペナルティがあるそうです。

ガハハ：実は、デモネさんの報告してくれたようなビジネスが拡大したのには、この直接支払いを通じた見せる化が大きく関わっているんだ。直接支払いの補助金の対象となるメニューとして、持続性を高める取り組みに関するデータの入力項目が標準化され、多くの農家の間に普及したこと、さらに、実際の運用を通じて関係者にとって電子地図へのデータ入力へのハードルが下がったことで、見せる化のための情報基盤が一気に整ったんだ。

デモネ：直接支払いの制度設計や運用を通じて、電子地図を活用するための情報基盤が整備されたので、企業がビジネス展開しようとする際に、データ入力項目の標準化や農家の心理的負担軽減のための啓発などに投資をする必要がなく、低コストで参入しやすくなったんですね。

3 生態系サービスの枠組を活用する効果は

ガハハ：デモネさんが紹介してくれた投資や、なるほど君が報告してくれた補助金は、広い意味では、いずれもPES（Payment for Ecosystem Services（生態系サービスへの支払い））に該当するんだ。私は、官民を越えてシームレスな形でデータの見せる化が進むようになった転機は、農業・農村分野に生態系サービスの枠組が本格的に持ち込まれた20年ほど前にさかのぼると考えているんだ。ところで、なるほど君、生態系サービスって、どんな概念だったかな。

なるほど：2005年に発表された「ミレニアム生態系評価」での定義では、「生態系から人間が受け取る便益」とされています。定義については、今も国際的に議論が続いてますが、この時には4種類のサービスから構成されていました。「供給サービス」は、食料、繊維、燃料などの供給。「調整サービス」は、大気、水の調節、土壌浸食の抑制など。「文化的サービス」は、精神的・宗教的価値、教育的価値、観光・リクリエーションなど。「基盤サービス」は、土壌生成、光合成などほかの生態系サービスの供給を支えるもの、といった感じです。

デモネ：もともと農業・農村に限ったものではなく、生態系全般に関する概念なので、農業が環境に負荷をかけていることや、持続性確保のために農業・農村が提供する価値を総合的に評価・分析して「上手く折り合いをつける」必要があることなどについて、説明しやすいコンセプトですよね。昔のアメリカ農業の例は、供給サービスと調整サービス・基盤サービスのトレードオフの事例と解釈できます。2005年以降、自然科学、社会科学それぞれの分野で国際的に調査研究が進んで成果の蓄積があったことも、価値の評価・分析を具体化させていく上でアドバンテージになったのかしら。

ガハハ：そのとおり。生態系サービスの枠組みを使って、農業・農村の提供する価値を見せることで、自然科学・社会科学の研究成果であるさまざまな技術を用いた評価・分析が可能になり、ビジネス面や政策面でも農業・農村の持続性を高めるアプローチが発展してきたといえるだろう。ところで、2人は、この生態系サービスの見せる化の現状について何か気になることはないかい。昔は、見せる化が難しくて、市場で評価されず、結果として毀損されがちだった価値が、部分的とはいえ、評価されるようになっている。また、測定・評価の技術が進化して、科学的なアプローチで持続性の高い農業技術もどんどん実装している。万々歳というところかな。

4　価値判断のモノサシが大切だね

なるほど：先生、僕たちが、新自由主義の信奉者でないことは、よくご存知のくせに、ずいぶん持って回ったおっしゃり方ですね。技術革新によって見せる化できる範囲が広がるに従って、逆に、農業・農村に関連する生態系サービスのすべてを明らかにすることが難しいと実感されてきてるんじゃないでしょうか。供給サービスと他のサービスのバランスをどう取っていくのか、また、現役世代と将来の世代との間のバランスをどう取っていくのか、肝心なところは、どういう価値判断をするかにかかってきますよね。

デモネ：文化的サービスの評価・分析なんて特に難しいわ。トラベルコスト法やCVM（仮想評価法）など、工夫を重ねて洗練されてきていると言うけれど、美観や精神的充足、レクリエーションに、ましてや宗教、文化なんて、個人個人のものさしが一番尊重されるべき分野よね。幸い、共感消費的なビジネスは、ICTの活用で、消費側のこだわりと供給側のエッジの効いたモノ・サービスの1対1のマッチングを基本にしたマーケット創出も可能になってきてるけれど。関係者の集団で意思決定をすることが求められる土地利用のあり方なんて、同調圧力が強くてストレスが溜まりそう。

なるほど：価値観を一緒に揃えろと言われると気持ち悪いよね。将来にわたって持続可能な地域を実現するために、どの農地に何を作付けするか、あるいは、粗放化、休耕、森林化するかなどを考えるのも、農村景観を生かしながら、生産性を維持するための土地利用や圃場整備の進め方を検討するのも、関係者の多様な価値観について折り合いをつけることが難しい。けれど、地域で面的に合意形成しないと、効果は期待できない。決めなきゃいけないと思いながら、みんなが様子見を決め込む社会的ジレンマのような状態に陥ってしまうケースですね。

ガハハ：鋭い指摘だね。確かに、多様な価値観を尊重する社会のあり方、世代間のバランスをどうとるか将来への責任の持ち方など、従来から人間が直面してきた課題がむしろ鮮明になっているともいえる。ただ、これへの対応についても、生態系サービスという枠組みを利用して得た一定のデータに基づいて、関係者が同じ電子地図を見ながら対話する、社会技術の革新が起こっているんだ。個別の農家にとどまらない、地域全体での取り組みについて、データに基づくシミュレーション結果を用いながら、シナリオ分析の手法によって意思決定を行うためのさまざまなツールが開発されている。限界は厳然として存在するけれど、新たな技術を用いて、多様な関係者が参画した地域全体での合意形成、意思決定のあり方が進化するポテンシャルは大きいと思う。来週は、この社会技術の革新、新たなツールなどについて考えていくことにしようか。

参考文献

原洋之介（2006）『「農」をどう捉えるか―市場原理主義と農業経済原論―』書籍工房早山。

柴田晋吾（2019）『環境にお金を払う仕組み―PES（生態系サービスへの支払い）が分かる本―』大学教育出版。

農林水産省『農業DX構想～「農業×デジタル」で食と農の未来を切り拓く～』 https://www.maff.go.jp/j/press/kanbo/joho/attach/pdf/210325-18.pdf（閲覧日：2021年5月23日）

農林水産省『みどりの食料システム戦略～食料・農林水産業の生産力向上と持続性の両立をイノベーションで実現～』 https://www.maff.go.jp/j/kanbo/kankyo/seisaku/midori/attach/pdf/team1-152.pdf（閲覧日：2021年5月23日）

※本稿は、筆者個人の見解に基づいて創作されたもので、農林水産省の公式見解とは関係ありません。

第6節

海苔養殖業における技術進歩を取り入れた将来の可能性

熊本県長洲町長　中逸博光

1　はじめに

全国的に農林水産業、いわゆる1次産業の就業人口が減少し続けている。地方自治体において、この傾向は顕著にあらわれており、地方創生・定住策を推進している各自治体にとって、魅力的かつ持続可能な1次産業の定着は、喫緊の課題であり、継続して注力していく必要のある政策の1つでもある。

それを踏まえ、本稿では、自分の立場から熊本県長洲町（以下「当町」という。）における海苔養殖業を例に、現状の取り組みや将来的にどのような技術進歩を取り入れることで、定着・発展性のある地場産業となり得るかを検討する。

2　1次産業としての海苔養殖業の現状

当町における海苔養殖業の歴史は、約100年前の大正時代から始まり、最盛期の昭和

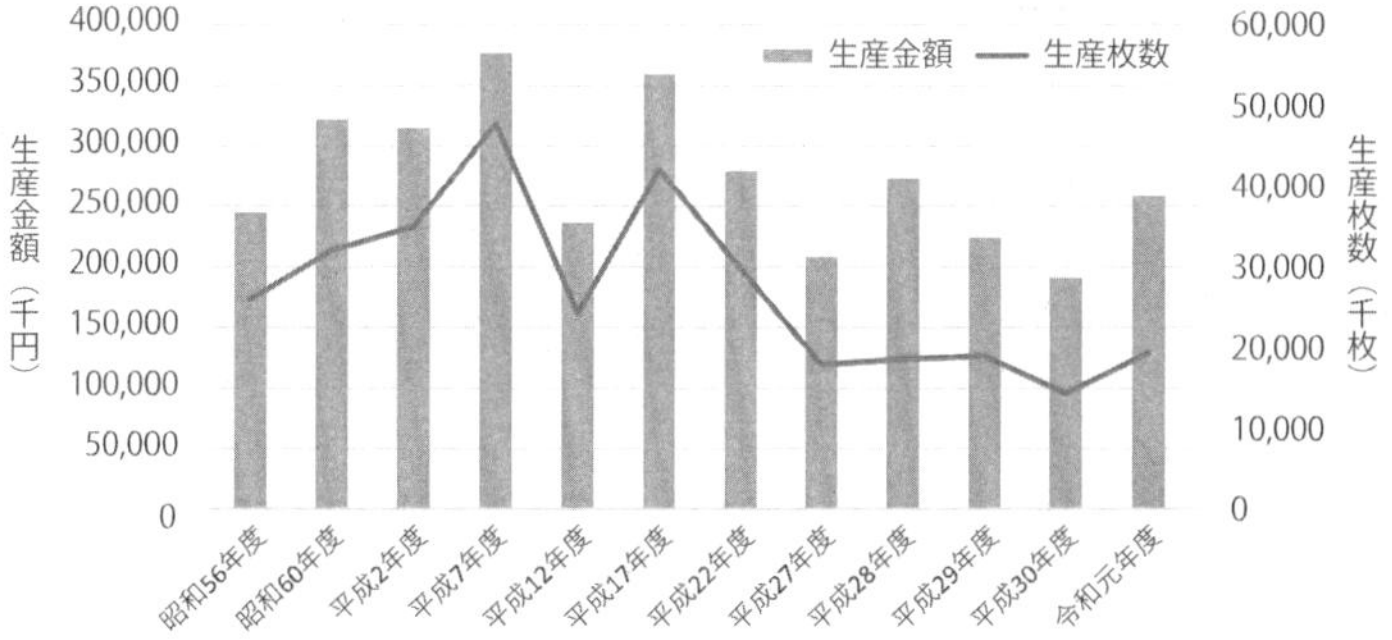

図１　海苔の生産金額と生産枚数の推移

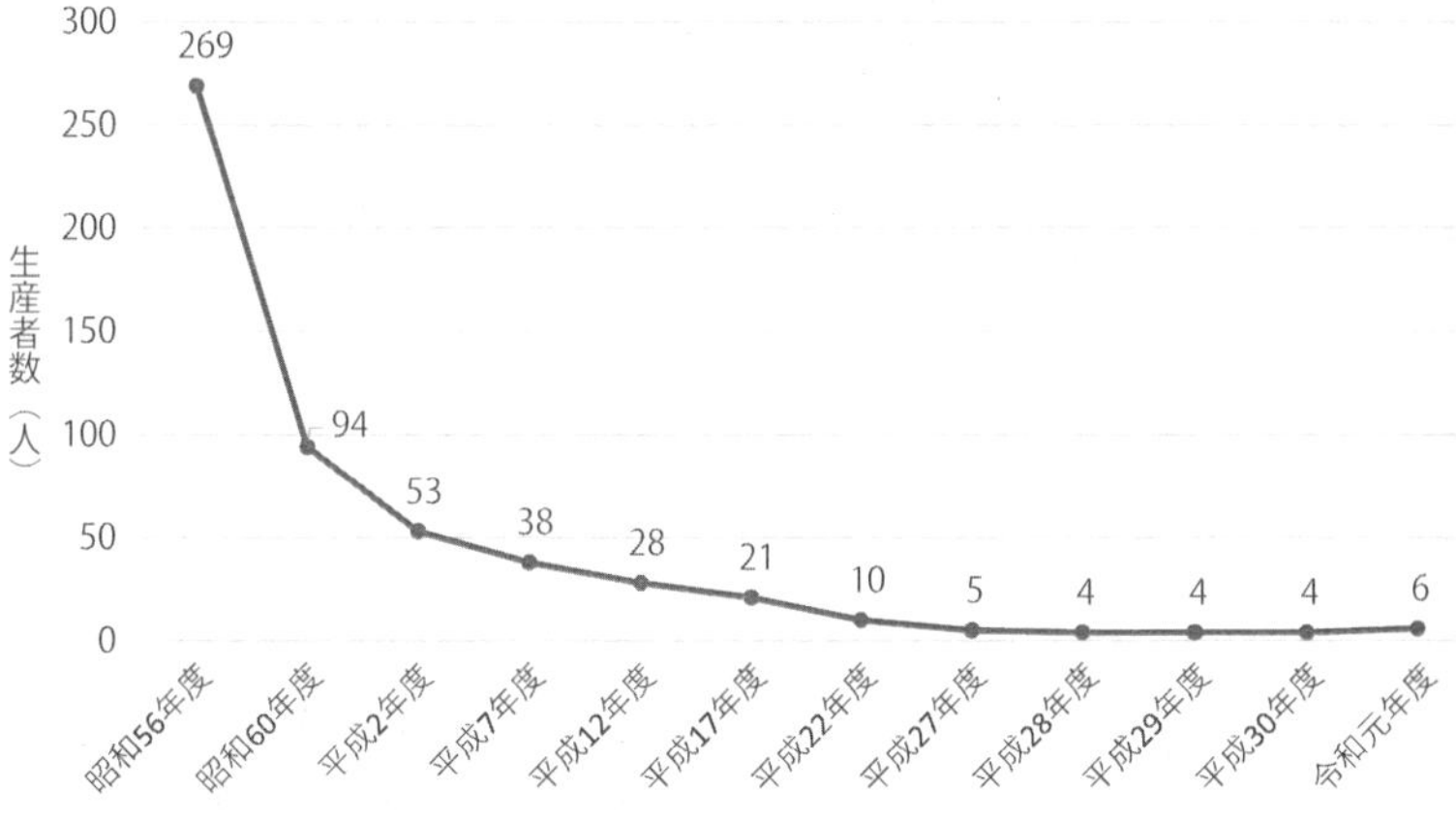

図２　海苔養殖の生産者数

参考：長洲町の海苔生産金額と生産枚数，海苔養殖の生産者数の推移。

50年代には、経営体数は約200から300であった。令和3年4月現在で、当町における経営体数は6となっており、その存続が危ぶまれている。

この経営体の減少傾向は、当町に限ったものではなく、海苔養殖が盛んな有明海全体でも同様であるが、この要因となっているものは、大きく2つあると考えている。

1つは、新規就業および漁業経営継続の困難性である。海苔養殖業の経営体は、ほぼ個人（家族）経営である。以前は、海苔の生産から加工まで海苔養殖者の手作業で行われていたものが、近年では機器等の近代化により生産量の増加を図れるようになってきた。しかしながら、近年の生産活動を実現するためには設備・資材等に係る莫大な費用が必要となる。特にシステム船（海苔養殖場の管理や摘採に特化した船）や海苔乾燥施設などの主要設備・施設においては、最新の設備等を導入しようとすると非常に高額であり、導入費用のみならずランニングコストまでを考慮すれば、経営規模にもよるが初期投資から年間維持運営費には相当の資金が必要となる。こうしたことから、新規就業や機械・設備更新による経営継続は、個人レベルの資本のみでは非常に困難な状況にあり、海苔養殖者数の減少の主要因となっていると考える。

もう1つの要因は、昨今の自然環境の急激な変化による生産高の減少と市場の動向（共販制度）に依存する生産額の不安定な要素にある。海苔養殖の成果は、自然環境によって大きく左右される。養殖が行われる時期の海の状況（栄養塩、プランクトンの増殖による赤潮の発生、その他海苔に影響する病気の発生等）や天候（日照、気温、雨量等）が複雑に関与することで、生産される海苔の量・質に大きな影響を及ぼす。海苔養殖者によるこれまでの経験等に基づき漁場の管理も当然行われているが、こうした自然環境等にその年の生産量が影響を受けている状況である。

また、仮に生産量が多く質が良い、いわゆる豊作の年であったとしても、その価格は市場の動向に依存する。当町の海苔養殖は、県漁連の共販事業で行っており、価格は市場の動向を踏まえ商社がその都度、入札によって行うため、生産した海苔の販売額はその年の市場の動向に大きく依存する（商社が市場動向を基に価格を決定する）形となる。

この2つの要因を合わせて考えると、経営に必要な経費は上り続けている傾向にあり、生産は自然環境の影響を受け、販売額は市場の影響を受けるため安定的な運営を行うための必要な支出に対する収入が予測しにくいといった現状があるのではないかと考えられる。

3　長洲町で行われている取り組みとその効果

こうした現状を少しでも改善できないかと考え、当町では、異業種企業の漁業参入を平成28年度から進めている。つまり、企業が海苔乾燥施設の運営によって陸の作業を担い、海苔養殖者が海の作業を担うといった分業化の取り組みを行った。これは、危機的状況にある海苔養殖業に貢献・協力したいという地元企業と共に、行政、漁協等が連携を開始し、企業が漁協に加入し、行政とも情報を共有しながら取り組んだ。平成28年度に海苔乾燥施設（全自動海苔製造機（20連機））を1棟建設したことを皮切りに、令和2年度までに同規模施設を3棟建設し、運用を開始した（3棟目は令和3年度の漁期から運用開始予定）。

この取り組みで、漁業者は、自前の乾燥施設を更新せず、企業の運営する乾燥施設に委託する経営に切り替えることによって、施設の維持管理・運営等に係る費用などのリスクが減り、海上の養殖作業に徹することが可能となった。このことにより、海の作業と陸の作業の分業化が図られ、結果として既存の経営体の生産規模拡大や新規就業者が現れるといった効果を生み出してきている。また、この分業化の取り組みによって労働時間の短縮といった効果も出てきている。これまでは、海苔の収穫時期には、早朝から海苔の摘採を行い、そこから夜間まで乾燥・加工といった労働時間であったものが、乾燥以降の作業を委託できるようになったからである。さらに、この効果によって、当町と隣の荒尾市牛水の漁業者で組織されている熊本北部漁業協同組合において、子育て中の女性が運営する経営体が進出した事例も出てきている。

4　技術進歩を取り入れることで実現可能と予想される20年後の将来像

今回、紹介した取り組みによって、企業の持つ安定的な乾燥施設の維持・運営が確保され、漁業者は海の作業に集中的に徹していくことにより、全体的な海苔養殖の振興が図られてきている。しかしながら、今後の海苔養殖業がさらに発展し、地場に定着しつづける産業となるために、どのような技術進歩が必要なのか、また、20年後にどのような技術進歩が海苔養殖に実現可能なのかについて検討してみたい。

20年後を見据えて導入可能と予測される技術にAIやビッグデータ、IoT等を活用したスマート漁業の導入が考えられる。具体的には、すでに農業分野で開発が進められているGPS機能を搭載したトラクター、田植え機などによる自動運転（作業）等の技術、水田の水管理の自動化、ドローンによる播種、農薬散布等の技術、過去の天候や肥培管理などのデータを蓄積し、AIによって今後の適正な肥培管理等を予測する技術が導入され、社会実装に向けて取り組みが行われている。一方、水産業分野においても衛星等からの情報による漁海域の状況やかつお一本釣り、魚の養殖の分野では、一部で省力化等を中心としたさまざまな取り組みが行われている。こうした技術を海苔養殖業の分野にも転用することで、20年後には、次のようなことが実現され、海苔養殖業の自動化・省力化のみならず漁獲量や品質の向上に寄与することができるのではないだろうか。

①GPSやAI技術を搭載したシステム船の自動操縦による生産活動（収穫など）
②システム船からパイプラインで直接、乾燥施設への海苔原藻の自動圧送
③ドローンでの養殖場の状況確認や栄養分等の散布など機械化による養殖作業の自動化
④栄養塩や自然環境等（気象や水温等）の数値を蓄積したプラットフォームを形成し、そ

こから予測されるデータ等を活用した養殖場の適正管理
⑤衛星データ等からの気象情報、海水温、プランクトンの現況を基にした病気予防などの品質管理

これにより労働力の軽減、生産におけるリスクの減少、生産される海苔の品質向上、生産規模の拡大などに寄与し、その結果、各経営体の強化や企業化・法人化が進み、強く魅力ある地域産業の推進主体が形成されていくのではないかと考えられる。

5　将来像の実現に必要なもの

このような技術進歩を20年後の将来像と捉えた場合、その実現のために私たちには、どのような努力、工夫が必要なのだろうか。

まず、先に述べた技術の導入を実現するためには、国や関係団体、関係企業等がそのような技術開発の取り組みを加速化させ実行することが大前提となるが、これを地域で実装させていくためには、漁業者や漁業協同組合だけでは限界がある。行政（特に基礎自治体である市町村）や企業、大学等と連携し、それぞれの強みを複合的に連携させるとともに、補助事業等を活用しなければならないと考える。

そのためには、漁業の経営体や従事のあり方の変革と関係組織の強力な連携が必要だと考

えられる。これまでの漁業組合に加入している個人経営体だけではなく、企業参入や法人化、さらにはダイバーシティによる多様な労働主体を取り入れた経営の工夫が必要なのではないだろうか。たとえば、これまでの漁業者が持つノウハウを生かし、企業の持つ安定した資本・組織と連携し、大学等の知見、データ分析等を生かし、そして、行政が全体のコーディネートや国、都道府県と連携した補助事業の活用などによる財源確保の支援ができれば、実現の可能性が高まるのではないだろうか。

6　おわりに

今回、本稿において、海苔養殖業に着目し、自治体の長の視点で20年後の技術進歩を取り入れた1次産業の展望・可能性について検討を行った。

現状の海苔養殖業は、収穫・生産される期間が毎年大体11月から翌年の4月までの約6カ月であり、残りの期間に稼ぐ手当がなく、生産されるものも共販で取り扱う板海苔に限定されている。さらに大きな視点でのイノベーションを図るならば、たとえば通年で生産できる海苔の開発、板海苔以外の加工品開発、色落ちした海苔の食用以外の利用（薬、サプリ等）なども考えられるかもしれない。

今、地方自治体にとって定住の視点からも地場産業、1次産業に持続性かつ発展性があり、所得向上を見込めるものとして定着することが非常に重要であると考えている。そのために、そこに従事する者だけでなく、行政およびあらゆる関係者が既存の枠組み、固定観念を打破し、今の激動の時代変化に対応した取り組みを進めていく必要があると強く感じている。地方および1次産業の発展性の鍵は、その地域（産業）の課題を見出し、それを克服するために関係者が連携し、知恵を出し合い、導き出した方策に向かって変革していくことではないだろうか。

第7節

やきもの産業に未来はあるのか

長崎県立大学准教授　竹田英司

1　「やきもの」と地場産業・伝統産業

日本経済は新型コロナウイルス感染症（COVID－19）拡大の影響によって、国難とも言うべき厳しい状況に置かれている。国内総生産（ＧＤＰ）支出面のうち、民間最終消費支出である個人消費が半数以上を占めているが、外出自粛による消費者マインドの影響を受けて、個人消費は停滞している。くわえて、地場産業と呼ばれる日用品の生産地では、１９９０年ごろから安価な海外製品との競合や、ライフスタイルの変化によって、現在は生産量、出荷額、事業所数がピーク時の半分から１／５程度までに落ち込んでいる。日本の国土の7割を占める農業生産が不利な中山間地域では、江戸時代以来、日用品を生産する地場産業が「地域の稼ぐ力」であったが、地場産業はかつての「稼ぐ力」を失っている。

本項で取り上げるやきもの地場産業も、図１に示されたように、出荷額が最盛期１９９１年２、４４５億円の19％（４６５億円）まで、事業所数が最盛期１９８６年２、４５６軒の27％（６６９軒）まで減少している。

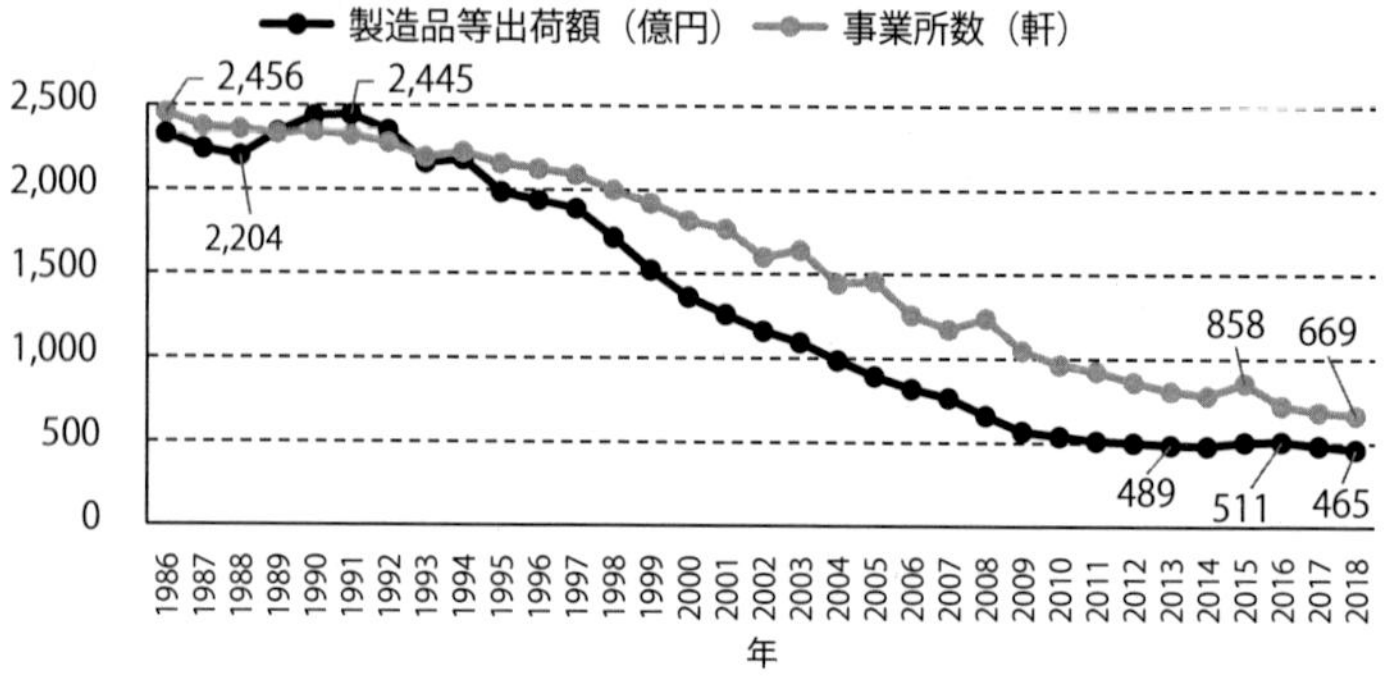

図１　やきもの産業の出荷額と事業所数

（注１）従業員数４人以上の製造事業所。
（注２）陶磁器製の和飲食器・洋飲食器・台所調理用品の合計額。
出所：経済産業省（1988；2020）から筆者作成。

「やきもの」は、土から作る土器・陶器と石から作る磁器に大別され、陶器と磁器は陶磁器とよばれている。たとえば、土器には弥生式土器、陶器には瀬戸焼、磁器には有田焼などがある。陶磁器は、食器、茶器、花器、装飾品、衛生陶器、タイルなどに利用されている。

地場産業の中でも、１００年以上続く生産方法で作られたモノが経済産業大臣指定伝統的工芸品である。たとえば、有田焼には、①経済産業大臣指定伝統的工芸品「伊万里・有田焼」、②経済産業大臣指定伝統的工芸品に該当しない地場産品「有田焼」、③生産地を指す有田産「有田焼」という３つの有田焼が混在している。さらに「伊万里・有田焼」は、古伊万里様式、柿右衛門様式、鍋島藩窯様式の３つに大別される。これらの有田焼は、１６１６年に日本で最初に焼かれた磁器が起源である。磁器の原料となる「陶石」、陶石をくだいて坏土《はいど》にする「水」、窯をたく「木」などの材料が、特定地域でしか採取できないことが伝統産業や地場産業の地域経済学的な特徴である。

江戸時代初期、日本ではまだ磁器は生産されていなかった。「やきもの」を作る朝鮮人陶工が、1616年、泉山磁石場（佐賀県有田町）で原料となる陶石を発見し、磁器生産が日本で始まった。1616年から約400年たったいまも、佐賀県の有田町・唐津市・伊万里市・武雄市・嬉野市と長崎県の佐世保市・波佐見町の肥前地域では、有田焼などの肥前磁器が生産されている。日本磁器誕生の地である肥前地域は、2016年、日本遺産「日本磁器のふるさと肥前：百花繚乱のやきもの散歩」に認定されている。

磁器の特徴を挙げると、磁器は陶器と比べて薄手で軽い。素地の白さが磁器最大の特徴である。磁器の材料である坏土《はいど》は、陶器の材料である粘土よりも粘りが少ないので、鋳込《いこ》み成形に適していた。磁器の鋳込《いこ》み成形は、陶器のろくろ作業よりも効率よく、手作りの量産が可能であった。これら磁器の製品特徴と手作り量産容易性が、やきもの産業のイノベーションを裏付けしてきたといえる。かくて磁器製食器は、江戸時代初期の「ハレの日用（非日用品）」から江戸時代後期－現在の「ケの日用（日用品）」まで日常生活に欠かせないモノとなった。

2　天然資源の枯渇と産業廃棄物の処分

やきもの産業未来予想の前に、解決しなければならないのが、天然資源の枯渇と産業廃棄物の処分についてである。やきもの産業では、陶磁器づくり欠かせない石や粘土といった天然資源が枯渇傾向にあり、海外から輸入せざるを得ない生産地もある。また磁器の鋳込《いこ》み成形に使用した廃石膏《せっこう》のリサイクルが進んでいないことも生産地が抱えている問題点である。

大量の天然資源を使って、大量の陶磁器を作り、割れたり、欠けたりしたら、すぐに廃棄するという直線型のリニア・エコノミー（大量生産から大量消費への一方通行的経済）から、循環型のサーキュラー・エコノミー（生産・消費・リサイクルが循環する循環経済）への転換を進める必要がある。

たとえば、長崎県波佐見町では、2020年に再生石膏《せっこう》から農地土壌改良剤を試作している。2021年から長崎県農林技術開発センターと波佐見町は、その再生石膏農地土壌改良剤をまいた田畑から収穫した米粉・水稲・キャベツ・じゃが芋の成分測定を行い、実証実験を進めている。

たとえば、岐阜県の多治見市や土岐市などでは、家庭から排出される陶磁器の一部を回収し、新しい陶磁器へとリサイクルする取り組み「グリーンライフ21プロジェクト」を1997年から継続している。ごみ回収後に選別された陶磁器は、再生工場に運ばれて、1㎜以下の大きさに粉砕する。その後、粘土などに混ぜ込み、さらに細かく粉砕する。そして、ようやく陶磁器を作る坏土《はいど》に再生して、成形と焼成を経て、「器《うつわ》」として家庭へ戻ってくる。このリサイクル食器「Re－食器」を使った美濃Re（みのり）ランチが、第12回国際陶磁器フェスティバル（2021年9月17日～10月17日・第1回1986年・3年に1回の開催）会場で限定提供されている。

3　やきもの産業のイノベーションと未来

磁器の特徴を生かした食器以外のイノベーションに、磁器碍子《がいし》と点火プラグがある。1871年から香蘭社株式会社（佐賀県有田町）によって電信線架設用に生産された碍子《がいし》には、磁器が利用されている。1930年から日本碍子株式会社（愛知県名古屋市）と日本特殊陶業株式会社（愛知県名古屋市）によって生産された点火プラグには、磁器が利用されている。

ここで肥前磁器も含めた国内「やきもの産業」の20年後を未来予想したい。製造業としての国内やきもの産業の未来は、①品質の向上、②デザインの開発研究、③付加価値の高揚、④生産の効率化などの製品特異性によって、生き残りを図るしかない。この未来予想は、第1次オイルショック（1973年）時を振り返った山本（1976）によるものである。これら①〜④は、山本（1976）同様、アカデミックな立場から先人たちが国内の斜陽産業に対して警鐘を鳴らしてきたし、①〜④は、これからの20年にもあてはまろう。

1616年から日本で生産が始まった磁器は、食器・茶器・花器・装飾品から碍子・点火プラグまで、現代社会に欠かせないモノとなっていて、コロナ後も磁器が衰退消滅することはない。コロナ禍で飲食店の時短営業が続く中、自宅食が増えている。「食」に「器」は欠かせないものであり、コロナ禍の自宅食で需要が増えているモノが、肥前磁器をはじめとする食器である。

国内やきもの産業の生き残りをかけて、これからの20年後を未来予想したい。それは「食」と「器」を意識した「おいしい食器」の普及である。いつものコーヒーがよりおいしく感じるマグカップ、いつものご飯がよりおいしく感じるお茶碗などである。つまり、工学的なエビデンスに基づいた食器である。工学的なエビデンスに基づいた食器は、長濱（2021）による試作品が存在する。しかしデザイン性に乏しく試作品止まりで、まだ市場に受け入れられていない。工学的なエビデンスに基づき、かつデザイン性に優れた「おいしい食器」が市場へ出まわり「庶民の器」として浸透している世界が、執筆担当者の描く国内やきもの産業20年後の未来予想図である。

参考文献

経済産業省（1988：2020）『工業統計調査：品目編』経済産業調査会。
長濱雅彦（2021）「芸術とコラボから、おいしいマグカップを設計する」児玉盛介ほか『笑うツーリズム：HASAMI CRAFT TOURISM』石風社、254-261頁。
山本公郎（1976）「陶磁器産業の現状と将来」『精密機械』42（492）、47-50頁。

第8節

2040年の防衛未来図と平和への願い

明治大学教授　水野勝之
明治大学大学院博士前期課程　中村賢軌

1　自衛隊という組織が直面する問題

現在、日本は少子高齢化の進行という社会問題を抱えている。これは日本の防衛をつかさどる自衛隊にとっても深刻な問題である。少子高齢化の進行による生産年齢人口の減少は、隊員のなり手の確保にも重大な影響を及ぼすからだ。こうした切迫した問題に対処するため、防衛省は「隊員の定年退職後の再任用の拡大」「隊員の生活環境の改善」「再就職支援の強化」「育児・介護支援用の環境整備」など隊員の福利厚生の充実に力を入れている。だが、福利厚生の改善だけでは解決できない。こうした問題を解決できる抜本的方法は「人工知能などの技術を活用した無人化・省人化の推進」というデジタル化構造改革を行うこと、つまり労働集約的構造から脱却することである（注1）。

他方、その結果としてデジタル化の進んだ20年後の防衛状況、防衛装備品については、逆にきわめて危惧を抱く事態が予想される。実際これから述べる防衛装備品が紛争に使われることを想像すると恐ろしい。本稿は、現段階の情報をもとに20年後の防衛状況、防衛装備品について予想するとともに、それらが活用されない世界的平和の体制づくりを願うものである。

2 これから進むハイブリッド戦

デジタル化が進んだ近年の国家間の争いにおいては、『ハイブリッド戦』なる新しい戦いのあり方が注目を浴びつつある。防衛省によると『ハイブリッド戦』とは、『国籍を隠した不明部隊を用いた作戦、サイバー攻撃による通信・重要インフラの妨害、インターネットやメディアを通じた偽情報の流布などによる影響工作を複合的に用いた手法』と定義されている（注2）。こうした明確な武力行使と認定しにくい攻撃方法によって、攻撃国は敵国の対応を遅延させると共に、国際社会での自国への批判をかわすことができるという。『ハイブリッド戦』が行われている状況は、その状態が交戦状態なのか、それとも平時なのかが曖昧な『グレーゾーン事態』と呼ばれるとのこと。曖昧な状況であるため、その解決をより一層困難にさせることが予想される。

そうした環境変化を受けて、防衛省はサイバー防衛能力の強化を目的として、2023年度までに「サイバー防衛部隊」を新編するとしている（注3）。一層のデジタル化が進む2040年には今よりもさらに、社会全体の機能が情報通信ネットワークへの依存を深めていくことになるであろう。20年後、国民は、いま戦争しているのかしていないのかもわからない状態に陥ることが予想される。国同士に限らず、組織対国、民間企業対国、個人対国の形での戦争の出現の可能性すら否定できない。こうした明確な武力行使とはいえない曖昧な状況に対する精度の高い対処能力が、これからの自衛隊の防衛構想には求められる。国民の気づかないうちに、いつの間にか日本が戦争に巻き込まれていたというのでは困る。『ハイブリッド戦』が進むことが予想されるが、そこから大規模な本格的な戦争に発展しないよう、適切な防御方法の開発が望まれる。

3　2040年の自衛隊の装備

自衛隊が2040年ごろまでに実用化する可能性があり、なおかつ防衛構想に多大な影響を及ぼすと考えられる防衛装備品についての解説を行う。

(1) レールガン

レールガンとは、物体を電磁気力(ローレンツ力)によって加速して発射する装置である。レールガンの特徴は、物体の発射に火薬を用いずに電磁気力を用いる性質上、火薬を用いる従来の火砲に比して、より高い攻撃力と長い射程距離を可能とする点である。またこのレールガンは陸上・航空・海上のどの装備にも応用可能な技術であり、これが実用化した際の防衛戦略におけるインパクトは非常に大きなものになると考えられる。実際、米海軍研究局はこのレールガンを、戦争のあり方を一変させる『ゲームチェンジャー』に相当するものとして位置付けている（注4）。日本におけるレールガンは、2030年代までの実用化が目指されており（注5）、2040年代の自衛隊における主要装備となる可能性がある。

(2) 2040年の航空自衛隊の装備

近年、日本が導入する戦闘機について議論が活発である。戦闘機はその性能や特性によって、世代区分がなされる。現時点で最も最先端とされているのは第五世代と呼ばれる戦闘機であり、これにはアメリカのF－22や、航空自衛隊にも導入されているF－35などが該当する。これら第五世代戦闘機は、高いステルス性能と、高性能センサーなどによる高度な状況能力を背景とし、これまでの世代の戦闘機とは一線を画す能力を有している。特にF－22戦闘機は、アメリカ陸海空軍合同軍事演習である「ノーザンエッジ2006」において、旧世代機との模擬戦で108対0という圧倒的な撃墜対被撃墜比率を記録している（注6）。こうした第五世代戦闘機は、アメリカとその同盟国以外にも、ロシアがSu－57戦闘機として実用化に成功している。さらに、中国もこうした第五世代戦闘機の開発を進めつつあり、現状の日本と米国が持つ他国に対する航空軍事的優位性は早晩揺らぐこととなるであろう。

戦闘機に関して急変する安全保障環境に対応するために、第五世代戦闘機と同等以上の性能を有する戦闘機能力の拡充が進められようとしている。『次期戦闘機』とは、『将来戦闘機』とも呼ばれている、航空自衛隊用の次世代の国産戦闘機のことである。日本が現在開発を行っている『次期戦闘機』は、「クラウド・シューティング」と呼ばれる高度な戦闘機間のデータリンクシステム、「ステルスインテークダクト」という先端ステルス技術、電子戦に対する抗堪性の強い「フライバイライト」という操縦系統などといった、いくつものデジタル先端技術を搭載した第五世代戦闘機以上の能力を有するものになるという（注7）。またこの戦闘機は、2035年ごろには退役が始まるとされているF－2戦闘機を代替する役割も担っているため、2040年以降の航空自衛隊の航空主戦力となると予想される。

4 結び

デジタル化や各種イノベーションが進んだ20年後、現在のように国際的衝突事件やテロが起こった後、「はい、私がやりました」と答える国や組織が出てくる状況ではなくなる可能性がある。危害を加えてきた相手が誰だかわからず、世界の秩序が乱れかねない恐れがある。紛争に小さな民間組織や個人までが参入しうる。そうしたあいまいな紛争の一方、ここで予想した高性能の防衛備品だけではなく、他にも高度な技術の防衛備品が次々に登場する可能性がある。

そうした技術を防衛のためだけに活用するのではなく、平和利用することも考えていくべきである。現在、日本の防衛技術は海外、特にアメリカに大きく依存している。今後、防衛装備品については国産化を進めていくべきである。「スピンオフ」による日本の産業への大きな波及効果が期待できる。「スピンオフ」とは、防衛技術を民生技術に転用することを指す。たとえば、現行の航空自衛隊の戦闘機であるF－2戦闘機の開発に際して用いられた技術は、「医療用骨折時補強チタンボルト」「ドライブ・バイ・ワイヤ（車両用のデジタル電子制御機構）」「ETCシステム」「車載用衝突防止レーダー」「B787旅客機の複合材主翼」などといったさまざまな民生技術への転用が行われている（注8）。日本における航空機産業の技術波及効果は、F－2戦闘機の開発時期と大部分が重なる1970年から1998年までの間で見ても、その総額が約103兆円にものぼるという実績が示されている（注9）。そのため、次期戦闘機の国産化はこうした膨大な技術波及効果を期待できる可能性が高く、防衛省もそれを、次期戦闘機の国産開発の意義の1つとしている（注10）。

本稿の「結び」は、「だから防衛備品の技術開発を活発化させよう」というわけではない。本書の他の分野では、読者の皆さんも夢が見られる。しかし、本稿だけは、技術進歩が人類の敵となりうる可能性があることを示している。それらを平和利用することを1つの提言としたが、それだけでは足りない。技術進歩を人類の味方に据えるためにも、防衛関連の技術革新を制御して、「平和」を追求する姿勢を続けていかなければならない。このことこそが一番主張したいことである。

【注】

（1）防衛省（２０２０）
（2）防衛省（２０２０）
（3）防衛省（２０１９）
（4）産経新聞（２０１６）
（5）産経新聞（２０１６）
（6）U.S. AIR FORCE（2006）
（7）防衛装備庁ＨＰ。
（8）防衛省（２０１０）
（9）中部圏社会経済研究所（２００７）
（10）防衛省（２０１０）

参考文献

中部圏社会経済研究所（２００７）『中部産業レポート　ＶＯＬ．４『航空機関連産業』』https://www.criser.jp/document/ciac/research/18/05.pdf（閲覧日：２０２１年３月22日）原出所：日本航空宇宙工業会『産業連関表を利用した航空機関連技術の波及効果定量化に関する調査』

防衛省（２０１０）『将来の戦闘機に関する研究開発ビジョン』https://www.mod.go.jp/atla/soubiseisaku/vision/future_vision_fighter.pdf（閲覧日：２０２１年３月22日）

防衛省（２０１９）『令和元年版 防衛白書』https://www.mod.go.jp/j/publication/wp/wp2019/html/nc011000.html（閲覧日：２０２１年３月22日）

防衛省（２０２０）『令和２年版 防衛白書』https://www.mod.go.jp/j/publication/wp/wp2020/w2020_00.html（閲

覧日：２０２１年３月22日）

防衛装備庁ＨＰ航空装備研究所「将来戦闘機関連研究」https://www.mod.go.jp/atla/kousouken.html（閲覧日：２０２１年３月22日）

産経新聞（２０１６）「超速射・レールガン（電磁加速砲）を日本独自で開発へ　中露ミサイルを無力化　防衛省が概算要求」産経ニュース（２０１６年８月22日）https://www.sankei.com/politics/news/160822/plt1608220009-n1.html（閲覧日：２０２１年３月22日）

産経新聞（２０１６）「防衛省が独自開発に乗り出すレールガン（超電磁砲）は度肝を抜く未来兵器だった！射程２００㎞超で速射も…」産経ニュース（２０１６年９月２日）https://www.sankei.com/premium/news/160902/prm1609020004-n1.html（閲覧日：２０２１年３月22日）

U.S. AIR FORCE（2006）「F-22 excels at establishing air dominance」https://www.af.mil/News/Article-Display/Article/130616/f-22-excels-at-establishing-air-dominance/（閲覧日：２０２１年３月22日）

第9節

防衛と民間との技術進歩による未来予測

拓殖大学准教授　安藤詩緒

1　はじめに

新型コロナウイルスの脅威は、現在も継続して私たちを苦しませている。ようやくワクチン接種が開始され、その脅威に対抗する手筈は整ったが、終息するにはまだ時間はかかるだろう。コロナ禍での経済状況は、いわゆる「巣ごもり需要」はあるものの、悪化の一途を辿っているのは言うまでもない。今後、ウィズコロナからポストコロナへと向かう社会を展望するには、コロナ発生前の経済活動から大きく転換した現状においては、想定外の困難も踏まえて、あらゆる視点から考察しなければならないと考える。

このような背景のもと、本稿では、技術進歩が生み出す今後の経済の未来予測に関して、筆者の研究対象である防衛技術と民間技術の相互関係から考察する。本稿の次項以降では、防衛技術から民間技術への転用（スピンオフ）あるいは民間技術から防衛技術への転用（スピンオン）、そして相互の技術転用（デュアルユース）の事例を取り上げ、この先の両技術の進歩が促進されることによる経済への影響を考察する。

2　防衛技術と民間技術との相互関係が経済活動に与えた影響

防衛装備品の生産や研究開発などを一元的に担う機関として、防衛装備庁が２０１５年10月に設立された。防衛省の外局である防衛装備庁は、「諸外国との防衛装備・技術協力の強化、厳しさを増す安全保障環境を踏まえた技術的優位の確保、防衛生産・技術基盤の維持・強化、防衛装備品のハイテク化・複雑化等を踏まえた調達改革」等の重要な課題を抱えている（注１）。本稿で焦点を当てる防衛技術に関しては、「戦略的機能の強化（新たな防衛装備・技術協力関係の構築）」、「海外移転に関する制度の検討・整備（装備品の安全証明、装備・技術の移転スキーム、民間転用等）」など、防衛装備庁で促進される防衛装備・技術協力機能の項目の中でも挙げられている（注２）。

これまで開発されてきた防衛技術の多くは、民間技術へと転用（スピンオフ）がなされてきた。例えば、今では当たり前のように普及しているインターネット通信・光ファイバーケーブル、コロナ禍でのオンライン授業でも不可欠となったコンピュータ・ＩＣ（集積回路）、そして標準搭載された車種も出てきたカーナビゲーション・ＧＰＳなどは、スピンオフがなされた代表的なものである。

また、スピンオフとは逆方向で、民間技術から防衛技術への転用（スピンオン）がある。スピンオンの例として、部谷（２０１８）が３Ｄプリンタの軍事利用において、主に中国やアメリカでの事例を挙げている。部谷（2018）によると、中国では、中国軍が3Dプリンタ技術の適用を承認し、陸海空それぞれの軍において、装備品の製造と開発、小部品交換や部隊運用などで広範にわたり3Dプリンタ技術を活用しているという。また、アメリカは、「3Dプリンタの軍事利用をけん引する存在」と述べ、中国と同様に、陸海空海兵隊の四軍が積極的に3Dプリンタの軍事転用を行っているとのことである（注3）。

上述したスピンオフやスピンオンの方向性とともに、近年では、科学技術が発展するにつれて防衛技術を取り巻く環境が変化し、防衛技術と民間技術のボーダーレス化が進み、軍民両用の技術（デュアルユース）も注目されるようになった。デュアルユースの例として、体内に埋め込んだり（インプランタブル）、あるいは身体に装着したり（ウェアラブル）して稼働させる技術、いわゆるサイボーグ技術が挙げられる。民間部門においては、ベルギーのある企業では、体内埋め込み型の通信機器によって、手をかざすとドアが開いたり、自動販売機の飲み物を買ったりなど日常生活において実用化されている（注4）。一方、防衛部門においては、アメリカ陸軍において兵士の体内にヘルスモニターを埋め込むことによって、兵士の健康状態を管理し、誰をどこに配備するのかといった戦術や作戦を練るために、指揮官がその技術を利用する研究開発がなされている（注5）。また、アメリカの国防総省の米陸軍戦闘能力開発司令部（CCDC）が2019年に公表した調査レポートでは、2050年までに「サイボーグ兵」が戦闘地域で配備される実現可能性を述べている。防衛部門でのこのようなサイボーグ技術は、近い将来には進歩を遂げ、視覚・聴覚・筋肉・神経の4つの項目において強化されたサイボーグ兵が現実になるだろうとしている（注6）。

このように、これまでの防衛部門に関連する技術進歩においては、スピンオフの面で強く特徴付けられていたが、近年では、スピンオン、そしてデュアルユースの面から着目される時代となった。防衛技術と民間技術との相互関係によって、これまで生み出されてきたものを本稿で数点挙げただけでも、現在の経済活動において大きな柱となっているものがほとんどである。つまり、防衛技術と民間技術との相互関係は、経済活動に大きな貢献を果たしており、これまでの経済成長の一助になってきたことは明らかであろう。安藤（2020）においても、両技術による経済への影響を示しており、「防衛生産部門から民間生産部門へ、あるいは民間生産部門から防衛生産部門へ技術転用の相互作用によって、両部門の生産性が高まることで経済成長の促進へとつながる」と述べている。サイボーグ兵の登場に関する賛否は、政治的議論に譲るとして、今後も防衛技術と民間技術の相互関係が高まれば、両技術から生まれた成果物が経済活動を押し上げていくのではないかと考える。

3　技術進歩による雇用喪失への懸念

上述したように、防衛技術と民間技術との相互関係が経済活動に大きな影響を及ぼしてきた。防衛部門と民間部門との両技術は、経済成長を促進させたとともに、スピンオフから生まれた成果物によって、私たちの日常生活は、非常に快適なものとなった。今後の技術進歩によって、さらに快適な日常生活が提供されると予想される。また、アメリカの例ではあるが、サイボーグ技術によるサイボーグ兵が２０５０年までに登場するかもしれないという現実は、この先の技術進歩が生み出す20年後を概観すると、我々は防衛技術と民間技術とのデュアルユースが生み出した大きな成果物に直面することになるであろう。先に述べたＣＣＤＣの調査レポートで示されているように、ブレインコンピューターインターフェイス（ＢＣＩ）と表現される、脳に埋め込む技術を実装した兵士が、その脳内のインプラント技術を使用して、複数のドローンを操作したり、兵器システムなどを遠隔操作したりするなど、今後の防衛・戦争形態は、兵士の脳内でコントロールできる可能性も予測されている（注7）。そのようなサイボーグ兵の存在は、戦場が宇宙・サイバー・電磁波空間に拡大したとしても、最終的な敵地制圧のために動員される存在が兵士であることを考えれば、戦略的には今後も有効であると予想される。

このように、防衛部門と民間部門との両技術が経済の発展を支えていく一方で、両技術の進歩によるデメリットも考えられる。防衛装備庁は、「防衛装備品からのスピンオフを通じた産業全般への波及や国内雇用創出による経済波及効果」など、防衛生産・技術基盤の維持・強化の意義を示している。確かに、新しい両技術の進歩によって国内産業への波及効果が促進されるが、一方で、人的資源によらない代替可能な技術が労働投入への影響、つまりは雇用喪失につながる可能性があるのではないかと考える。例えば、近年、人工知能（ＡＩ）の発展や普及によって、既存の雇用が奪われるという議論が既知としてある。その雇用喪失に対応していくために、総務省の平成28年版情報通信白書では、既存の雇用がＡＩに奪われた分、ＡＩでは代替できない新規の仕事を創出することを解決策の１つとして述べている（注８）。また、防衛部門においても、今後の防衛技術と民間技術との両技術の進歩によって、防衛産業の雇用に影響が及ぶ可能性がある。技術進歩が生み出すこの先の未来に、上述したようなサイボーグ兵がさらに進化して、完全にロボット化した兵士が登場すれば、防衛に従事する労働投入量は減ることになる。つまり、技術進歩は、経済への大きな貢献を果たしているが、マイナスの側面にも向き合っていく必要がある。両技術の進歩は、ますます加速していくことが考えられるが、それと同時に、すべての技術進歩に当てはまる訳ではないにしても、技術進歩によって防衛部門での雇用が奪われることがないように、今後は、防衛部門での新規雇用を創出する対応策も検討しなければならないと考える。

【注】

（１）防衛装備庁ＨＰ「防衛装備庁について」https://www.mod.go.jp/　（閲覧日：２０２１年5月2日）
（２）同右（閲覧日：２０２１年5月2日）
（３）部谷（２０１８）では、本稿で挙げた中国とアメリカの事例以外にも、イギリス、ロシア、オランダ、イスラエル、台湾、韓国、ポーランドでの３Ｄプリンタの軍事利用の事例をそれぞれ述べている。
（４）ＮＴＴコムウェア（２０１８）を参照。
（５）Curthoys（2018）を参照。

（6） CCDC Chemical Biological Center（2019）を参照。
（7） 同右。
（8） 総務省（２０１６）「人工知能（ＡＩ）の進化が雇用等に与える影響」『平成28年版情報通信白書』を参照。

参考文献

安藤詩緒（２０２０）「コロナ禍における防衛産業から見た日本経済への脅威」水野勝之編著『コロナ時代の経済復興―専門家40人から明日への緊急提案―』１３３－１３８頁、創成社。
ＮＴＴコムウェア（２０１８）「「身に着ける」から「埋め込む」へ。インプランタブル時代のビジネスとは？ ウエアラブルデバイスの先にインプランタブルデバイスの世界がやってくる」https://www.nttcom.co.jp/（閲覧日：２０２１年5月28日）
総務省（２０１６）「人工知能（ＡＩ）の進化が雇用等に与える影響」『平成28年版情報通信白書』https://www.soumu.go.jp/（閲覧日：２０２１年5月20日）
部谷直亮（２０１８）「３Ｄプリンタの軍事転用の状況」『ＣＩＳＴＥＣジャーナル』、No.１７３、64－71頁、安全保障貿易情報センター。
防衛装備庁ＨＰ https://www.mod.go.jp/atla/（閲覧日：２０２１年5月2日）
Curthoys, K（2018）"Soldiers may soon have implantable health monitors and robotic surgeries done remctely", Army Times, https://www.armytimes.com/（閲覧日：２０２１年5月28日）
U.S. Army Combat Capabilities Development Command Chemical Biological Center（2019）"Cyborg Soldier 2050：Human／Machine Fusion and the Implications for the Future of the DOD" CCDC CBC-TR-1599.

第4章　環境問題

第1節　持続可能な未来に向けての技術開発を

秋草学園短期大学学長　北野　大

1　はじめに

本書の編集者から「技術進歩が生み出す20年後の未来」について記述せよとのことであった。内容は根拠の裏付けのある範囲で、フィクションにまで至らないがイメージできる範囲で技術の未来予想を書けとのことである。以下の著者の記述は、20年後には実現困難な技術であると確信しているが、このような夢みたいな提案も必要と勝手に思い記述した。まずはじめにお詫び申し上げる。

2　温暖化とエネルギー問題
――地上に太陽を、高性能蓄電池の開発を

現在、人類が解決すべき最大の地球環境問題として地球温暖化問題がある。地球環境問題とは「原因及び被害が複数の国または地域にまたがるため、一か国のみの対策では解決しえない環境問題」と定義される。これらには主として、先進国の工業化に起因する地球温暖化、オゾン層破壊、酸性雨などがある。一方、主として発展途上国に起因する問題としては、人口増加に伴う森林破壊、砂漠化、さらには野生生物の減少などがある。これらの数ある地球環境問題の中から著者が特に地球温暖化問題を取り上げるのは、この問題は

①被害の範囲が人の健康への影響、生態系への影響、農作物への影響、水位上昇による沿岸地域の水没、台風の大型化など、きわめて広いこと。
②地球温暖化問題はエネルギー問題とも言える問題であり、その解決には発電時に温室効果ガスを排出しない電源の開発と人々のライフスタイル、特に価値観の変更を要求する、からである。

エネルギー源に対する技術でのブレークスルーは、究極的には太陽を地上に作ることで

ある。具体的には、現在の原子力発電がウランの核分裂による微小な質量の変化をエネルギーとして取り出しているのに対し、太陽で行われている水素からヘリウムを生成する核融合反応を地上の原子炉内で行わせることである。実際には、燃料に用いられるのは水素の同位体である重水素と三重水素（トリチウム）であり、重水素は水を電気分解することで得ることができるので心配がない。またもう1つの燃料である三重水素（トリチウム）は、自然環境から採取が可能であるといわれている。

核融合反応でどのくらいのエネルギーが得られるのか、燃料1gで石油8トンを燃やした時と同じエネルギーを得ることが可能といわれている。原子力発電は、福島第一原子力発電所の事故以来、安全性が懸念されており、新規の発電所の建設はもとより、旧式の原子力発電所を改築（リプレース）するのも、我が国では国民の理解が得られず困難と思う。福島の人たちが被った悲劇を見れば、直ちに原子力発電の再開とはいかないと思う。著者は特に、地域の人たちの故郷の喪失が最も大きな悲劇と考えている。事実、ダムの建造に関しても、計画から工事着工まで40年程度かかるといわれている。これはダムの水底に沈む人たちの故郷喪失が最も大きな反対原因であり、そのため話し合いの席に着くまでに20年程度がかかっているとのことである。

生活や工業に必要な水を雨に依存している我が国では、降水量の時期による差を埋めるためにも、どうしてもダム、すなわち利水目的のダムが必要であるし、また治水目的にもダムが必要である。

Too much water to control, too little water to survive. という言葉があるくらいである。

さて、核融合炉の安全性であるが、現在の原子力発電はウランなどの核分裂反応で発生する熱を利用して発電を行い、そのため原子炉の中では核分裂反応が連鎖的に起こるため、制御棒などを用いて、暴走しないよう制御しながら運転をしていく必要がある。幸いにこれまでの地震に対しては地震計が検知し、制御棒がきちんと挿入され、炉が暴走した事故はない。この意味で、日本の原子力技術の高さを認めたい。福島第一原発の事故は冷却水の喪失であり、そのため最悪のメルトダウンが起こってしまったものである。何とも残念であり、電源喪失への対策が取られてこなかったことが本当に悔やまれる。

一方、核融合発電の場合は、プラズマを急激に冷却することで自発的に反応が止まるため、核分裂のような連鎖的な反応は起こらないといわれている。また、原子力発電で発生する高レベル放射性廃棄物が原理的に核融合発電では発生しないといわれている。

現在、核融合発電の実現に向けて世界的プロジェクトＩＴＥＲ（国際熱核融合実験炉）が進行しており、日本をはじめＥＵ、ロシア、アメリカ、韓国、中国、インドの7極が連携し、フランス南部のサン・ポール・レ・デュランスで実験炉の建設を進めているとのことである。この技術の確立には数多くの解決すべき問題があり、何年後に実用化されるか、専門外である当方にとってはまったく予想がつかない。しかしエネルギーの重要性を考えれば、世界的な協力で開発に向け努力すべきと思う。もちろん安全性の確保は最重要課題であるが。

したがって温暖化対策としては、当面は現在われわれが依存している太陽の恩恵を受けた発電方法、具体的には太陽光発電、風力発電およびバイオマスに依存することである。化石燃料である石油、石炭および天然ガスは、地下の太陽、昔の太陽エネルギーの産物であり、私たちは温暖化防止の面から地上の太陽、現在の太陽の利用にシフトしていくことが重要である。

エネルギー源の選択においては価格、供給の安定性、資源としての枯渇性および環境面を考えねばならない。現在われわれが利用しうるエネルギー源のうち、これらの要素をすべて満足するものはない。したがって、種々のエネルギー源を組み合わせて使うベストミックスという考え方が出てくる。太陽光発電および風力発電の最大の問題点は、供給の安定性である。そのために種々の方法が検討されているが、電気を電気として貯蔵できる方法がベストではないだろうか。そこで必要な技術として、電池の開発がある。特に電気自動車用の電池としては、高容量（長距離走行が可能）であること、充電時間が短いこと、軽量であることが必須である。燃料電池を搭載した燃料電池車はすでに開発されているが、この場合、水素という気体の貯蔵面、特に事故時への懸念、および電力とともに生成される温水を利用していないことから、著者は燃料電池は家庭で使用すべきと考えている。事実、ある燃料電池のメーカーが家庭にその装置を販売しているが、発電のサイクルは電力の使用というより温水の使用で決まってくるということである。さて燃料電池自動車メーカーの話では、水素を貯蔵して走行するが、たとえ事故にあっても問題ない構造になっていると主張している。メーカーでは水素の扱いに対し、（1）漏らさない、（2）検知して止める、（3）漏れたらためない―という3つの視点から対策を講じているとのことである。機器は必ず故障する、人は間違いを起こすという考えが前提の安全学の考え方からすると、事故が起きても安全だけは確保されるフェールセーフになっているのであろうか。この領域にも知識がない私が意見を述べるのは憚られるが、著者は電気自動車は電池で動かすべきであり、そのためには新たな性能を持つ電池の開発が必須と考えている。

ガソリン車が満タン状態で400km以上走行するのに対し、電気自動車は車種にもよるが航続距離は約500km、また、急速充電でフル充電までに要する時間は60分といわれている。したがって、新たな電池の開発には、1回の充電でいかに航続距離を長くするか、また充電時間をいかに短くするか、さらには電池の軽量化などの課題がある。電池を使う電気自動車のもう1つの役割として、積載している電池の非常電源としての用途もある。ここに述べた新たな高性能電池の技術開発と大量使用は、資源の供給面および使用後の廃棄面も十分考慮せねばならないが、先に述べた核融合炉の開発よりははるかに容易であると思う。

3　持続可能な社会の構築―人工光合成技術の開発を

SDGs（Sustainable Development Goals）のキーワードは「Leave No One Behind（誰一人取り残さない）」であり、2030年までを期限とした17の目標により、地球上から貧困や飢餓や暴力を撲滅し、経済を持続可能な形で発展させ、人権が守られている世界を実現することが目標である。環境倫理学においても3つの基本主張がある。

これらは自然の生存権の問題、世代間倫理の問題および地球全体主義である。世代間倫理の問題をひとことで言えば、現世代は後世代に責任があるということになる。その1つの例が資源の枯渇性である。すなわち資源を枯渇させてはならない。その一方法として循環型社会の構築がある。ここで大切なことは大量生産、大量使用、大量廃棄（または大量リサイクル）ではなく、適量生産、適量使用そして少量廃棄、またはリサイクルである。そしてこの循環は「資源エネルギー低投入型の循環」であり、さらには「スローな循環」という考え方が大切である。この循環の輪を回しているエネルギーは現代社会では化石エネルギーであり、それが地球温暖化の原因ともなっている。自然界の循環を考えると、その循環の輪を回しているエネルギーは太陽である。2、において地上に太陽を作ることを提案したが、ここでは太陽に依存している光合成を人工化することを提案したい。

今後、増え続けるであろう地球の人口増加、それに伴う食糧供給の問題、さらには食糧確保のための農地の開発と森林破壊、生活レベルの向上に伴う自動車の普及と道路の必要性なども、利用できる農耕地を制約していく。

植物の行う「光合成」は、太陽光エネルギーを使って水を酸素と水素に分解する「明反応」と、生成された水素と大気中の二酸化炭素からデンプン・ブドウ糖などの糖質を合成する「暗反応」の2つの経路を経由する。もし、植物の行う光合成を完全に人工化できれば、現在、食料生産の場として使われる農地が不要になる。

「明反応」では、植物の場合、葉緑素（クロロフィル）が光エネルギーを吸収し、水を水素と酸素に分解する触媒の役割を果たしている。人工光合成では酸化チタン、窒化ガリウムなどの「光触媒」が使われる。当方はこの領域においても門外漢であるが、光触媒の開発には紫外光ばかりでなく可視光をうまく利用できる触媒の開発が必須である。

「暗反応」では、明反応で生成した水素と大気中の二酸化炭素から、現在のところではギ酸（HCOOH）やメタノール（CH_3OH）などの簡単な有機化合物が合成できるようである。

著者は太陽光と二酸化炭素から最終的にでんぷんやブドウ糖が生成される反応を人工光合成としているが、上記のギ酸を生成させる反応も広い意味での人工光合成と呼んでいる。現在の人工光合成の世界最高のレベルは豊田中研がギ酸の合成に成功し、その時の変換効率が7・2％であり、これは植物を上回る水準とのことである。

最終的なイメージとしては、パイプの下から二酸化炭素が導入され、葉緑素を含む水はパイプの上から供給され、これらの混合物が一定時間、人工光源の中に滞在し、パイプに取り付けられた出口からでんぷんなどの糖類が水とともに運ばれてくるというまったく夢のような技術である。この技術が確立できれば、化石燃料がエネルギーばかりでなく、二酸化炭素源としても有用な資源に、さらには人を含む動物から排出される二酸化炭素も人工光合成の原料になるであろう。特に石炭は、単位エネルギー当たりの二酸化炭素排出量が最新式の天然ガス発電に比べ2倍も多く、これが温暖化対策での脱石炭の最大の理由となっている。しかしながら石炭は確認可採埋蔵量が約200年以上と、化石燃料の中でも最も長く、また広く世界に分布している。特に我が国は化石燃料のうち石油はほとんど産出せず、ほぼ100%輸入に依存している状況である。一方、石炭は北海道から九州にまで広く産出している。石炭は固体であり、輸送が石油に比べて効率的に行えないが、我が国ではほとんどの地域で産出しており、この弱点をカバーできる。現在、我が国は石炭火力に対し「エネルギーの安定供給や変動が大きい再生可能エネルギーの調整力として一定の役割を果たす」と位置付けている。そのうえで非効率な石炭火力発電所については廃止を打ち出しているが、新たに横須賀市には東京電力と中部電力が共同出資する企業が65万キロワット2基の大型火力発電所を建設中であり、2023年から2024年の完成を目指している。このほか、現在建設中または計画中の石炭火力発電所は15基あるといわれている。伝統的に我が国は石炭火力への依存度が多く、1990年度には総発電量に占める石炭火力の割合は約10%程度であったが、2010年度には28%に上昇し、現在は30%を超えるまでに増えている。温暖化対策として諸外国、たとえばアイスランド、スイス、オーストリアなどはすでに石炭火力発電をやめており、ドイツは2038年までに、フランスは2022年までに石炭火力ゼロを目標にしている。さらには「ダイベストメント」という動きがある。これは世界の投資家らが石炭関連産業への投資を中止したり、さらには引き上げるという動きである。日本の銀行にもこの動きがある。したがって、人工光合成技術が完成すれば、我が国の持つ石炭火力発電は二酸化炭素の供給工場になる可能性もある。

4　おわりに

地上に太陽を、人工光合成ででんぷんなどの糖類の合成技術の確立を提言してきた。正直なところ、この道のりは極めて長いと思う。完成までには今後50年、または１００年以上かかると思う。しかし、次の世代のために世界各国が力を合わせ、この技術確立にまい進することを期待したい。最後に言い訳になるが、今回提案した２つの技術開発に対しては著者はまったく素人であり、記述にはいくつかの書物を参考とさせていただいた。また、これらの技術開発に携わっておられる方に、失礼な記述があればお詫びしたい。

第2節

地域空間のイノベーション

明治大学客員研究員　河合芳樹

コロナ禍は、それまでの社会のさまざまな課題を露わにするとともに、その解決に向けて、見送ったままになっていた課題や時には意見が分かれていた課題を集約させるきっかけになった。また、コロナ禍が長期化するとともに、新たな課題も生んでいる。

国土交通省（以下、「国交省」と記す）は、２０２０年４、5月の緊急事態宣言後に有識者にヒアリングを行い、その結果を「新型コロナ危機を契機としたまちづくりの方向性」として論点整理し、同年8月に公表した（注1）。その後もコロナ禍が収まる気配はなく、２０２１年1～3月には2回目の緊急事態宣言が発動され、さらに、東京都などは同年4月25日から3回目の緊急事態宣言がなされ、ワクチン接種が始まった3月以降も変異型拡散に翻弄される日々である。こうした先の見えない中ではあるが、国の方針やさまざまな団体等の提言や論稿を２０２０年8月の国交省の論点整理に重ね合わせて、以下では20年後の我が国の地域空間に思いを馳せてみたい。

1　国交省によるコロナ後のまちづくりにおける5つの論点

国交省は、2020年8月の公表資料で、コロナを契機としたまちづくりについて論点を5つに整理している。

《論点1》は「都市（オフィス等の機能や生活圏）の今後のあり方と新しい政策の方向性」として、テレワークの進展に伴う新しい職住空間にゆとりを感じさせる都市を目指す政策で、全体を通して1つの軸となる「居心地が良く歩きたくなるまちづくり」として「ウォーカブルなまちづくり」がキーワードになっている。これを実現するためには職住近接であることが望ましい。しかし、既存の街を前提とする限り、移動の摩擦は避けられず、密な街ほど《論点2》の「都市交通（ネットワーク）の今後のあり方と新しい政策の方向性」と結び付けて考えることが必要で、働く空間と生活空間との移動に伴う時間を含めたコストを少なくすることが求められる。これは、昔からの課題である。《論点3》では「オープンスペースの今後のあり方と新しい政策の方向性」として、緑とオープンスペースを整備し、柔軟かつ多様な活用を行うとしている。言い換えれば、地域空間の余裕が人の営みに憩いの場を提供する、ということになる。《論点4》の「データ・新技術等を活用したまちづくりの今後のあり方と新しい政策の方向性」については公表後に最も多くの方針、提言や提案が出された分野である。また、コロナ禍をはじめとして国家レベルの災害において「"レジリエンス"を軸としたデータ・新技術等を活用したまちづくり」（注2）と記している点については今後の具体策を注目していきたい。《論点5》は「複合災害への対応等を踏まえた事前防災まちづくりの新しい政策の方向性」として、密を回避した避難所と事前防災について記している。

これら5つの論点は、公表後、内容をより具体化し、現実的になってきたものも多い。今後も、形は変えても基本的な考え方は以上の5点に基づきながら地域空間が整備されていくものと考える。それら5点はそれぞれ独立したものではなく、相互に結び付いて展開されることによって、血が通う空間が生まれる。そこで、「ウォーカブルなまちづくり」の考え方を通して、望ましい街の規模とそのための施策について考えてみたい。

2 ウォーカブルなまちの規模

ウォーカブルなまちづくりの1つの手段が"空飛ぶクルマ"である。

コロナ禍以前の2018年6月15日の閣議決定「未来投資戦略2018」（注3）には"空飛ぶクルマ"の実現に向けて、官民挙げて取り組むことが記されている。"空飛ぶクルマ"は2025年大阪万博での活用が予定され、多くの企業が開発を競い合っている。国交省航空局が公表した「空の移動革命に向けたロードマップ」（注4）によれば、2020年代半ば以降に物流で事業化されて、地方での人の移動に使用され、2030年代には都市での人の移動手段として事業化が行われるとしている。迅速、かつ、円滑なMaaSに空中移動手段は欠くことができないであろう。話は古いが、1970年大阪万博では〝動く歩道〟がその役割を担い、今では、空港やさまざまなところで活用されている。空間における安全上の課題も多いが、空間移動の摩擦を軽減する手段として、人と物の動きをより立体的に考えていくことによってより大きな可能性が生まれる。全国的に再整備が必要な生活基盤についても新たな知恵が生まれ、朽ちるインフラ対策にもつながる。

他方、ウォーカブルなまちづくりを進める上で必要な条件は、都市の規模である。国土交通省都市局（2020）におけるキーワードは、「職住近接」、「働く場と居住の場の融合」、「国際競争力」、「ウォーカブルなまち」、「ゆとりある緑とオープンスペース」、「憩いの場」、「密の回避」、「事前防災」と「リアルタイムデータの活用」が挙げられる。こうした条件を備えられる都市を考えると、東京都内や大阪市内は大改造が求められる。〝空飛ぶクルマ〟にしても、安全性から、現在の東京都内や大阪市内などの大都市では制約が多い。

2021年4月に打ち出された温室ガス46％削減対策を進める上で、温室ガスゼロを実現する2050年に向けての地域空間を描いた内閣府の「地域脱炭素ロードマップ」（注5）は未来の地域空間の一例を示している。ただ、そうした空間を実現するためには、従来の規模の経済性を地域空間に持ち込んだ空間利用では困難で、適正規模についての目安が必要ではないか。

都市の最適規模を巡っては、地方財政、空間経済や都市計画に係る研究において多くの積上げがあるが、何を目途に仮説を立てるかによって結論は異なる。そうした中で、従来からの議論では、20万人から30万人規模を最適とする研究が多い（注6）。これに、国交省（2020）でのキーワードの中で、「国際競争力」、「ウォーカブルなまち」、「ゆとりある緑とオープンスペース」、「憩いの場」を加味すると、国内外の人と人の交流が多く、かつ、非日常と活気が同居する空間を有する規模としては20万人から50万人程度まで拡げることが望ましい。今回のコロナ禍での市町村行政の滞りは、人口が多すぎることから生じている場合が多く、規模の非効率性が顕在化したことも事実である。

2020年度末時点の市町村数は、東京23区を除いて1，718、そのうち792が市で、総人口20万人以上50万人未満の87市で全市の5％程度を占め、人口の25％弱がそこに籍を置いている。50万人以上の23市にも25％が籍を置いていることから、東京23区を除けば我が国の約半分の人口が20万以上都市に籍を置いていることになる。20万人以上、50万人未満の87市のいくつかを核として、周辺市町村と結ぶ地域空間が最適規模を生むと考える。

3　ウォーカブルなまちの空間利用

では、そうした新しく生まれ変わる都市において、「ゆとりある緑とオープンスペース」と「憩いの場」を確保できる利用密度はどの程度であろうか。厳密には、都市計画に基づいて行わなければならないが、現在の利用密度を前提に考察してみたい。

図は、2000年度から2018年度の市町村別の固定資産概要調書で、家屋のうち実際

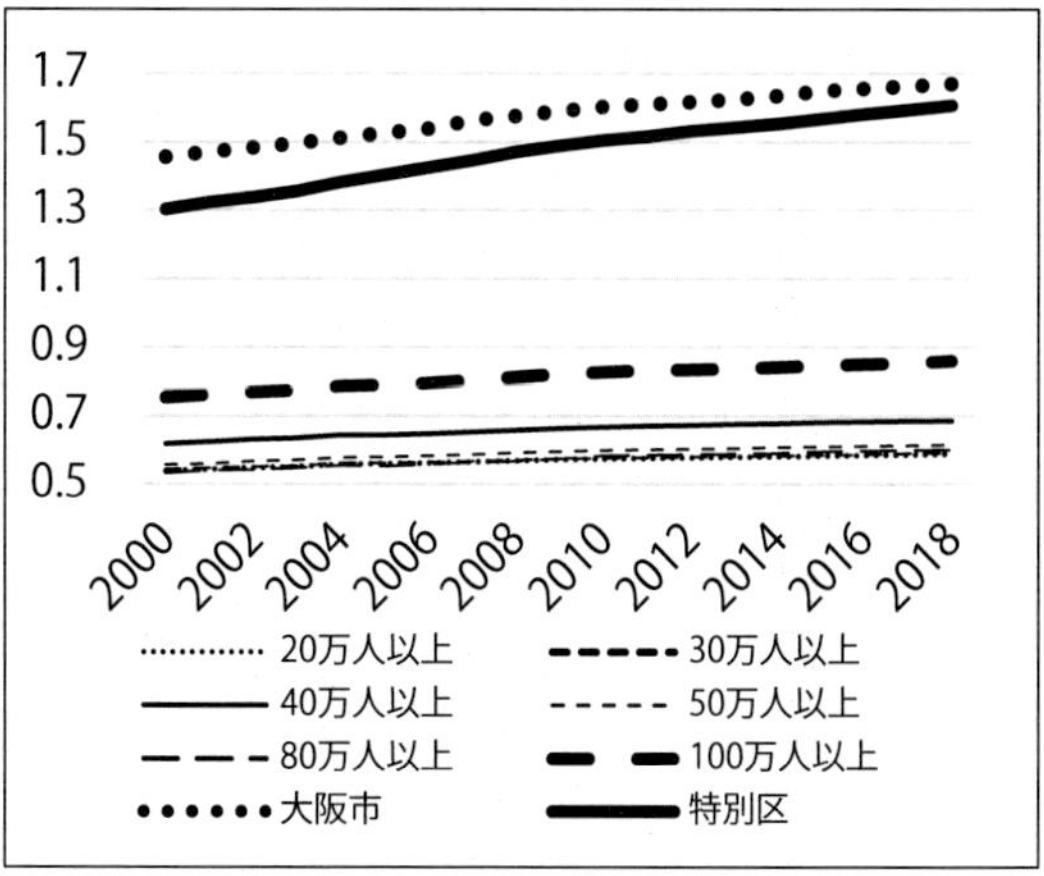

図1　人口20万人以上都市の実効容積率の推移

出所：総務省・固定資産税概要調書に基づいて計算。

に課税している床面積を分子として、土地のうち実際に課税している宅地面積で割った値、すなわち、実効容積率（概算）を人口区分別に表している（注7）。1以上ならば土地の面積以上に家屋が空間利用していることになる。図からは1以上は、特別区と大阪市だけで、大阪市の利用密度が高く、最近は、特別区での利用密度の伸びが他の市を上回っていることを示している。また、40万人以上50万人未満の都市が、50万人以上および80万人以上の都市よりも実効容積率は大きい。これは、政令市になるために周辺市町村を吸収合併し市域が拡大したが、利用率は伸びていない、さらには、合併後に人口が減少していることを示す。実効容積率は地域の利用密度の絶対的な指標ではなく、1つの目安ではあるが、現実の利用形態を考えると、人口100万人以上の都市においては、日常から密が生まれていることは容易にわかる。課税地での実効容積率で0・5から0・7程度を目安として、「ウォークカブル」で「ゆとりある緑とオープンスペース」と多目的の「憩いの場」を有する空間を設け、ZEB（ゼロ・エネルギー・ビル）の木造建物が増えれば、人に優しい空間が生まれる。

4 未来の地域空間

20年後の未来は、温室ガスを2030年に向けて46％削減し、2050年までにゼロにする温室ガス削減目標を実現していく過程にあり、その変化は今までをはるかに凌ぐものであろう。その概要は内閣府（2021）から知ることができる。同資料では、今後5年以内に100カ所以上の脱炭素地域をつくり、「多くの地域で、2050年を待たず脱炭素を達成／同時に、地域課題を解決した強靭で活力ある地域社会を実現」（注8）（傍点は筆者が記す）すると記されている。そこで注目されるのは、「地域課題を解決」という点である。

2014年5月、日本創成会議が公表した「ストップ少子化・地方元気戦略」は全国に衝撃を呼び起こした。その内容は、2040年までに全国1、800の市区町村（福島県は県内全市町村を1自治体として集計）について、20歳から39歳の女性人口が2010年比で50％以上減少する市町村896を「消滅可能性都市」とし、そのうち人口1万人以下となる523は消滅の可能性が高いとした（注9）。人口減少と少子高齢化の進展が早い地方では喫緊の課題であり、今まで有効な解決策が少ない。温室ガス削減対策が地域創成を推進することが期待される。2040年度時点で「消滅可能性都市」と予測した523のうち、2020年度末時点で総人口1万人未満の市町村はすでに400が該当している。

温室ガス削減対策では、地域の特性を活かした再生エネルギーを生み出していくことを基本とし、地理的範囲は、市町村区域全域を前提とせず、行政区、集落、施設群等の一定のまとまりを想定している。すなわち、地域の集約化により、自然保護と地域資源の循環利用による地域政策に基づいて、コンパクトシティ化を推進することである。コンパクトシティ化は、20年後、30年後を見据えて地域を構造的に変える土地利用、建物利用などハード面の変更が軸になる。コンパクトシティ化をより円滑にするためには、IoTを軸としたスマートシティ化の推進は欠かせない。それは、コンパクトシティは単なる集約化でなく、分散化も必要とし、その空間をつなぐ手段としてスマートシティ化によってもたらされる情報、物流とエネルギーが循環する空間が不可欠となるためである。したがって、スマートシティ化においてもIoTによる地域の拡散ではなく、核となる地域とそれを結ぶ交通や情報ネットワークを軸として推進する必要がある。その上で行政的な枠組みをいままでの市町村合併の仕組みだけでなく、新たなネットワークを軸とし、地方行政を地域空間から見直すことが求められよう。

【注】

（1）国土交通省都市局（2020）

（2）国土交通省都市局（2020）37頁。

（３）首相官邸（２０１８）
（４）国土交通省航空局（２０２０）
（５）内閣府（２０２１）
（６）最適人口規模の基本モデルは市町村の歳出額などを被説明変数とし、人口を説明変数とする２次関数の底を最適人口規模とする考え方がある。
（７）人口は２０１８年度末の住民基本台帳調による。なお、宅地面積と家屋の床面積は法定免税点以上を対象としている。
（８）内閣府（２０２１）２頁。
（９）日本創成会議（２０１４）

参考文献

国土交通省都市局（２０２０）「都市再生」www.mlit.go.jp/toshi/machi/covid-19.html（閲覧日：２０２１年4月8日）

首相官邸（２０１８）「政策会議」www.kantei.go.jp/jp/singi/keizaisaisei/kettei.html（閲覧日：２０２１年4月8日）

国土交通省航空局（２０２０）『空の移動革命に向けたロードマップ』www.mlit.go.jp/common/001266909.pdf（閲覧日：２０２１年4月8日）

内閣府（２０２１）『地域脱炭素ロードマップ～脱炭素で、強靭な活力ある地域社会の実現へ～【骨子案】国・地方脱炭素実現会議　令和３年４月20日』www.cas.go.jp/jp/seisaku/datsutanso/dai2/siryou2.pdf（閲覧日：２０２１年5月8日）

日本創成会議（２０１４）「『ストップ少子化・地方元気戦略』（要約版）―戦略の基本方針と主な施策―」www.policycouncil.jp/pdf/prop03/prop03.pdf（閲覧日：２０２１年４月25日）

第3節

持続可能な環境産業の成長の条件
～家電製品の技術進歩の考察から～

明治大学兼任講師　赤石秀之

1　持続可能な発展と環境産業の成長

とある会社のホームページなどを見た時に、社長や従業員の襟元にカラフルな円状のバッジが光るのを目にしたことがある人は多いかもしれない。それは、ＳＤＧｓバッジと呼ばれるものであり、国連が提唱する持続可能な開発目標を色鮮やかに映すものである。この持続可能な開発は、持続可能な発展または成長とも呼ばれ、資源枯渇、水質・大気・土壌汚染、そして地球温暖化といった環境問題や、貧困や開発を中心とした経済問題を1つの大きな問題として捉え直すことを人々に訴え、それを実践することを求めるものである。歴史的には、持続可能な発展は、環境と開発に関する世界委員会（ブルントラント委員会）の1987年の報告書において提唱された考えであり、それは「将来の人々の必要を満たす能力を損なうことなく、現在の人々の必要を満たすような発展」であると定義されている。

有史以来、人々が自分たちの生活に必要なものを満たすための技術進歩は欠かせないものであり、その恩恵を受けて現在を生きるわれわれの生活はより便利で快適なものになっていった。今までは、その豊かさの恩恵を受けることができたのは一部の人々に限られていたが、今後は地球に暮らすすべての人々が、その豊かさを受けることができるような技術進歩が求められているといえる。もちろん、今から20年後に、どれだけ多くの人々が豊かさを享受できているのかは誰にもわからないが、現在の技術がどのような状態にあり、それを今後はどのように考えれば良いのかを検討することは、将来を見通すための方法の1つとなるであろう。

ここでは、環境産業の1つとして分類される家電製品の生産・リサイクルに関する技術について取り上げる。環境産業とは、供給する製品・サービスが、環境保護および資源管理に、直接的または間接的に寄与し、持続可能な社会の実現に貢献する産業であり、環境省の『環境産業の市場規模・雇用規模等に関する報告書』による調査では、その市場規模は2018年に全体で約105兆円と過去最大を記録し、日本の全産業に占める割合は約10%となっている。

この環境産業は、環境汚染防止分野、地球温暖化対策分野、廃棄物処理・資源有効利用分野、そして自然環境保全分野に分類されるが、その中でも廃棄物処理・資源有効利用分野が最も市場規模が大きく、今後も環境産業の成長の牽引役となる可能性が高い。また、家電製品は、高度経済成長期には三種の神器（テレビ・冷蔵庫・洗濯機）として、現在でもパソコン・タブレット・スマホとして、長い期間にわたって人々の豊かさに貢献してきたといえる。そして、以前はただ埋立処分されていた使用済みの家電製品は、2001年以後は家電リサイクル法の下で、家電製品メーカーを中心として有害物質の除去や有用資源の再資源化が進められており、環境問題の解決に寄与してきたという事実がある。つまり、家電製品は単なる製造業ではなく、環境産業としても貢献する可能性を秘めているということがわかる。

以上のような背景から、家電製品の技術進歩を踏まえて、持続可能な発展を視野に入れた環境産業の成長に必要な条件を考察していくことにする。

2　家電製品の生産技術と処理技術の関係

家電製品に限らず、地球上の物質から製品を生産する技術には、生産技術と処理技術が必要である。あらゆる製品は、自然環境から採取された物質が生産技術によって作り変えられ、それは人々に便利さや快適さを与える。そして、人々が生活の中で使い終わり、もはや誰も使わなくなってしまえば、最終的には自然環境へと戻される。その際、自然環境の同化能力（＝物質を無害化し、元の自然環境へと取り込む力）を妨げないように製品を自然環境に戻す前には処理技術が必要となる。たとえば、製品内の有害物質を適正に処理しないまま自然環境に放置すれば川や海や土地を汚染してしまうし、そのまま焼却すれば有毒なガスが排出され大気を汚染してしまうからである。

このように見てくると、生産技術は自然環境から採取された物質を作り変えるためだけに用いられ、また処理技術は製品を自然環境へ適切な形で戻すためだけに用いられており、それらは互いに独立した技術であるように思われる。しかし、実際には、製品を自然環境に適切な形で戻すために必要となる処理技術は、その製品をどのように設計するかを決める生産技術に依存しているのである。通常、処理技術には、再び人々の便利さや快適さを与えるために、他の製品・部品に生まれ変わらせるための再資源化（リサイクル）技術が含まれている。つまり、使わなくなった製品から再び他の製品や部品に有用な資源を回収するための技術であり、これは結果的に自然環境へ戻す時の処理技術の一種としてみなされる。すると、製品を再資源化する段階で、その製品がどのような資源を用いてどのように設計されたのかはすでに決まっているのである。つまり、製品に必要な処理技術はその生産技術に依存しているのである。

この処理技術が生産技術に依存するという関係を踏まえると、生産技術には2種類の役割があることがわかる。1つは、人々の便利さや快適さをできる限り高めることを目的とした技術であり、もう1つは、自然環境に戻す際に必要な有害物質の除去や再生資源の回収の容易さをできる限り高めることを目的とした技術である。生産技術を持つ企業（一般的な製造業）が用いられる資金は限られているため、この2種類の生産技術の一方に多くの資金を振り分ければ、他方にはその分少ない資金を振り分けなければならなくなる。

もしその企業が人々の便利さや快適さをできる限り高めるための生産技術にのみ投資すれば、製品を自然環境に戻す際に必要な有害物質の除去や再生資源の回収は非常に困難となり、その除去や回収には非常に高い処理技術が必要となる。しかし、処理技術を持つ企業（環境産業）が必要となる処理技術に十分な投資ができなければ、製品からは有害物質を完全に除去できず、再生資源の回収も不十分となってしまう。それは、自然環境の同化能力を弱めて環境汚染のリスクを高めることにつながり、最終的には環境問題として人々に不利益を与えてしまうかもしれない。

逆に、もし企業が製品を自然環境に戻す際に必要な有害物質の除去や再生資源の回収の容易さをできる限り高めるための生産技術にのみ投資すれば、製品を自然環境に戻す際に必要な有害物質の除去や再生資源の回収は非常に簡単となり、必要な処理技術は低くても済むだろう。その場合、環境産業は処理技術に十分な投資ができなくても、環境汚染のリスクを十分に避けることができる。その代償として、便利さや快適さを人々に与えるための製品は提供できなくなる。それは、人々の豊かさを高めることにはつながらないため、人々に不利益を与えてしまうかもしれない。

もちろん、このような生産技術への極端な投資は現実的ではないが、大事なことはどちらかに偏りすぎても人々には不利益が生じてしまうということである。またこのことは裏を返せば、生産技術への投資の配分がどのように行われるかによって、製品の処理に関する技術進歩への影響が異なることも意味している。人々の便利さや快適さを高めることを優先した生産技術への投資は、要求される高い処理技術への投資を促すため、処理技術の進歩を早めるだろう。また自然環境に戻す際に必要な有害物質の除去や再生資源の回収の容易さを高めることを優先した生産技術への投資は、要求される低い処理技術への投資を促すため、処理技術の進歩を早めることはないだろう。

3 持続可能な発展に向けた20年後の環境産業の未来予想図

以上の考察から、製品の生産から処理までを総合的に捉えた上での投資が、これからの企業には必要となるということがわかる。現実には、家電リサイクル法の下で、家電製品の生産から処理までを家電製品メーカーが担っているため、このような総合的な投資が十分に可能な土台はすでに出来上がっている。後は、それぞれのメーカーがどれだけ持続可能な発展に向けた意識を持つのかが大事になってくる。他にも、自動車、パソコン、建築資材、食品などに対するリサイクル法は存在するが、現代の抱える持続可能な発展のための経済成長を促す側面は十分ではない。そのため、今後は、製品の生産から処理までを総合的に捉えた投資をいかにして促すことができるのかという観点から政策の運用が必要であろう。

最後に、環境省の同調査報告書によると、環境産業分野は20年後の2040年にはさらに市場規模を拡大すると予測されている。廃棄物処理・資源有効利用分野の成長は二番目に高く、その中でも、リフォーム・リペアーに関する業種が拡大すると言われている。このリフォームやリペアーは今ある製品をいかに長持ちさせていくかという視点であり、これは従来のように捨てられた製品をどのように再資源化・適正処理するかという意味の処理技術ではなく、処理される廃棄物の量自体を長期的に少なくするという意味の新しい処理技術である。さらに、この技術は自然環境の負荷をできる限り小さくしながら、人々の便利さや快適さを高めることを可能にする。これからの20年は、製品技術の多様性だけではなく、このような処理技術の多様性も十分に考慮した投資が必要であろう。

参考文献

環境省（2021）『環境産業の市場規模・雇用規模等に関する報告書』。

第４節

森林資源の利活用と〝アグロフォレストリー〟が流行する未来

明治大学兼任講師　土居拓務

１　環境への配慮・自然志向は今後も高まると予想

日本の未来を考えるにあたり、２０２１年の現状から3つほど切り出してみる。

1つは、持続可能な開発目標（ＳＤＧｓ：Sustainable Development Goals）という流行語である。今や17色の鮮やかなホイールロゴは日本人にとって常識的なマークになっている。このマークが何年先まで世間で取り沙汰されるかはわからないが、それが意味するサステナブルの概念は永く続くであろう。ＳＤＧｓ17の各課題を生物圏、社会、経済と階層化すると、生物圏から生み出される自然資本は他のゴールの土台となっており、自然環境の重要性を再認識させる役割を果たしている。

２つは、数年前から日本の森林資源が利用期を迎えていることである。戦後に植えた木々が太く大きく成長し、木材としてさまざまな用途に利用できる適期が現在である。森林資源が充実した影響からなのか、木育や環境教育などの取り組みはより一層の広がりを見せ、職業としての林業がにわかに注目されつつある。

3つは、環境への配慮と相まって社会全体が合成化合物ではない、自然由来や有機（オーガニック）を嗜好する方向にシフトしていることである。たとえば、EUではSDGsに関連して2030年を見据えた〝農場から食卓まで戦略〟（F2F：Farm to Fork Strategy）を策定し、全農地の25％以上を有機農業とする野心的な目標を掲げている。また、同じ戦略に化学農薬の使用量とリスクを50％削減することや、薬剤耐性菌（AMR）の問題から家畜や水産養殖業にかかる抗菌性物質の販売量を50％削減する目標も掲げられている。EUのこの戦略は、自然由来や有機を求める傾向をさらに加速させるであろう。また、消費者が有機農産物や有機薬品に惹かれる理由は主に安全・安心に起因するとされるが、日本においては有機農業のような〝有機〟と名の付く活動それ自体が魅力を帯び、農山村に人を引きつける要因になっているとも指摘されている。いずれにしろ、有機を求める傾向は今後も長く続くと予想されるのである。

2　森林資源がより身近になる未来

これら3つの社会変化を中心に据え、第一次産業のうち森林・林業に関心を寄せて20年後の日本を考えてみる。抽象的な結論を先に述べると、「2021年の現在と比較して、より多くの人々（特に農業や酪農業に従事する人々）が、森林資源をより身近に保有している」

と考察する。

人は森林を切り拓き、森林とは少し離れた領域に畑や牧草地を作ってきた。そのため、一般的な田舎の風景は人々の居住地側に田畑や牧草地があり、その奥に森林が広がっている。20年後の未来、この風景に少し変化が見られる。農業と林業の融合したアグロフォレストリーが流行し、農家や酪農家が自身の田畑の周囲に植林し、4、5メートルの細長い森林が畑や牧草地の周りを囲うように成立する。ドングリを餌に育ったイベリコ豚が特に高値で取引されている例に限らず、農家や酪農家にとって、森林を保有することはさまざまなメリットにつながることに世間が気付くからである（後述）。

ところで、誰しもこんな経験をしたことはないだろうか。周囲が木々に囲まれ、外から見たらただの森林であるが、その内部をのぞき込んでみると広い空間があって驚いた。内に入るとまるで別世界、静寂に包まれ、心地よい風が優しく渦巻いていた。森林には空気を綺麗にするほか、防音、暴風、防霧など、空間を快適に保つ機能が多く備わっている。つまり、森林は雑多な日常を離れ、非日常的な快適空間を演出する機能を併せ持っている。このような空間を創出したいと考える人々が増えるのも時間の問題ではないだろうか。

近年、森林ワーケーションが一部で人気を集めている。コロナ禍により人の密集する場所が避けられ、広々としたアウトドア観光に目が向けられている。コロナウイルス感染症が拡大する懸念から都道府県をまたぐ移動は制限され、これまで観光地と認識されてこなかった地域のありふれた風景にも観光資源としての焦点が当たり始めている。観光にアウトドアが嗜好される傾向は今後も高まり、日本にとって身近な観光資源である森林はより人気を高めるであろう。そこで、観光資源として本格的に森林の利活用を推進したならば、森林は日本人にとってより一層身近な存在になる。

農家や畜産家が先陣を切って森林・林業との関係性を深めると予想する2つの理由がある。1つは、森林空間づくりの設計に先陣を切って励めるのは、元から森林を保有していることや、農地や牧草地などの自然由来の広大な土地を保有していることが条件に含まれるからである。もう1つの理由は、樹木由来成分は特に有機農業や有機畜産と相性が良く、近い将来、その認識が広まっていくと予想しているからである。

たとえば、森林から発生するさまざまな資源は、焼畑農業のように焼いて肥料にすることもできるし、炭を作る際に生成される木酢液は害虫や野良猫除けになる。これだけでも森林が農業にとって有用である可能性が窺われよう。しかし、森林の利活用の方法にはまだまだ潜在性がある。肥料にしても木酢液にしても、一括りに植物を原料としているだけであって、植物ごとにその有用性（効能）が研究されてきた訳ではない。単純に考えても、植物ごとに保有している成分は異なり、それによって最有効利活用の方法も異なるはずである。

一般に林業先進国ほど樹木から生み出される資源を無駄なく利活用する傾向があるという。樹木を無駄なく利活用する技術が確立すれば、樹木の経済価値も高まり、林業振興につながるのであろう。多くの人が環境や森林資源に目を向けた結果、森林資源における枝葉や樹皮など、これまで利活用されてこなかった再生可能な森林資源にも目が向く。そして、そ

図１　森林作業（枝打ち）による枝葉獲得と樹木成分抽出のフロー

れらをどのように有効活用するのかが数年後の日本における課題の１つとなると予想している。

３　森林資源の特性を活かした利活用の事例

枝葉や樹皮の利活用について、北海道で多く植えられているアカエゾマツ（Picea glehnii）という樹木を例に挙げる。アカエゾマツは、成長すれば楽器用の木材などに活用されるものの成長するまではほとんど需要がない。しかし、樹木の生育を促したり、良好な森林環境を保全するためには、間伐などの作業が欠かせず、それらを実施させるだけの需要は不可欠である。この樹木の需要創出を目的に活動する一般社団法人パイングレースは、木材としてだけでなく、医療、獣医療、酪農業、畜産業などを含めた、あらゆる側面からの利活用方法を追求している。その結果、この樹木は木材の利用適期を迎えるまでの間は、樹木成分を抽出し、それを農業や畜産業（獣医療）に活用する方が需要創出につなげられる可能性が高いと結論している。図１は森林作業（枝打ち）により得た枝葉から成分を抽出

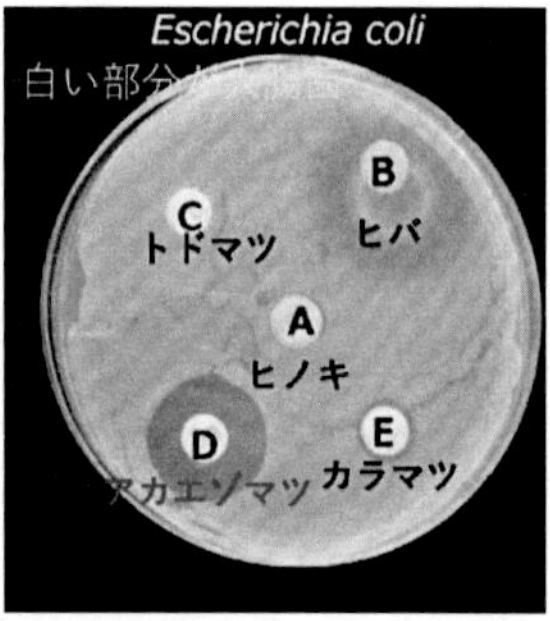

図2　大腸菌に対する阻止円

(注)醍醐(2017)より写真引用。

するフローであり、このように抽出された成分には人や動物をリラックスさせる効果がある。さらに図2はアカエゾマツの樹木成分が他のそれと比較して大腸菌(E.coli)に対して高い抗菌活性を示した写真である。近年、何十年も無価値とされ、需要創出が課題とされていた成長途中のアカエゾマツに、需要の可能性が見出されている。

　植物が人をリラックスさせる芳香を放つことや、フイトンチッド(phytoncide)と呼ばれる抗菌作用を持つことは古くから知られている。また、実際に化粧品や医薬品の基になった樹木成分も存在する。しかし、それらは無数に存在する植物のうち、偶然に研究者の目に止まったほんの一握りに過ぎない。一般社団法人パイングレース理事長は「植物はその種類や自生する地域ごとに個性を持っている。そして、生育している地域や気候に適合するための優れた機能を内部に備えている」と説明する(注1)。森林は植物の宝庫であり、その1つ1つが内部に有益な機能(個性)を有している。それをいかに効率的に外部に引き出し有効活用するかが近い将来の課題であり、20年後の未来で実現しているであろう。

　先に20年後の未来では、先陣を切って農家や畜産家が木を植えると説明した。それは一般社団法人パイングレースが企画する研究会や意見交換の場において、農家、酪農家ほど植物由来成分の利活用に積極的な傾向が見てとれるからである。進んで研究や活動に協力したり、盛んに情報交換する姿勢から、農家や酪農家ほどこの分野に強い関心を持っている印象を受ける。

ＳＤＧｓの流行や有機を嗜好する傾向は、樹木由来成分の利活用への関心にますますの拍車をかけるであろう。そして、やがては１人１人が自身の土地に木を植え、小さな森林をつくり、そこから樹木成分を抽出するようになると考えている。

4　おわりに

20年後の未来について突拍子もない予想をしたと自負している。筆者の感じている社会変化、そして、個人的な関心や経験を結びつけ、そこから直感的に思い浮かぶ未来を描いた。ＳＤＧｓの流行、森林資源の利用期到来、そして、有機を嗜好する潮流は、紆余曲折を経て、農家、酪農家に森林育成を促すことになろう。根拠を示せと言われると答えに窮するものの、ここで描いた未来に幾分かの実現可能性を感じている。

【注】

（1）一般社団法人パイングレース主催の第5回アカエゾマツサミット（２０１７年8月20日、北海道川上郡標茶町）における横田博理事長の閉会挨拶より引用した。

参考資料

土居拓務・本田知之・安井由美子・前田尚之・酒巻美子・萩原寛暢・横田　博（２０２０）「木育活動およびアカエゾマツ精油芳香曝露による唾液中ストレスホルモン（コルチゾール）の低減」『AROMA RESEARCH』No.84（Vol.21/No.4 2020）、28－34頁。

醍醐由香里・垣本　愛・友善良兼・土居拓務（２０１７）「アカエゾマツ精油によるストレス軽減と抗菌作用」『平成28年度北の国・森林づくり技術交流発表集』、31－33頁。

European Commission (2020). Farm to Fork Strategy For a fair, healthy and environmentally-friendly food system. https://ec.europa.eu/（閲覧日：２０２１年4月15日）

一般社団法人 Pine Grace ホームページ　https://pinegrace2017.wixsite.com/akaezo（閲覧日：２０２１年4月15日）

Stockholm Resilience Centre, SUSTAINABLE DEVELOPMENT GOALS How food connects all the SDGs, https://www.stockholmresilience.org/（閲覧日：２０２１年4月15日）

第5節

街をきれいにしてエネルギーを生み出す、清掃工場の技術進歩

青山学院大学准教授　南部和香

1　はじめに

みなさんは清掃工場に行ったことがあるだろうか。巨大なクレーンが大量のごみをわしづかみにして撹拌しているところは、大人がみてもワクワクする光景だ。小学生は4年生になると、総合的な学習として環境問題について学ぶ機会がある。ごみ問題を扱うケースが多く、清掃工場を見学し、分別や3Rとは何か、どうしてそれらが大事なのかを学んでいく。子どもたちは自治体や清掃工場の役割を学ぶとともに、環境をより良くするために自分たちに何ができるかを見つける課題に取り組む。さて、大人はどうだろうか。はたしてごみの行方を考えたり、清掃工場の役割を考えたりすることはあるだろうか？　ごみは不要なもの。分別して決まった日に出して終わり。清掃工場はごみを燃やして、なかったことにしてくれる施設でしょ。そんなふうに捉えると、マイナスをゼロにするためだけの建物に思えてしまうかもしれない。だが、清掃工場の役割はそれだけではない。清掃工場の近くにある温水プールや植物園などに訪れたことがある方は実感があるのではないだろうか。清掃工場は街を

きれいにしながらエネルギーを生み出す多機能な施設なのである。

2　清掃工場の歴史と技術

ほんの少しだけ清掃工場の歴史にふれながら、現在のごみ焼却の技術を概観してみよう。『ごみの百年史』によると、日本でごみ専用の炉でごみ焼却が始まったのは、今から約125年前のことである（注1）。日本で最初のごみ焼却場は、1897年に福井県敦賀町にできた。その当時は、ごみの投入から焼却灰の搬出までの一連の作業を人が行う固定バッチ式だったので、大変な重労働であったことが窺える。今ではほとんどのごみが24時間連続で焼却する全連続式焼却施設で処理されているし、またほとんどの作業は自動化されている。

2019年度のデータをみると、全連続式施設数の割合は全施設数の約64％だが、処理量は全処理量の約91％を占めている。一定時間連続運転する准連続式を加えると、その処理量は97％になる（注2）。いつ頃から全連続式焼却施設ができてきたのかというと1960年代に入ってからなので、戦後の経済復興とともに大規模なごみ処理に対応可能な施設が増えていったことがわかる。

清掃工場は、ごみを燃やすだけの迷惑施設と思われがちだが、本当の姿は技術の粋を集めたハイテク施設である。そもそも私たちが出すごみはいろいろなモノが混ざっていて、分別も完璧ではない。食べ残しなどの生ごみ、封を切っていない食品、紙類、家庭で使ったラップ、いらなくなったボールペン、使用済みオムツなどその内訳はさまざまである。性質が異なるものがどれだけ混ざっているかもわからないのに、清掃工場ではそんな複雑な組成のごみを均質化し安定して焼却してくれる。また、焼却にともなって発生するばいじん、ダイオキシン類、塩化水素、窒素酸化物、硫黄酸化物や、水銀などの大気への排出は法律で規制されている。焼却施設ごとに自主規制値を設定して厳しく規制することが多く、清掃工場は常に適正処理に応える対策をとっている。東京二十三区清掃一部事業組合の資料によると、同組合の清掃工場の一般的な排ガス処理設備には、減温塔（ダイオキシン類の再結合の防止）、ろ過集じん器（ばいじん、硫黄酸化物、塩化水素、水銀、ダイオキシン類の除去）、洗煙設備（硫黄酸化物、塩化水素、水銀の除去）、触媒反応塔（窒素酸化物の無害化）があり、これら多くのステップを経てやっと排ガスは煙突から大気中に放出される（注3）。もしこれらの工程を経ずにただ燃やすだけだとしたら、悪臭や大気汚染が深刻な環境問題や健康被害を引き起こすことになる。日頃の生活の中で清掃工場が注目されないのは適正処理ができている証左であり、高い公害防止技術のおかげというわけである。

さらに、情報技術も高度に活用されている。炉内の温度、窒素酸化物や塩化水素、水銀など排ガス中に含まれる物質の排出水準は複数箇所でリアルタイムに計測され管理されているし、夜間のごみクレーンは自動運転されている。情報技術を活用した遠隔操作やAIを使った解析も研究され実装されている。20年後の未来も私たちは変わらずごみを出し続けるだろうけれど、清掃工場は確実に今よりもっとハイテクでかっこいい存在になっているはずだ。

3　ごみ発電の現状

私たちが生活していれば必ずごみは出てくる。そのごみをうまく活用してエネルギーを生み出すのがごみ発電だ。ごみ焼却による余熱利用は昔から行われており、たとえば１９５８年には東京の第五清掃工場で余熱を利用した温水給湯サービスが行われていたという（注４）。そして、日本で最初の実用ごみ発電は、１９６５年竣工の大阪市西淀工場でターボ発電機２，７００ｋＷ×２基だった（注５）。しかしその後は、１９７５年頃になっても廃熱ボイラーを持つ焼却施設は全体のうち２％弱で、発電を行っている施設はさらにその半分であり、ごみ発電は伸びなかったという。ところが、オイルショックの影響から電力会社もエネルギー源の多様化が必要となったことで電力の逆送が増えていき、東京都も１９７６年から売電を行うようになった。同年に竣工した葛飾清掃工場が売電を前提とした工場として建設されたことも、こうした社会情勢の変化を反映している。

現在のごみ発電の状況はどうだろうか。環境省のデータによると、２０１９年度のごみ処理施設数は１，０６７で、余熱利用をしている施設は７４０、そのうち発電を行っている施設数は３８４である（注６）。年間の総発電量は９，９８１ＧＷｈであり、１世帯当たりの年間電気消費量は４，０４７ｋｗｈであるので、およそ２４６万世帯のエネルギーが生み出されていることになる（注７）。図１は、２０００年度から２０１９年度までの発電施設

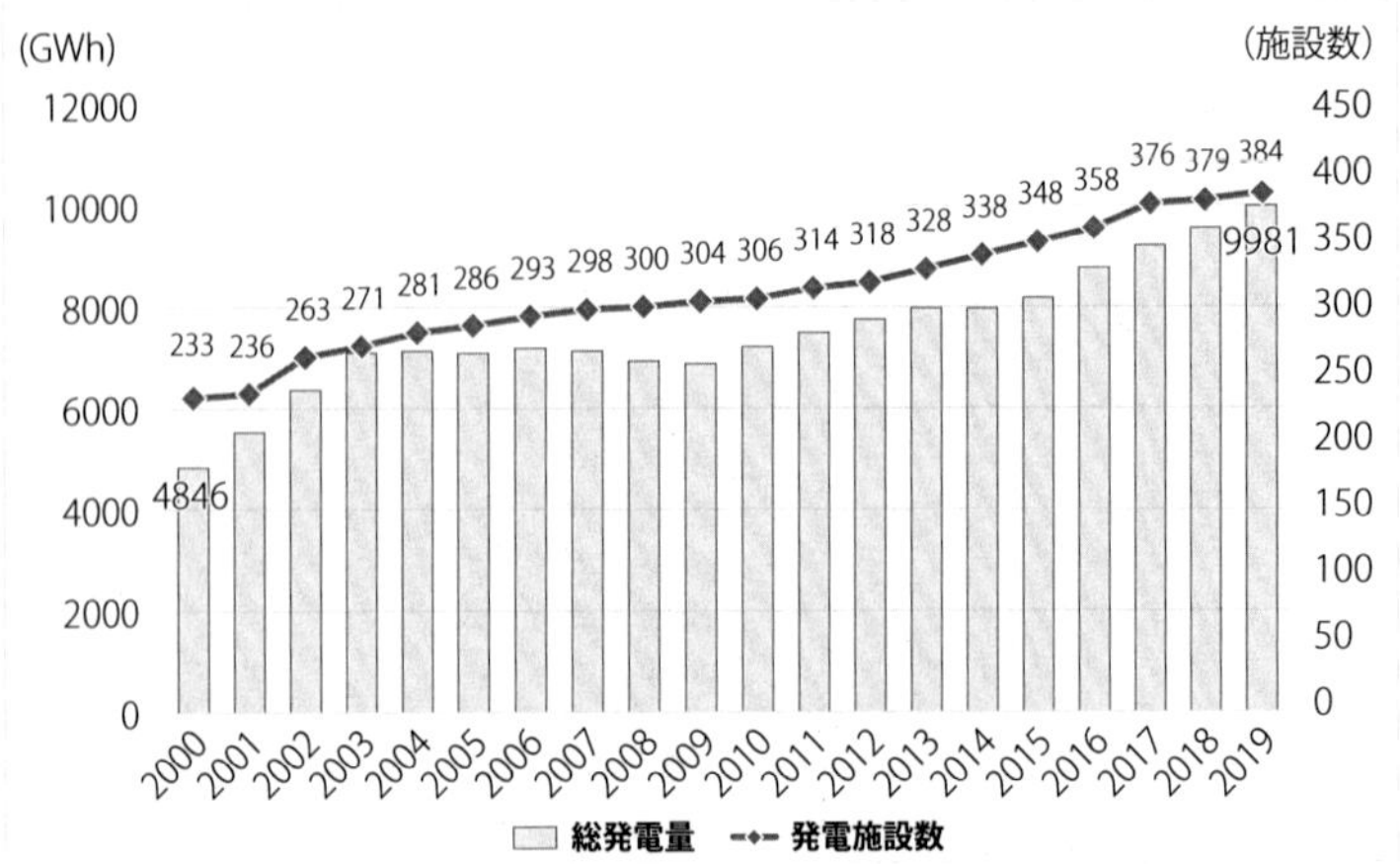

図１　発電施設数と総発電量の推移

出所：環境省「一般廃棄物処理事業実態調査の結果」を元に作成。

数と総発電量の推移である。ともに増加傾向を示しており、もしこのままの傾向が続くならば、20年後には施設数は５００を優に超え、総発電量は２０１９年度と比べて約1・3倍になるだろう。焼却炉の耐用年数は25年から30年なので、順調に建て替えや設備の更新を行うことで、発電施設数も総発電量も伸びていくだろう。一方で、近年は焼却炉の点検補修と延命化の工事による長寿命化によって耐用年数を40年まで伸ばす計画もあり、発電施設数や総発電量がこのような取り組みによってどの程度影響を受けるのかは注視していく必要がある。いずれにしても、図1から明らかなように、この20年でごみ発電は着実に増加し、清掃工場はごみの焼却と同時にエネルギーを生み出す施設という役割を担うようになっている。

4　ごみ発電も再生可能エネルギーの1つ

ごみ発電では、ごみを焼却したときに発生する熱を使ってボイラで蒸気を発生させ、タービンを回して発電している。ごみ発電の主な原材料は、私たちが排出しているごみである。ごみの中には生ごみや紙ごみ、剪定くずなどの動植物の生物資源（バイオマス）由来のものも含まれている。バイオマスを燃やすことによって発生する二酸化炭素は、大気中の二酸化炭素量を増加させない（カーボンニュートラル）と考えられるので、焼却するごみのうちバイオマス由来のものからは追加的な温室効果ガスは生じないとされている。そして、ごみ発電のうちバイオマス由来の発電分は、２０１２年から実施されている再生可能エネルギーの固定価格買取制度（ＦＩＴ制度（注8））の対象となっている。つまり、ごみ発電も再生可能エネルギーの１つと考えられるのである。ただし、エネルギーになるからといって、自由にごみを排出し燃やしさえすればよいと考えることはできない。なぜなら、ごみの中には廃プラスチック類が含まれており、また重油などの助燃剤を使用する場合には、ごみ焼却により二酸化炭素が発生するからである。そもそも循環型社会形成推進基本法は、廃棄物の処理の優先順位を発生抑制、再使用、再生利用、熱回収、適正処分と定めている。したがって安易に焼却を推奨することはできない。しかしながら、再使用や再生利用が困難なごみがあることも確かであり、それらを適正に焼却し、そのエネルギーを有効活用することには合理性があることもわかるだろう。

脱炭素の世界的潮流の中で、再生可能エネルギーの重要性はますます高まっている。ごみ発電は、もともとごみの焼却というサービスを提供する過程で副次的に得られるエネルギーである。ごみを投入してごみ焼却サービスとエネルギーの2つを生み出すという意味では、経済学でいうところの結合生産と呼ばれる生産過程を表している。私たちが生活する限り発生するごみを原材料にエネルギーを生み出すことができるという意味では、ごみ発電は化石燃料の使用を抑え、限りある資源を有効に活用したエネルギー供給源であると考えることができる。また、天候に左右されることなくエネルギーを生み出すことができ、かつエネルギーの地産地消に貢献することができるのも、ごみ発電の利点である。この先の20年、人々の環境意識の高まりと人口の減少にともなって、ごみの排出は減っていくかもしれない。それでも排出されるごみについては、適正に焼却し減量化していくことが求められるだろう。ごみ処理の広域化や収集の効率化を図りながら、焼却せざるをえないものについては適正処理し、同時に発生するエネルギーを余すことなく活用することが、環境保全の観点からみても望ましいと考えられる。

5　清掃工場のこれから

清掃工場といえば焼却技術や発電技術に注目しがちだが、最近目を見張る特徴は、そのデザインの美しさである。景観に配慮し、街に調和した柔らかい色調でデザインされていることが多い。たとえば、東京都武蔵野市の武蔵野クリーンセンターは、2017年度にグッドデザイン賞を受賞している（注9）。Good Design Award に掲載された光が差し込む施設内の写真は、まるで美術館のように美しい（注10）。多くの人が思い描くであろう清掃工場のイメージと異なるとても素敵なデザインだ。また、現在建設中の東京都町田市の清掃工場の外観も開放的で未来的なデザインが印象的である（注11）。デザイン選定のコメントの中に「次世代の子供たちに喜ばれると思われる」とあるように、世代を超えて共生していく施設のあり方がデザインに表れているのだ（注12）。街に溶け込む美しいデザインや地域に開かれた空間は、人々が持つごみや清掃工場へのイメージを変え、ごみ処理行政への理解につながっていくだろう。こうした意味では、清掃工場の美しいデザインは人々に自発的な行動変容を促すナッジのような役割を果たすのではないだろうか。清掃工場のデザインは、単に迷惑施設というイメージからの脱却だけでなく、自治体と地域住民をつなぎ、清掃事業に対する地域住民の理解と協力を促進する上で今後ますます欠かせない要素になるだろう。

さて、みなさんの清掃工場への印象は少し変わってきただろうか。清掃工場は、さまざまな環境技術をもとに、私たちの生活環境を衛生的なものにすると同時にエネルギーを生み出し、その恩恵を地域環境に還元している。それだけでなく、ときには環境教育や災害時のエネルギー供給拠点など、社会にとって学びと安心を与える重要な役割も担っている。この先の20年間に新設される清掃工場はどのようなものになるのだろうか。今よりさらに洗練された技術とデザインで、もっと地域に開かれた身近な存在になるのではないだろうか。高い公害防止技術や情報技術は安心と安全操業をもたらし、高効率発電によって清掃工場は地域の重要なエネルギー供給拠点になるだろう。それでいて、よもや隣でごみを燃やしているとは感じさせないさりげなさで街に溶け込み、地域の人々の生活を潤す素敵な空間を提供してくれるに違いない。私の街の清掃工場がそんなふうに変わっていく未来がとても楽しみだ。

【注】

（1）溝口　茂（１９８８）『ごみの百年史─処理技術の移り変わり─』學藝書林。

（2）環境省（２０２１）『一般廃棄物処理事業実態調査の結果（令和元年度）について』http://www.env.go.jp/recycle/waste_tech/ippan/r1/data/disposal.pdf（閲覧日：２０２１年5月30日）

（3）東京二十三区清掃一部事務組合（２０１９）『清掃工場の安定操業に向けた環境対策について』https://www.union.tokyo23-seisou.lg.jp/kikaku/kikaku/iken/ikenkokan/documents/gijutukasetumei.pdf　２０１７年に竣工した杉並清掃工場では減温塔を取りやめ、排ガスの低温域まで熱回収できる低温エコノマイザを設置している。技術の進歩により、高温でより安定した燃焼が行えるようになり、排ガスの温度の変化が安定したことによってより熱回収量の多い技術が採用されている（https://www.union.tokyo23-seisou.lg.jp/kikaku/kikaku/iken/ikenkokan/documents/27_2_setumei.pdf）（閲覧日：２０２１年5月30日）。

（4）東京二十三区清掃一部事務組合（２０１６）『清掃工場の今昔～第４回練馬清掃工場（前編）』https://www.union.tokyo23-seisou.lg.jp/pickup/20160712.html（閲覧日：２０２１年5月30日）

（5）注１と同様（３９５頁）。

（6）注２と同様。

（7）環境省（２０２１）『平成31年度（令和元年度）家庭部門のCO_2排出実態統計調査』図１－66、37頁。http://www.env.go.jp/earth/chosa1903-2.pdf（閲覧日：２０２１年5月30日）
（8）『電気事業者による再生可能エネルギー電気の調達に関する特別措置法』（２０１１年成立）
（9）武蔵野クリーンセンター　ＨＰ　http://mues-ebara.com（閲覧日：２０２１年5月30日）
（10）Good Design Award ２０１７年度グッドデザイン賞「ごみ処理施設（武蔵野クリーンセンター）」https://www.g-mark.org/award/describe/45772（閲覧日：２０２１年5月30日）
（11）町田市熱回収施設等（仮称）の外観デザインについて　https://www.city.machida.tokyo.jp/kurashi/kankyo/gomi/shiryo/newshisetu/netsukaishutadao/gaikan.html（閲覧日：２０２１年5月30日）
（12）外観デザイン選定経過資料　https://www.city.machida.tokyo.jp/kurashi/kankyo/gomi/shiryo/newshisetu/netsukaishutadao/gaikan.files/design_keika.pdf（閲覧日：２０２１年5月30日）

第6節

20年後のトイレの未来予想図
～世界の食料・水・環境問題に貢献するトイレ～

中央大学客員教授　中川直子

外見の機能だけなら、現在の日本のトイレ製品は世界一だ。中国のブログでも〝中国は日本のトイレを学ぶべきだ〟と声が上がっているし、ハリウッドスターも来日すると日本製トイレの性能の良さに驚き、即、購入して帰国すると評判だ。ニューヨーク、ロンドン、パリ、ローマ等と比較しても、東京のトイレ事情に勝る都市は現在どこにもないだろう。現在、世界のセレブたちが驚嘆し買い求める日本製高級トイレは、豪奢な個室に入れば自動で電気がつき、便器のフタが自動で開き、座れば自動で水が流れ、ボタンを押せばシャワーが洗い、温風がそれを乾かし、音楽が流れて排泄の音を消し、匂いを消す装置があり、血圧や血糖値など健康数値も測ってくれる。また、これからますます電子機器に囲まれる生活が日常化し、「デジタルデトックス」の需要が高まるだろう。照明や空調、音楽など複数の技術を組み合わせて心地よい空間を生み出し、心や脳をスッキリさせる瞑想「フルマインドネス」もできるトイレも今後現れることだろう。

しかし、これらの快適で便利な技術は、現在、人類に求められている持続可能な社会の実現には本質的なところで不十分だ。一部の富裕層にとって極めて快適、便利というだけでは地球問題の解決にはならない。

1 現在の水循環システムの問題点

世界の人口は、20年後の２０４1年には約90億人になると言われている。食糧、水、環境の諸問題に取り組まない限り、未来はない。排泄物をどう処理するか。現在、先進国では下水道システムを完備することで、人々は衛生的な生活を保っている。日本でも明治時代に初めて下水道が作られてから今日に至っている。たしかに私たちの生活はこのシステムにより快適にはなったが、このシステムは屎尿、厨房や風呂などの雑排水、自然由来の排水、工業排水などの汚水を水で薄めて下水管に集めて水環境中に流してしまうシステムだ。水洗トイレにより、飲料可能な水も大量に消費されている。もちろん、下水道システムで排泄物に含まれる病原菌を殺菌し処理をしているのだが、完全にはきれいにならないし、下水場を通らずに直接放流される下水もあるので、養殖されているカキの中に消毒耐性の強いノロウイルスなどの病原菌が入り、生ガキを食べるとひどい下痢をしたりする。また、もともと人間の屎尿は、作物が育つのに必要な栄養分のかたまりだ。窒素・リン・カリウムを豊富に含んでいる。しかしこれを水環境中に排出しているので、河川や海や湖沼では、赤潮やアオコ、つまり富栄養化という栄養がありすぎる現象が起きて、プランクトンが大量発生し、水中の酸素がなくなり、魚や養殖されているカキなどが酸素不足から死んでしまったりしている。このように、今の水循環システムでは、河川や湖沼、海では栄養がありすぎてプランクトンが大量発生してしまうという問題が起きている。また、前述したように、トイレの節水化は進んではいるものの、水洗トイレにより、飲用可能な水を屎尿の輸送に使っているのももったいない。水資源も世界中の人口増加が進むにつれ、日本は島国でまだ水には恵まれている方だが、世界中のいろいろな国ではすでに奪い合いになっているのだ。一方、農業地域では栄養分が足りなくて、化学肥料を使って作物を栽培しているのが現状だ。化学肥料だけではやがて土壌はやせ細り、いろいろな問題を引き起こす。作物が育つには窒素・リン・カリウムという栄養分が必要だが、リンなどは全然足りないので、日本はアメリカ、中国四川省、モロッコからリン鉱石を輸入していた。リンはもともと海鳥のフンである。しかし、アメリカも自国の資源確保のために1999年にリン鉱石の輸出をストップしてしまった。中国四川省は大地震が起こってだめになった。そうなるとモロッコからしかリン鉱石を輸入できず、日本は将来的にリンが枯渇化してしまうことになる。しかし、前述したように、もともと人間の屎尿は、作物が育つのに必要な栄養分のかたまりだ。窒素・リン・カリウムを豊富に含んでいる。そこで21世紀の日本の下水道処理施設は、間違いなくリン資源再生センターになると言われているくらいだ。

このように、従来の水循環システムは水消費の増大や河川・湖沼の富栄養化、一方、農業地域ではリンやカリウムが枯渇するなど多くの問題を抱えている。これらの問題を解決す

写真1　コンポスト型トイレ

写真2　屎尿分離型トイレ

るにはトイレの改革が必要だ。なるべく少ない水で、できることなら循環させて、栄養分が土壌にも循環され、人類の歴史が証明してきたように、排泄物が土壌を肥やす肥料として活用できるトイレ―こうした現代社会に課せられた、水と食料と環境問題を解決するためのトイレシステムが求められている。

2　排泄物を資源化する循環システムの提案

そこで、これからのトイレには、水をなるべく使わず、私たちの排泄物を瞬時に肥料化できるトイレを考えなければならない。まずなるべく水は使わない。そして尿と大便は分離する。尿は液体なので薄めればそのまま液体肥料にできる。また、大便の方は、フリーズドライ技術を使って、殺菌、乾燥化し固形肥料を作る。これら殺菌や乾燥のための装置の動力となるエネルギーは、大便をメタン発酵させてエネルギーをつくればいい。現在でもバイオマス発電といって、メタン菌を使い、家畜の排出物をメタン発酵させ、エネルギーを作っている。現在でも、水を使わないコンポスト型トイレ（写真1）や、屎尿分離型トイレ（写真2）はあるのでもう一息だ。尿を液体肥料化する時や、大便を殺菌、乾燥化して固形肥料化する時に臭いが発生しないようにする技術開発が必要だ。そして自分の屎尿からできた肥料を集められるような収集ステーションが近くにできるといい。もちろん、できた肥料を使えるような家庭菜園や庭がある人は幸運だ。やる気と時間があれば、自分の屎尿から作った肥料で作物を育てて、自給自足ができる。しかし肥料を使う場所がない人にとっては収集ステーションが必要だ。集めておいて、それを必要な人や業者が自由に持っていけるシステムがあるといい。もともと日本も江戸時代は循環型社会だった。お米の副産物のワラで、ムシロやワラジなど日用品をつくり、残ったものは肥料にしていた。人間の屎尿は、有機肥料として重宝され、農家がお金を払って回収し、下肥問屋や専門の商社、小売店まであったといわれている。19世紀のはじめ、パリの人口が60万人、ロンドンの人口が90万人という時代に日本の江戸は１２０万人という巨大都市だった。このように多くの人口を抱えることができたのも、必要なものを必要なだけしか使わず、残り物もほとんどない高度な循環型社会を形成していたからだといわれている。このように、もともと日本はいい循環型社会の文化を持っていたのだから、江戸時代の循環型社会を現代の技術で衛生的に問題のないような形で復活できればいいのだ。この江戸時代に形成されていた循環型社会の名残で、日本には今でも屎尿処理施設がある。下水道システムが完備された昨今でも、地方に行くと、屎尿処理施設があり、そこでは家畜糞尿を集めて肥料を作っている。そこでは家畜糞尿からできた肥料を近くの農家が無料でもらえるようになっている。このような肥料収集ステーションが各地にできるといい。近年、天ぷらなどにつかった植物油（サラダオイル）を遠心分離機などでろ過してディーゼル発電機を動かし、エネルギーを作る試みがなされている。1ℓの廃油から家庭の1日の電力が賄えるという。課題は、どのように各家庭から廃油を集めるかで、スーパーなど廃油収集場所があちこちにできているという。このような取り組みとタイアップして各家庭から持ち込める肥料の収集場所ができればいい。将来的にはコンビニが廃油や肥料の収集場所となり、エネルギーや肥料の地産地消が進み、循環型社会が形成されていくかもしれない。これには私たち1人1人の地球環境への想いと理解と協力が不可欠だ。また、私たちが屎尿を汚いものとか廃棄物ととらえるのではなく、食料と水と環境の問題を解決できる貴重な資源だと考えることが重要だと思う。

3　環境問題と食糧問題を一気に解決できるトイレ改革

このようなシステムを作れば、私たちの屎尿は水環境中に排出せずに大地に還元でき、食料と水と環境問題に貢献できる。人間は食べては排出することを繰り返している。いわば、屎尿は絶え間なく生み出される莫大な資源だ。人間の屎尿は肥沃な土壌をつくる有機肥料となり、ミネラル豊富な作物を育てることができる。砂漠など不毛の地に撒けば、その栄養分で不毛な土地を青々とした大地に変えることもできるだろう。たとえ世界人口が増え続けても、食糧問題を解決できる。緑が増えて、現在問題となっている二酸化炭素の削減にもなる。屎尿を大地に還元できれば、水環境も汚染されず、まさに一挙両得なのだ。地球の環境問題や食糧問題を解決することができる莫大な有用資源である屎尿を何も活用せずに捨ててしまうのはもったいない。下水処理場と同じように、未来のトイレも作物のための肥料再生装置と変わることだろう。

このように、トイレを改革することで、食料と水と環境の問題は一気に解決する。20年後のトイレは、命をつなぐトイレになっていてほしいと願っている。

第5章　働き方・人材育成

第1節

20年後の働き方　未来のワーク・ライフスタイルを考える

（株）野村総合研究所主任アプリケーションエンジニア　野竹章良

20年後、私たちはどんな世界に生きているのだろうか。どのように働き、どのようなライフスタイルになっているだろうか。今から20年前のことを考えてみると、当時はGAFA（Google, Amazon, Facebook, Apple）といった言葉は存在せず、スマートフォンでSNSを利用している人もいなかった。ここでは雇用慣行・組織・技術進歩の3つの観点から、20年後の働き方（ワーク・ライフスタイル）を考えてみたいと思う。なお、本稿の内容は、著者個人の見解に基づくものであり、著者の所属する組織の見解とは無関係であることに留意されたい。

1 将来の日本の雇用慣行

日本では、終身雇用・新卒一括採用、および年功序列の雇用慣行が現在でも残っている。新卒採用で企業に就職し、年功序列で昇進していきながら、定年まで勤め上げるというキャリアの歩み方である。だが、これは世界的に見れば特殊な雇用形態と言え、グローバル化が進むにつれ、日本特有の終身雇用や年功序列の慣習はゆっくりと変化してきた。

では、20年後の日本の雇用形態はどういったものになっているのだろうか。

まず、人口動態に着目してみよう。内閣府がまとめている『高齢社会白書』によれば、高齢化率（65歳以上の人口割合）は２０１９年実績値で28・４％となっているが、約20年後の２０４０年予測値では35・３％となっている（内閣府、２０２１）。20年後には長寿化や少子化の影響によりますます高齢化が進み、高齢人口比率が高くなっていくことはほぼ確実だろう。増えていく高齢者を支えるためには労働人口を維持する必要があるため、女性の活躍促進や高齢者の就労促進に関する施策が実施されてきた。それにより、日本の人口は２００８年をピークに減少しているが、労働力人口および就業者数は１９９０年代後半の水準を維持している（厚生労働省、２０２１）。

今後の20年でも、ライフステージや個人の志向に応じて柔軟に働き方を選択できるようにする施策が継続的に実施されていくだろう。定年の延長や、勤務時間や勤務日数、在宅勤務、副業など、柔軟に働きやすい環境などがどんどん整備されていき、われわれはその時々のそれぞれのライフスタイルに合わせ、主体的に働き方をデザインしていくことが求められていくだろう。

これから先の20年で、多くの企業が給与体系や労働時間管理の改革を迫られることになるだろう。法整備や社会への浸透・普及には時間がかかるだろうが、20年後には、1つの企業での勤務日が週に3、4日などは普通になり、その他の日は育児や介護、リカレント教育、クラウドソーシングを中心とした副業を行う、または趣味やボランティアといった活動を行う、といった多様な働き方（ワーク・ライフスタイル）が普及していくのではないだろうか。

「人生100年時代」など流行語にもなったリンダ・グラットン著の『LIFE SHIFT』（リンダ・グラットン、アンドリュー・スコット、2016）では、人生100年時代における新たな人生のステージとして「ポートフォリオ・ワーカー」というステージを提唱している。さまざまな異なる種類の活動に、同時並行で取り組むようなライフスタイルを指している。20年後、この「ポートフォリオ・ワーカー」のように、主体的にさまざまな活動のバランスを取ることが求められる社会になるのではないかと考える。

2　20年後の組織

前述したように、グローバル化の浸透、および社会の高齢化の影響により、日本では従来の終身雇用型の雇用形態からの変革が求められてきた。多様な働き方が広がることは、組織という観点からは従来のトップダウン型、年功序列の階層型の組織の相対的な弱体化を意味する。ここでは、20年後の組織について考えたいと思う。

働き方の多様化が広がるにつれ、必ずしも1つの組織に所属することがスタンダードではなくなっていくだろう。次世代型組織の形として、フレデリック・ラルーは「ティール（進化型）組織」という概念を提唱している（フレデリック・ラルー、2018）。従来の「オレンジ（達成型）組織」と比較し「ティール（進化型）組織」では、ピラミッド型の階層構造ではなく、小規模なチームの自主経営（セルフ・マネジメント）により運営がなされる。たとえば、従来のプロジェクト管理においては、ヒト・モノ・カネといった経営資源に優先順位を付けるための重厚な審議プロセスといったものが存在した。「ティール（進化型）組織」では、徹底的に簡素化されたプロジェクト管理手法が用いられる。また、労働者と組織との約束（コミットメント）が守られている限り労働時間にも高い柔軟性が持たされており、個人のスタイルに応じた働き方が可能となる。こういった組織は、前述した柔軟な働き方とも適合しやすいことが想定される。

著者が従事するソフトウェア開発の現場においても、このような変化が起こっている。すなわちソフトウェア開発プロジェクトにおいても、従来は予測と統制という枠組みの中で、入念なプロジェクト計画と管理に基づくウォーターフォール開発が主流となっていた。現在でも、特に基幹システムの現場では比較的多く残っているものの、主流はウォーターフォール開発から、アジャイル・ソフトウェア開発に変わってきている。アジャイル・ソフトウェア開発においては、完璧な予測はできないという前提の下、開発チームは小規模に構成され、小さな失敗と学習を素早く繰り返すことで、変化に対して適合していく開発スタイルが取られる。階層型の管理・統制に基づく組織やチームから、自主経営（セルフ・マネジメント）に基づく小規模な組織・チームへの変化は、さまざまな業界、階層で今後も進んでいくと考えられる。

また、組織の在り方も変わっていくことが想定される。現在、コロナ禍において多くの人が従来の企業組織に所属しつつも、在宅勤務・テレワークといった形で物理的には離れた場所で仕事をしている。近い将来には、たとえばオンライン上で専門性や志を同じくする集団で構成された組織が新たな企業体として発生し、人々は主な収入源となる組織とは別に、そういった新たな形態の組織に所属し、働くようになることも考えられるのではないだろうか。

ただし、20年後でも、現存する組織形態がなくなり、いわゆる「ティール（進化型）組織」に置き換わる、ということはないだろう。それでも、従来型の組織も変革が求められていき、個々人の組織への所属の仕方も多様化していくだろう。たとえば、所得を得ることを目的とする従来型の組織で週に3日働き、2日間を専門性の向上や経験・スキルの獲得、または自己実現を主目的として有志メンバーで構成される次世代型組織で働く、といったライフスタイルも現れてくるのではないだろうか。

3　技術進歩による将来の働き方

ここまで、雇用形態と組織の観点から、20年後の働き方について述べてきた。ここからは、技術進歩に伴う私たちの働き方の変化について考えてみたい。

目下、コロナ禍において、多くの企業は在宅勤務・テレワークといった手段で物理的な人の接触を減らす必要に迫られている。また、イベント・セミナー・教育といったものも、オンライン上で行われることが多くなっている。では、20年前にもしコロナ禍のような状態になった場合、今のような対応を取ることはできただろうか。明らかに答えはノーであり、技術進歩の恩恵が見て取れる。

過去20年では、携帯電話やスマートフォンの普及に伴いデータ通信量が大幅に増大してきた。総務省の『情報通信白書』によれば、２０１９年11月時点でのデータ通信量は約12・7Ｔｂｐｓとなっており、２０１３年5月の約2・3Ｔｂｐｓと比較しても、約5・5倍に増加している（総務省、２０２１）。

20年後、おそらく大幅な技術進歩とデータ流通量の増加に伴い、今では存在しない新たなＵＸ（ユーザーエクスペリエンス、製品・サービスを通したユーザー体験）が実現されていると考えられる。たとえば、オンライン上でのコミュニケーションも、ほぼ実際に対面しているかのような形で可能となるのではないだろうか。著者も経験があるが、現在のオンラインコミュニケーションツールを駆使しても、まだ完全に対面と同等のコミュニケーションは難しいと感じる部分がある。相手の表情や仕草、その場の雰囲気や手書きでのアイディア共有などといったものだ。さまざまなツール・サービスが存在するが、対面には対面の良さがある、と感じる方も多いだろう。

将来的には、たとえば物理的に同じオフィスでなくともあたかも同じ空間にいるかのように、または現地まで行かなくともあたかも旅行先にいるかのように、デジタル空間上での体験が可能となるのではないだろうか。視覚、聴覚のみならず、気温や香りといった触覚や嗅覚、味覚まで再現できるようになるかもしれない。そうなることで、従来は制約となっていた物理的な距離やオンラインと対面の違いが減少し、私たちが働く上でもより多様な選択が可能となっていくのではないだろうか。

本稿では、雇用慣行・組織・技術進歩の3つの視点から、将来の働き方について考察した。いずれの視点でも、多様な働き方（ワーク・ライフスタイル）が可能となっていくと考えている。しかし、一方で「これが正解」といったような安定したキャリアパスや働き方を見つけることは難しくなっていくだろう。個々人が自分自身の働き方（ワーク・ライフスタイル）をデザインし、選択していく。20年後には、そういったことがより強く求められる時代になるのではないだろうか。

参考文献

フレデリック・ラルー（2018）『ティール組織　マネジメントの常識を覆す次世代型組織の出現』英治出版。
リンダ・グラットン、アンドリュー・スコット（2016）『LIFE SHIFT』東洋経済新報社。
厚生労働省（2021）『令和2年版厚生労働白書』https://www.mhlw.go.jp/toukei_hakusho/hakusho/index.html（閲覧日：2021年5月30日）
総務省（2021）『令和2年版情報通信白書』https://www.soumu.go.jp/johotsusintokei/whitepaper/ja/r02/pdf/n3100000.pdf（閲覧日：2021年5月30日）
内閣府（2021）『高齢社会白書』https://www8.cao.go.jp/kourei/whitepaper/index-w.html（閲覧日：2021年5月30日）

第2節

未来の社会人に求められるビジネススキル

合資会社ウェイクアップ代表　越山和明

1　はじめに

私の専門は社会人教育であり、優良な社会人、すなわち有能なビジネスマンを育成することにある。一言に「有能なビジネスマン」といっても、職種・業種によりさまざまであり、何よりも時代の変化が色濃く反映されている。「時代遅れ」という言葉を聞くとき、多くの人は自身の世代の1つ、ないしは2つ前に高く評価されていたようなビジネスマンの姿を思い浮かべるのではないだろうか。

20年後の未来を正しく想像することはできないが、現状社会が直線的に進展したと仮定して考えるならば、2041年の日本社会は「おそらくこうだろう」という漠然とした予想は立つ。そこでその時代の社会観を推察したうえ、その時代に求められるであろうビジネススキルについて考察する。

2　人の「本音」が見えづらい社会へ

２０４１年の今、ＩＴ技術の進歩により直接他人と会うことなく、「商談」はもとより「会議」や「打合せ」、「懇親会」に至るまでネットを通じて行うことが常態化してきている。また、必要な物もネットから注文すれば容易に入手することができる。はなはだ便利な時代になったものである。しかしながら、問題もある。それは「人の本音」が見えにくくなってきたことである。

ネットを通じたコミュニケーションというのは一見すると一次情報のように見受けられるが、実際にはパソコンなり情報機器を媒体にした二次情報である。皆さんの中にもネットミーティングにおいて自分の姿をよく見せるために画像処理を施した経験がある者もいるであろう。物品の注文にしても同様である。画像や仕様書を確認したつもりでも、直接手に取ってみると望んでいたものと異なっていたことなどよくある話である。もちろん法律の救済等があるから返品・交換は可能ではあるが、それに要した時間は取り返しがつかない。なるほど、この程度のことならばある程度割り引いて考えれば受け入れることは可能かもしれないが、判断に関わるような事象となるとこうもいってはいられない。それは言葉の修正である。人間は言葉を駆使することにより社会を築き、文明を進歩させてきた。そして、この言葉には字面的な意味と裏に潜んだニュアンスといった要素があった。

たとえば、身近な事案で考えるなら「恋愛」を想定してみよう。恋愛において相手が「嫌い」と発した場合、この「嫌い」という言葉をどのように判断するべきであろうか？　字面通り「嫌い」と判断するのか、あるいはその逆に「好き」の裏返しと判断するのか？　皆さんならどのように解釈するであろう。私なら過去の経緯やその場の雰囲気、そして発した際の微妙なトーンの違いで判断する。すなわち明確に表現されないニュアンスの読み取りである。

ビジネスの世界においても同じような状況は多々ある。こちらからの提案に対して相手が「わかりました」と言った場合、それが肯定を含むのか否定を含むのか非常に悩むところである。特に近年の情報機器の進歩では、相手に失礼がないようにAIにより内容や言葉遣い等の自動修正がかかる設定が可能なので、この部分が非常に読みにくい。画像処理で表情が読めず、言葉の修正でニュアンスも読めないとなれば、すべて表面的な字面で判断するしかなくなる。これはビジネスにおいては命取りになりかねない。もし、相手に悪意があった場合には、それを見抜く手段を封じられることになるからである。

そこで私は「大事な局面においては必ず直接会って話をする」ことを提案する。もちろんこれですべてを見抜けるわけではない。でも、判断するための要素の1つとなることは間違いない。正しい判断をするためには可能な限り、さまざまな要素を集めることが必要なのである。

3　健康的とされる職業とは

よりよく生きるために最も大切なものは「健康」である。人間とは弱いもので、少し体調が悪いとあらゆることでパフォーマンスが落ちる。さらにその状況が長く続くとさまざまな不安に駆られ、満足感や幸せを感じることもできなくなる。現在社会においては、多くの人々が身体にスマートウォッチ等の情報端末をつけ心拍数・血圧・酸素濃度をはじめとしたさまざまなデータを医療機関のホストコンピューターに送り、病の兆候があれば連絡を受け、疾病予防・早期発見／早期治療につなげることが可能とはなっている。しかしその反面、プライベート情報を他人に委ねることに否定的な人にとっては受け入れがたいものともなっている。また、このような仕組みに肯定的な人の中には「健康」を自己管理するのではなく、他人が管理してくれるものと甘え、医療機関から送られてくるアドバイスや注意喚起にも従わずに不健康な生活を繰り返し、かえって寿命を縮めているケースも増えてきている。

そこで重要となるのは「積極的健康」の追求である。今を生きる我々にとっては身体を動かすという行為は意識して行わないといけないものである。一昔前の人間であれば何を行うにも移動という行為がつきまとい、「歩く」といった最低限度の運動が必須であった。しかしながら、現在は、仕事は在宅、必要なものはネット注文などと家から出なくても大概の用事は済ませることが可能である。40年度の国民健康調査によれば、医療費が少なく、一番健康であると推察されるのは、配送や建設、あるいは人の手で何かを作る技術者など、外出したり、身体を動かさざるを得ない人々であったとの結果も出ている。そこで皆さんにも積極的に身体を動かすことを求めたい。日常の心がけでもいい。スポーツでもいい。「健康」に生きるためには、この要素は不可欠なものであると認識するべきである。

4　感性と創造力が求められる社会へ

まだＩＴ技術が未熟だったころであれば、「知識」を学びそれを活用することで仕事を行うことが容易であった。たとえば弁護士であれば、状況と法律を結びつけ、一番適正なものを選択することができれば十分仕事になった。また医者も、症状や検査データと医学知識を結びつけることが診断や治療につながった。しかしながら現在では、状況やデータなどからのみ導き出すだけの答えならば、ＡＩで十分賄えるようになってきている。今はまだ簡単なものにしか活用されてはいないが、恐らくあと数年もすれば精度も上がり、こういった人々の職務領域を冒していくことは間違いないであろう。すなわち単なる知識を当てはめる知識労働では、将来的にも求められるスキルとはならないということである。また、このことは睡眠学習による知識のインプットといった側面からも言える。まだまだ発展途上ではあるが、睡眠学習による記憶領域へのアプローチには目を見張るほどの進歩があり、年表や英単語あるいは元素記号などといった単純記憶に近い内容であれば、従来覚えるのに費やした時間を大幅に削減することに成功している。いずれは必要な知識を超短時間で身につけることも可能であろう。そう、知識勝負の時代ではないのだ。そしてこうなると、これからの時代を生きねばならない我々にとって何が必要なのかもみえてくる。

結論から述べるならば、大切なのは「感性」、必要なのは「創造力」である。花を見て美しいと思える気持ち、音楽を聴いて楽しめる心などのロジカルでは理解不能なもの。積み上げた思考だけでは存在しえない論理飛躍による発想。どれも現在のところ、ＡＩには到達しえない領域である。そしてこれを磨くためには直接的な行動が必要である。花の種を土にまいて世話をすれば、花が咲く。誰でもわかっている知識である。でもそれを知識で終わらせるのではなく、実際に自分で種をまき世話をしてみる。そうすることにより、知識にはなかった発見や愛着という感情を見出すことができるであろう。これが大事なのである。ＡＩと知識比べをしても勝てるわけはない。ＡＩにはできない領域を探し、そこで自分の能力を高める工夫、これが自己啓発の要である。

5　最後に

今回述べた提案は、20年前には当たり前になされていたことである。それがコロナ禍によるＩＴの加速度的進歩とそれに伴う社会システムの変化により、急激にビジネス・生活環境の変化がもたらされ、忘れ去られようとしている。これはそのことへの警鐘である。

もちろん、我々の社会がより便利に、より快適になっていくことには私も大いに賛成である。しかしながら、その結果として人間が何か大切なものを失っていくような危惧が常に伴う。科学技術の発展により現在に続く環境問題のような前だけをみた進展は危険である。それを防ぐためにも、常に「原点回帰」。人間としての「あり方」・「生き方」を見つめながら考え続けることが肝要である。

第3節

日本はＤＸを進めることができるのか？
〜ＩＴ人材の内製化を進めるべき！〜

明治大学客員研究員／共立女子大学非常勤講師　鈴木　均

1　日本のＤＸについて

２０２０年４月に第１回目の緊急事態宣言が発出され、現在も（２０２１年４月30日時点）第３回目の緊急事態宣言下にあり、新型コロナウィルスの状況は未だに落ち着きを見せないままにいる。こうした状況で、人々の生活様式もそうであるが、企業のビジネス様式もテレワークなどが求められており、新たな形態へと変革が迫られている。

最近年、ＤＸ（デジタル・トランスフォーメーション）という言葉がより一層注目されるようになっている。２０１８年９月に経済産業省から発表された「ＤＸレポート」において、日本の国内企業における既存システムが特異であるなどのため、このまま放置すると２０２５年には年間で12兆円の経済損失が発生する可能性がある（これを「２０２５年の崖」と呼んでいる）と指摘されていた。この「ＤＸレポート」が発表されて２年が過ぎその間にコロナ禍もあり、ＤＸはより一層取り組むべき状況である中、２０２０年12月に経済産業省

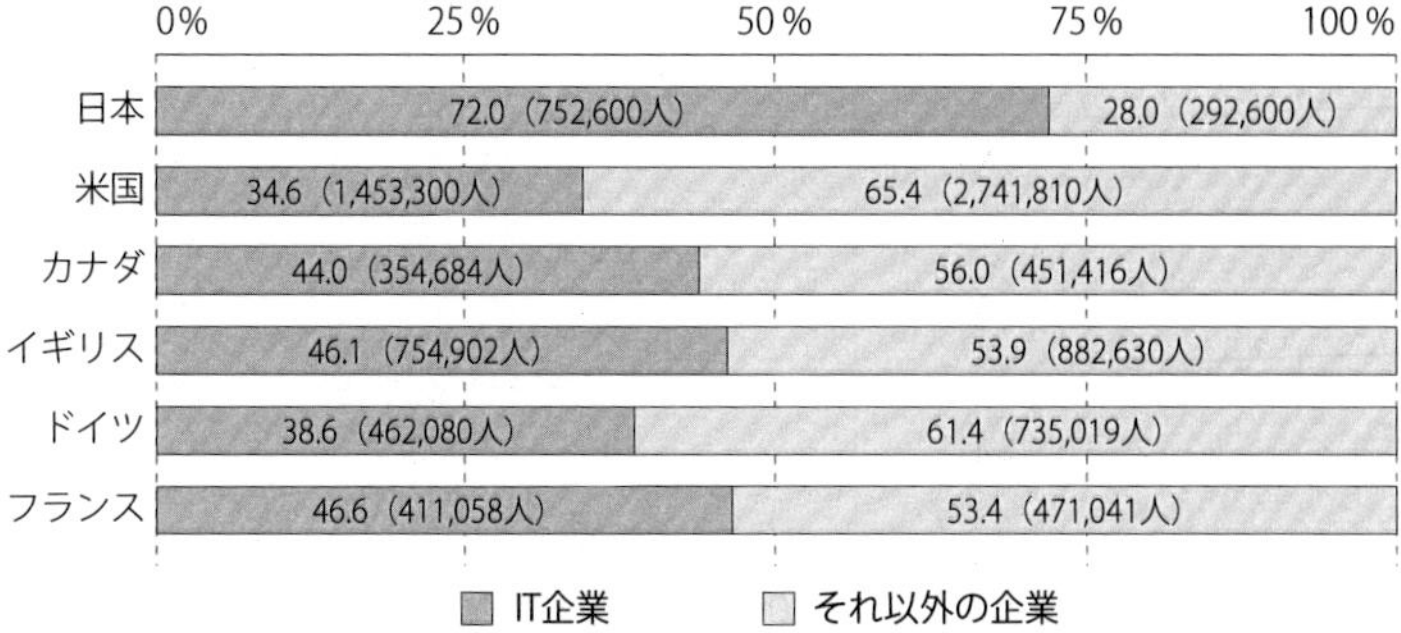

図1　日米，欧州等におけるベンダー企業とユーザ企業に存在するIT人材の割合

出所：独立行政法人情報処理推進機構（IPA）「IT人材白書 2017」より。

において「DXレポート2」が発表された。これを見てみると、企業全体の9割以上が、DX未着手企業かDX途上企業である（DXを進めたいが散発的な実施に留まっている）とのこと。まさに多くの企業においてDXがほとんど進められていないという状況であり、このことはかなり憂慮すべき問題だと考えている。

2　DXレポートが指摘するIT人材の課題

そこで、DXレポートなどが指摘している課題の中で、IT人材の不足やIT人材育成などに注目して筆者の考えなりを述べていきたい。

図1、図2が示しているように、日本では、IT人材の多く（70％以上）がベンダー企業に所属している。これは、日本のユーザ企業はITエンジニアを企業内部に抱えてはおら

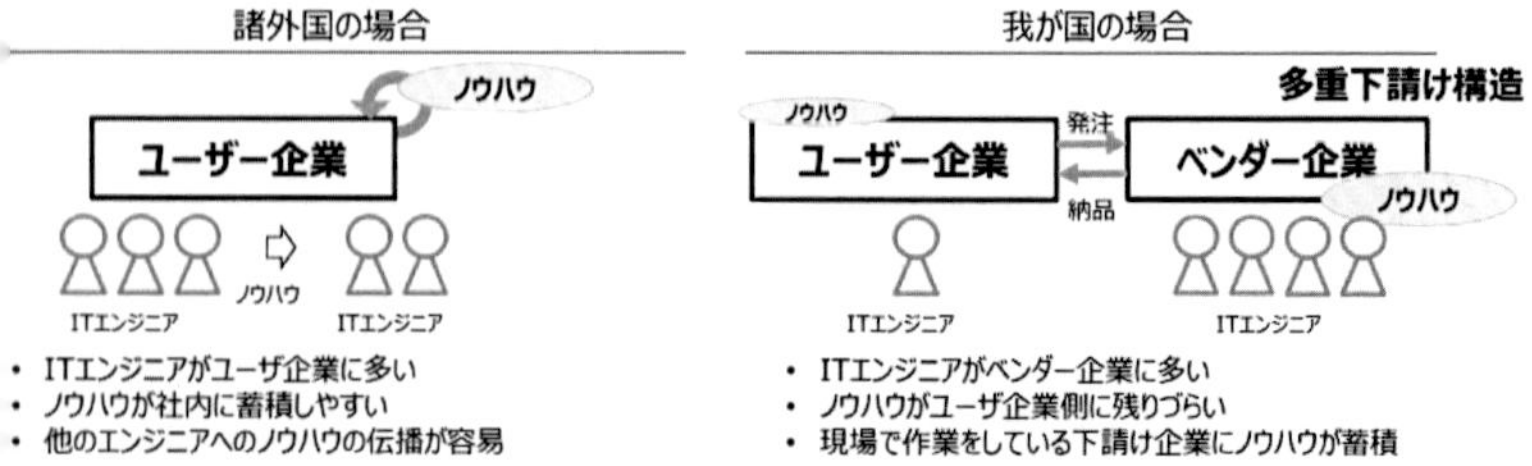
諸外国の場合
ノウハウ
ユーザー企業
ノウハウ
ITエンジニア
ITエンジニア
• ITエンジニアがユーザ企業に多い
• ノウハウが社内に蓄積しやすい
• 他のエンジニアへのノウハウの伝播が容易
我が国の場合
多重下請け構造
ノウハウ
ユーザー企業
発注
納品
ベンダー企業
ノウハウ
ITエンジニア
ITエンジニア
• ITエンジニアがベンダー企業に多い
• ノウハウがユーザ企業側に残りづらい
• 現場で作業をしている下請け企業にノウハウが蓄積

図2　ITエンジニアに関する我が国と諸外国との比較

出所：経済産業省「DXレポート」（平成30年9月7日）より。

ず、ＩＴのシステムを開発する際にベンダー企業に委託開発しているという構造を表している。

一方、諸外国では、ＩＴ人材をユーザ企業が抱えているため、ＩＴのノウハウがユーザ企業内に蓄積しやすく、また他のエンジニアにノウハウを伝播しやすくなっている。このことは、システム開発を主導的に行えている場合には高頻度で、かつ細かくシステムをメンテナンスしていくことを可能としている。

しかし、日本のように外部のベンダー企業にシステム開発を委託することが主となっている場合は、システムのメンテナンスをベンダー企業にやってもらうことになり、ＩＴのノウハウはどうしてもベンダー企業側に蓄積されてしまう。わかりやすく言うと、ＩＴ人材が自社にいれば、システム開発する際に自社の経営資源やシステム上の課題などを手間暇かけて調査する必要がないのだが、ＩＴ人材が自社にいなければ、システム開発に取り組む前に、まずはベンダー企業がユーザ企業の具体的な業務やシステム上の課題などを把握するための調査を丁寧に行っていかなければならない。また、べンダー企業は、ユーザ企業のためを思って、現状の業務に見合った、より良い品質のシステムを作ろうとするあまり、手数がより多くかかるシステム開発になってしまい、過剰な品質のシステムが作られてしまっている。これだと、スクラッチ開発（オリジナルなシステムを一から開発すること）になりがちであり、ブラックボックス化する可能性が高くなる。

こうした日本におけるＩＴ人材がベンダー企業側に偏りがあることについては、ＤＸをしっかり進めていくために是正すべきであり、ＩＴ人材を内部でしっかり育成した上で、そのＩＴ人材をユーザ企業の内部で保有すべき、すなわちＩＴ人材の内製化をやるべきだと考える。

そこで、素直に「ＩＴ人材の内製化をすべきだ」と叫んでも、「ＤＸレポート２」にもあるとおり、なかなか進まなかったのが現実である。

3　ＩＴ人材に関して取り組むべきこと

ここでは批判を恐れずに、具体的に取り組むべきことを述べてみる。まずは、これまでのように、業務効率化のためにシステム開発する際に、ＩＴベンダーに丸投げすることはやめる。また、ＩＴの専門家を自社で雇って、その人に組織の立て直しを押しつけるというのもやめるべきである。そして、１９９０年代特に顕著だったが、自社のＩＴ部門を「高コストな部門である」という認識も改めるべきである。さらには、ＩＴ人材というものは、本来ベンダー企業だけのものではなく、ユーザ企業においてこそ活躍すべきものであることを再認識すべきである。

それでは、具体的に最初に何をするのかというと、自社にいる人材の中から潜在的なＩＴ人材の掘り起こしから始める。これまでシステム構築や改修、またはシステムの維持管理に少しでも携わったことのある人材をリストアップし、その中から自社のＩＴシステム（ＩＴ資産）をある程度把握している人材を見つけるのである。

つまり、自社の業務に精通し、かつ自社のシステム開発などに関わった経験がある人をすぐさま掘り起こすのである。

こうした人材こそ、将来のシステム開発に必要不可欠な人的資産であり、その人たちには今後のシステム開発や改修などに関わってもらうべきである。さらには、今後のシステム開発に必要なスキルを身につけてもらうための人材育成も必要である。

このとき注意すべきことは、ＩＴスキルを教える人についてはアウトソースして外から来てもらうということでもいいのだが、組織内でＩＴスキルを身につける人は、アウトソースするのではなく、組織内の人、すなわち組織の業務や課題、組織独自のビジネス習慣などを把握している人を人材育成した上で、スキルを実装し経験を積ませることがとても肝要である。

これまで述べたようにＩＴ人材の課題については、民間のみならず、行政組織においてもＩＴ人材の内製化に向けた取り組みが急がれると考えている。

4　他の日本独自の課題

他にも克服すべき日本独自の課題があるのでいくつか述べておきたい。

まず、日本人が持っている理系人材に対するイメージを改善する必要があると考えている。具体的には、これまで少なくとも30年もの間、理系人材を活用する方法や人材採用の戦略が間違っていたことである。簡単に言うと、理系人材の中では、大学院や博士課程まで進んだ人材は、企業や行政からは「使えない人材」として長い間評されてきたところがある。高度なスキルを持ったIT人材を採用したとしても、特に行政やユーザ企業においては、その組織の中で人材が持つスキルが理解されていないから「使えない人材」となっている。こうしたことは早く払拭すべきだと思う。

また、DXを進めていく上で障害となっているものの1つとして、日本の法制度がある。デジタル化が進み、インターネット時代となった現代社会において、いろいろなモノがつながり、やれIoTだ、AI化だ、ビッグデータだという社会になっているのに、日本の法制度が現代社会に追いついていない。これは、法制度に関わる人材において、ITの専門家はじめ理系出身の人材がごく少数であることも起因しているだろう。

デジタル技術を実装した社会へと変化するスピードが速くなっているにも関わらず、法制度を作る人たち、すなわち国や地方自治体の行政組織の幹部人材の中には、IT、IoT、

ＡＩ、ビッグデータなどの知識や経験を持った人たちが圧倒的に少ない。デジタル化やＩoＴ化、ＡＩ化がさらに進む社会においては、ＩＴ戦略を中長期的な視野でもって作ることができる人材が必要である。したがって、国や地方自治体の幹部の人たちの中に、ＩＴ専門のバックグラウンドを持ち、かつＩＴ戦略をしっかり策定できる専門家が必要不可欠なのである。

5 ＤＸを進めるにあたって大事なこと

課題についていくつか述べてきたが、ここで日本の高度経済成長（昭和30年～48年）を思い出していただきたい。当時は、年率平均で10％の経済成長率を記録したのである。今から思うと、海外から労働力を調達したわけでもないのである。「金の卵」と言われた若い人材を大事に育成していったからこそ、海外からの人的資源を持ってくることなしに実現できたのではないかと思われる。もちろん、設備投資も行ったからということも言えようが、労働力人口の増加率はたった2～3％であったにも関わらず、10％の平均成長率を実現できたのは、社会全体が将来のために人を大事に育てていこうという雰囲気があったからではないかと思われる。「必要な人材は外部から即戦力を調達」「即戦力でなければ解雇へ」ということではなく、じっくり人を育てるという雰囲気を醸成することを、行政も企業も、今一度思い起こしてもよいのではないかと考える。

ＤＸを進める取り組みは決して一過性のものにしてはいけない。ＤＸのみならず、イノベーションは専門家だけがやるもの、素人は何もしなくていい、何も考えなくていいという認識は考え直してみてはいかがであろうか。ＤＸはビジネスのみならず、人の生活様式を変えて人間の生活の質をより高めていくものである。

イノベーションも同様、専門家でない人たちも、「専門的なことはわからないから、専門家の人たちに任せる」とおっしゃるのではなく、イノベーションの良き理解者になるべきである。イノベーションによってより良き社会を作り、そのより良き社会を享受するのは、その社会に所属する皆さんなので、イノベーションの細かい仕組みは理解しなくてもよく、イノベーションが社会に浸透し、どのように便利で良い社会になるのかが理解できればいい。

6 ネガティブな未来予想図

最後に、あえてネガティブな未来予想図を述べて終わりたいと思う。ＤＸを進めるためにＩＴ人材の内製化、すなわち内部人材の育成によるＩＴ人材の内部保有を進めることが大事だと述べたが、このＩＴ人材の内製化が日本において遅々として進まないとどうなるのか。

20年後の日本は、優秀なＩＴ人材が海外に流出しているだろう。なぜかというと、行政組織やユーザ企業において、ＩＴ人材が内部保有されないまま、そしてＩＴ人材の必要性が理解されないままとなり、これは本来、組織内で活用されるべきＩＴ人材が組織内で処遇されなかったことを意味するからである。

そして、優秀なIT人材が国外に流出した結果、本来実現するはずだったDXは20年たっても、日本において実現できないままでいるだろう。本来であれば、DXによって、IT企業だけでなく日本国内のほとんどの産業がDXの恩恵を受け、日本のすべての産業が成長し、日本経済も成長するはずであったが、20年後もITのシステムは自社開発もできないままで、ITサービス、製品、ツールは海外に依存してしまい、経済停滞したままの状態となっているだろう。

さらには、この長引いている経済停滞によって、国内外の優秀なIT人材を雇用しようとしても、国内の企業は、海外に雇い負けるということも十分起きているだろう。これでは、「失われた40年」と巷で言われても仕方がないかもしれない。

この未来予想図は、決してあってはならない、実現してはならない未来予想図であり、このようにならないよう、「IT人材の内製化」の意義、重要性を、あらゆる産業、あらゆる組織が認識すべきだと考えている。

参考文献

経済産業省（2018）『DXレポート2（中間とりまとめ）』令和2年12月28日デジタルトランスフォーメーションに向けた研究。

経済産業省（2018）『DXレポート～ITシステム「2025年の壁」の克服とDXの本格的な展開～』平成

30年9月7日デジタルトランスフォーメーションに向けた研究。
坂村 健（2020）『イノベーションはいかに起こすか　AI・IoT時代の社会革新』NHK出版新書。
坂村 健（2021）『DXとは何か　意識改革からニューノーマルへ』角川新書。
安宅和人（2020）『シン・ニホン　AI×データ時代における日本の再生と人材育成』NewsPicksパブリッシング。

第4節 国家公務員の働き方の未来像

行政ジャーナリスト　佐藤大樹

1　国家公務員の働き方とは

ここ数年、国家公務員の働き方を巡って、大きな注目が集まっている。長時間労働や若手職員の退職の増加などがクローズアップされ、「霞が関はブラック」というイメージが世間に浸透しつつある。最近では、新型コロナウイルス感染症対策を行う部署で、ある職員の一月の残業時間が約378時間に及んだという報道が新しい。それに伴って、国家公務員の志望者が減少するなど、悪影響が生じはじめている。

本来、世間の労働環境のお手本になるべき立場にあるはずの霞が関の中央省庁において、このような常軌を逸した事態が起こっていることに、多くの人々は衝撃を受けたはずだ。一般的なイメージとしては、公務員というと、9時始業・17時終業で残業なし、仕事内容も難しくなく、福利厚生も充実しているなど、むしろ働きやすい職場といったものだ。だが、少なくとも、こと国家公務員に限れば、そのようなイメージとは対極にあるのである。

なぜ、このような常識とはかけ離れた働き方となってしまうのか。それにはさまざまな要因が複雑にからんでおり、一言で言い表せるものではないが、要因の1つとしては、中央省庁だけでは完結しない他律的な業務が多いということが挙げられる。

中央省庁が行う仕事は、さまざまな人々に影響を与えうるものであり、当然、多くの人々が関心を持つ。そのため、たとえば、政党や地方自治体、業界団体、NPO団体等からさまざまな意見や要望を受けることとなるのであるが、そこで受ける意見や要望を十分に尊重しながら、仕事を進めていかなければならず、調整等に多くの時間と労力を要するのである。

仕事内容が重要かつ複雑であるが故の結果ともいえるが、それを理由として、いつまでも国家公務員に長時間労働など大きな負担をかける働き方をさせていてはならない。冒頭で述べたように、若手職員を中心に優秀な職員の流出が続いている。このままでは中央省庁の政策立案機能の低下をもたらし、やがては国民の生活にも悪影響を及ぼすことは必然と考える。そこで、今回は、国家公務員の働き方の現状を示した上で、筆者なりに考えた20年後の国家公務員の働き方を想像してみたい。

2　国家公務員の働き方の現状

まず、国家公務員の働き方の現状とはどのようなものかを紹介する。国家公務員の仕事は他律的な業務が多いと述べたが、その中でも、特に比重が大きく、重要なものとして、国会答弁作成業務が挙げられる。国家公務員がこなさなければならない業務は他にもさまざまあるわけであるが、国会答弁作成業務は長時間労働が発生する最大の要因といえるので、今回は特にこの業務に焦点を当てたい。

それでは、国会答弁作成業務とは何かということだが、簡潔にまとめると、国会の本会議や委員会において、国会議員からなされる質問に対して、政府として答弁するに当たり、その答弁の内容を作成するという業務である。答弁するのは、各省庁の大臣や副大臣が中心となるのだが、答弁の内容を考え、資料を作成するのは、各省庁の職員、つまり国家公務員となる。この業務は、極めて短時間のうちにさまざまな作業を行わなければならず、国家公務員にとって非常に負担が大きいものとなっている。

具体的な作業の流れを見てみよう。

①国会議員からの質問通告（質問する内容の事前連絡）を待つ（本来は、本会議や委員会で質問する日の2日前までに行うルールとなっているが、多くの場合、質問する日の前日の昼間から夜にかけて通告されることが多い。これは、質問を行う国会議員が質問内容を熟考しているためである）。なお、この待つという行為は「国会待機」と称されるが、質問通告の内容が判明するまでは、関係する可能性のある部署の職員が「国会待機」を行わなければならない。

②質問通告があった後、当該質問について、政府内での担当部署を決める。この際に、多くの場合、どの部署も担当となることを避けようとするため、調整が難航することが多い。

③関係する部署の職員は、国会議員の事務所に赴き、質問内容の確認を行う（「問取りレク」と称される）。
④質問内容を確認した上で、改めて、担当部署を確定させた後、担当部署において答弁書を作成する。
⑤答弁書の内容については、省庁内の複数の幹部の了解を得る。なお、他の省庁にも関連する場合には、他の省庁と調整を行う。
⑥関係者の了解を得て、答弁する内容を確定させた後、答弁書を印刷し、資料として使いやすいように、付箋の貼り付け等を行う。なお、答弁者以外の関係者にも配布する必要があるため、数十部を作成する必要がある。
⑦答弁者に対して、答弁書の内容説明を行う。多くの場合、早朝に行われる。
⑧本会議や委員会で、答弁者によって答弁がなされるが、その際に、答弁書を作成した者は、答弁書に記載されていないような詳細な内容に話が及んだ場合に備えて、答弁者にメモを出すために、議場内に控える。

右記を見てわかるとおり、限られた時間の中でさまざまな作業を行わなければならない。しかも、多くの場合、夕方に質問通告があることが多いため、必然的に残業をしなければならないことになる。そして、答弁書の作成が間に合わなかったということは許されないため、早朝までかかったとしても作業を続けなければならない。このようなことが一日でもあれば負担が大きいわけであるが、部署によっては、連日この作業を行わなければならない場合もあり、それに従事する国家公務員の気力と体力は限界に達しているといえる状況にある。

ここでは、特に負担の大きい業務として、国会答弁作成業務を取り上げたが、このほかにも法令作成業務や予算編成業務、各種事業の執行業務、国際交渉業務等、重要な業務が山積みされており、国家公務員は日々仕事に追われている。中央省庁は国家公務員の長時間労働によってギリギリのところで支えられているのである。

一方で、こうした状況に対して、危機感を持ち改善しようとする取り組みが始まっている。

２０１６年には、内閣人事局に、「霞が関働き方改革推進チーム」が設置され、中央省庁全体として、テレワークやフレックスタイム制、電子決裁等を推進していく方針が示された。

また、同年、経済産業省においては、国会答弁作成業務の自動化・効率化に向けた実証実験が行われた。この実験は、ＡＩに過去5年分の国会議事録を学習させた上で、与えられた質問に対して、過去の答弁内容を踏まえて適切に答えられるかを検証するというものであった。実験結果を踏まえると、今すぐには、国会答弁作成をＡＩに担わせることはできそうにないが、過去の議事録の検索等、ＡＩが得意とする分野については、今後の活用が期待できると思わせるものだった。

この他、中央省庁の中でも、特に多忙とされている厚生労働省においては、若手・中堅職員が中心となり、「改革若手チーム」を立ち上げ、２０１９年8月に緊急提言をまとめた。同提言では、業務の集約化・自動化、国会業務の効率化、ＩＣＴ技術の活用による生産性の向上等を図ることを求めるなど、新たな技術を活用すべきことがボトムアップで表明されたことが話題となった。

このように、国家公務員の働き方改革に向けたさまざまな動きがあるものの、現状としては、国家公務員の働き方改革は未だ途上にあるといえる状況にある。多くの関係者が、国家公務員の働き方改革を実現しなければならないことは認識しているものの、先に述べたように、さまざまな立場にある者がそれぞれの事柄に複雑に関わっているために、容易には変わることはできないのである。どこか1つに原因があるのではなく、1つ1つのプロセスを改善していかなければならない。そのためには、多くの時間と労力がかかるとも思えるが、このような状況のもとで、一筋の光明を見出すとすれば、AI等の新しい技術の活用であり、これらにより、国家公務員の働き方を変えられる可能性はある。

3　20年後の国家公務員の働き方

そこで、20年後に、AI等の新しい技術の活用によって、国家公務員の働き方改革が実現された後の国家公務員の働き方を筆者なりに想像してみた。

右記で取り上げた国会答弁作成業務は、次に示すように大幅に効率化されると考える。

まず、国会答弁作成業務に要するコストが国民に対して可視化されることにより、質問通告の期限が国会審議の2日前までに確実に行われるようになる。

どの議員がどのタイミングで質問通告を行ったかを明確に把握した上で、それに対して費やされた人件費、つまり国家公務員の残業代の総額がわかるシステムが構築される。ここでの情報は、我が国の主権者である国民に対して、当然公開される。仮に、夜遅くに国会議員が質問通告を行った場合、その行為によって、何人が国会待機していたのかということや、担当者がどのくらい残業していたのかということが誰にでもわかるようになるというわけである。

これによって、国会審議の直前に質問通告を行うことに対する抑止力が高まっていくこととなり、ルールを守ることが当然となる。（なお、国会審議の日程が急遽決定されることがあるため、2日前では間に合わないという考えもあるだろうが、地方自治体の議会における質問通告は1週間以上前に行われることが通常であり、国会の場合のみ、それができないという理由はないと考えられる）

その結果、国会答弁作成に2日以上を充てることができるようになるため、ゆとりを持ったスケジュールで作業を進められるようになる。

次に、国会議員への問取りレクがすべてオンラインで実施されるようになる。

現在行われているWeb会議システムによるレクは、参加者の顔がPCの画面に並ぶ平面的な場といえるものであり、便利ではあるものの、場の雰囲気やお互いの目線などがわかりづらく、対面でのレクと比べて、人によってはやりづらさを感じるものと思われる。そうしたこともあってか、コロナ禍の昨今の状況にあっても、未だに対面でのレクを要求する国会議員が多い。

それが20年後には、VR会議が普及し、仮想的な3D空間が創出されることにより、別の場所にいながら、目の前にいるかのごとく、場の雰囲気等も感じながら、国会議員に対するレクが行われるようになる。国会議員の事務所に行く必要はないだけでなく、職場や自宅など場所を問わず、対応できるようになり、大幅な効率化が図られる。

第三に、国会答弁の答弁書がAIにより自動的に作成されるようになる。

ディープラーニングを活用したAI技術の発展により、質問内容をAIに教えれば、瞬時に答弁書が作成されるようになる。オーソドックスな質問に対しては、過去の答弁内容を踏まえ、適切な答弁書が作成される。さらに、複雑でかけひきを伴うような質問に対しても、AIがさまざまな情報を分析し、複雑な状況を十分に把握した上で、比較考量を行い、最適な内容の答弁書が作成される。

AIは瞬時に人間より多くの情報を集めることができ、情緒に左右されることなく、中立的な選択を行うことができるため、人間が答弁書を作成するよりも公平であり、その内容については、国民からも理解を得やすいものとなる。人間が作成した場合には、多かれ少なかれ当人の主観が入ってしまうことがあるとともに、中央省庁では、2年単位で人事異動が行われるため、経験や知識が十分に蓄積されないことがある点でも、AIのほうに優位性がある。

そして、作成された答弁書については、作成後、自動的に答弁者等の関係者のタブレットに自動送信され、印刷は不要となる。また、答弁書の内容についても、タブレット上でAIが解説してくれるとともに、質問すれば簡潔明快に答えてくれるようになる。

その他に、現在、中央省庁では、パワーポイントによる資料を作成することが多く、その作業も多くの時間と労力をかけているが、20年後には、紙に手書きでイメージを書き、スマホ等でそれを読み込みさえすれば、そのイメージをもとに自動的に資料が作成されるようになる。その際には、単に紙に書いた内容を描き表すだけでなく、どのような構成や配置とするか、どのような情報を記載するか、どのような文言とするか、どのような色彩にするかということまで、ＡＩが最適な内容を考え出してくれる。

このように、ＡＩ等の新しい技術の活用により、国家公務員の対応すべき作業が大幅に効率化・簡略化される。その結果、国家公務員は長時間労働をすることはなくなるとともに、余裕ができた分、現場の実態や課題等について、関係者や専門家から直接話を聞いたり、議論したりするための時間を作ることができるようになる。

国家公務員の働き方がこのようになると、中央省庁の政策立案機能は高まり、国民の生活をよりよくすることができるようになる。同時に、国家公務員はワーク・ライフ・バランスのとれた魅力的な職業となるため、国家公務員の志望者は増加し、優秀な人材を獲得できるようになるという好循環が生まれる。これが、20年後の国家公務員の働き方である。

4　おわりに

右記で示した国家公務員の働き方は、20年後には技術的には実現できる可能性が高い。英オックスフォード大学のマイケル・A・オズボーン准教授らの研究では、20年後までに人類の仕事の約50％がＡＩ等によって代替され消滅すると予測しているように、ＡＩ等の技術が国家公務員の仕事を含めさまざまな仕事を劇的に変えていくものと考えられる。

ただし、あくまで「技術的には」ということである。いくら技術的に可能となったとしても、それを人間が使いこなせるか、つまり、国家公務員の働き方についていえば、関係者がその技術を受け入れることができるかということにかかっている。今後、多くの関係者が現在の危機的な状況を理解し、その改革に向け、新しい技術の受け入れを含め、抜本的な取り組みを行うことを期待する。

参考資料

内閣官房ＨＰ「内閣官房霞が関働き方改革推進チーム」https://www.cas.go.jp/jp/gaiyou/jimu/jinjikyoku/jinji_hatarakikata/kaikakusuisin.html（閲覧日：２０２１年6月15日）

経済産業省（２０１６）『平成29年度電子経済産業省構築事業　国会会議録等の分析高度化への人工知能利活用の可能性検証に関する調査研究報告書』

厚生労働省改革若手チーム（２０１９）『厚生労働省の業務・組織改革のための緊急提言』、厚生労働省。

秋谷薫司（２０１８）「ＡＩと国会審議」『立法と調査』No.３９９、２頁。

Frey, C. B, & Osborne, M. A.（2013）. The Future of Employment: How Susceptible are jobs to computerizaticn?

第5節

「ジブンゴト」としての行政イノベーション

明治大学客員研究員／
一般社団法人Pine Grace理事　本田知之

1　なぜ行政分野にイノベーションが必要なのか？

行政分野＝公務員というと、技術革新やイノベーションからはほど遠いというイメージを持たれる方も少なくないのではないだろうか。このイメージは、実際に公務員として働かれている方々自身にとっても、組織差・個人差はあるものの、ある程度の共通認識となっているのではないかと思う（実際、筆者のお付き合いのある行政関係者は、自身の職場における業務効率化のための技術・サービスの導入の遅れを嘆いている方が多い）。しかしながら、行政における技術革新の推進は、我が国にとって非常に重要な課題である。以下にその理由を2つほど述べたい。

第一に、日本経済にとって政府の財政支出は非常に大きな割合を占めているためである。経済開発機構（OECD）のデータによると、日本のGDPに占める政府の財政支出の割合は38・9％（2018年）にも及んでいる（新型コロナウィルスパンデミック以降の財政出動の加速化を考えると、2020年・2021年はさらにこの割合が増加していることが予想される)。つまり、日本の経済活動の約4割に行政が関わっており、行政機関自体が効率化することや各種先端技術の活用に積極的であることが、日本経済にいかに重要であるかが伺える。また、GDPの約4割という規模を持った財政支出は事業者からすると非常に魅力的な市場でもあり、この分野に革新的な技術・アイディアを有した企業・スタートアップ等がリーチできる環境を整備することは新たなビジネスの創出の促進にも資するものである。

第二に、行政機能の維持・発揮のためにもイノベーションが望まれる点である。日本においてはマスコミを中心に公務員数をさらに減らすべきという論調が強いが、OECDが2019年に発表したレポートによると、日本の雇用者全体に占める公務員数の割合(2017年)は、OECD加盟国中最下位の5・89%であり、OECD加盟国の平均である17・71%の3分の1にも満たないのが現状である。そのため、中央官庁を中心に慢性的な残業が常態化しており、2019年度においても超過勤務を原因として死亡したことが認定された国家公務員が6名もいたというショッキングなデータが人事院により公表されている。もちろん、必要な職員数を確保するための努力がなされることが望まれるが、人口減少下の日本において、現状でも各行政組織の担当者が地方を中心に定員割れや採用辞退に悩まされていること(特に、土木などの専門職種が深刻)を考えると、公務員数を他の先進諸外国並みに増員することも容易ではないように思われる。そのため、少ない人数でも、超過勤務を抑えつつ、質の高い行政サービスを提供することを可能とするイノベーションの創出に向けた努力を行うことは必要不可欠であろう。また、先端技術の導入等による職場環境の改善・整備は、より魅力的な職場をつくるという意味で、次世代の優秀な人材の確保にもつながるはずである。

2 行政のイノベーションはなぜ遅れているのか？

筆者は、行政が活用可能なアプリケーションを提供しているAＩ系スタートアップを、霞が関の某省庁の担当者に引き合わせたことがある。その担当者は、非常に熱心にそのアプリの説明を聞かれた後に、「このアプリを私の省庁に導入したらきっとよい効果が生まれるだろうが、どうやってそのアプリを導入してよいのか手順がわからない」という反応を返された。これを読んで、「この担当者は何を言っているのか？」と思った方も多いと思うが、この発言の背景としては以下の通りである。

まず、政府の公共調達（行政機関が物品やサービスを購入すること）においては、入札の参加資格として、企業の実績や規模を問うものが多く、そもそも小規模のスタートアップは入札に参加できないことも少なくない。さらに、行政の担当者に先端技術の「目利き」ができる専門知識・経験を有するものが非常に少なく、技術やサービスの性能や使いやすさそのものではなく、実績や知名度のある事業者が選択され、参入できる企業が固定化されるという事態が生じている。このような状況を踏まえ、政府（内閣府）は、2020年4月に「公共調達のイノベーション化及び中小・ベンチャー企業の活用の促進に係るガイドライン」を策定して、各省庁に公共調達における中小企業・ベンチャーの活用を呼び掛けているが、依然として調達基準は各担当者の意識・力量任せとなっており、各行政担当者の意識の統一や技術の目利き能力の向上が図られているとは言い難い状況である。

これとは対照的な事例として、米国ワシントン州における事例を1つ挙げたい。ワシントン州は、シアトルを中心にアマゾン、マイクロソフト、エクスペディア、スターバックス、コストコと、日本に住んでいても一度はそのサービス・製品を体験したことがあろう企業の本社が集積しており、近年では、マイクロソフト出身者を中心としたAI系のスタートアップを多く立ち上げるエコシステムが成立している。このワシントン州において、同地出身のマイクロソフトの創業者であるビル・ゲイツとポール・アレンは、マイクロソフトを創業する前の1970年代に、トラフォデータという会社を興しており、ワシントン州政府の受注を受け、州政府の交通システムを納入している。驚くべきは、この時、ビルは高校生、ポールは大学生であったことである。起業したばかりの高校生と大学生の会社に、行政システムの構築を任せるチャンスを与えるという州政府の姿勢・風土が、ワシントン州が全世界的なイノベーティブな企業群を輩出し続けている要因の1つではないだろうか。

3　行政のイノベーションの方法性

行政のイノベーションの第一歩としては、まずは行政の有する課題を提示し、その課題解決に対する本気（解決策の創造を継続的に支援し、それが実現すれば購入するという姿勢）を外部に示すことが重要であると考える。なぜならば、行政の抱えている課題の情報がそもそも外部に出回らないことが多いことに加え、仮に企業がその情報を入手し、その解決策となる商品やサービスを作ったとしても行政課題は特殊であり、民間部門への応用が難しい場合が多いからである。

その実践の一事例として、林野庁が実施した取り組みの事例を紹介したい。林野庁では、森林所有者が行う植林などに対して、都道府県庁を通じて毎年補助金を提供している。この補助金を受け取るためには、植林面積の測量や、植林作業が問題なく実施されているか確認するための検査員（都道府県職員）・申請者（森林組合等）両者立ち合いによる現地検査等が必要であるが、申請件数が非常に多いことに加え、文字通り、山の中にある植栽地まで行くのに時間がかかるため、両者の業務を圧迫している状況にあった（まさしく特殊な行政課題である）。林野庁では、この課題を解決するため、２０１９年に公開型の検討会を開催し、実際に現場でこの作業に当たっている都道府県職員、森林組合職員に加え、課題解決に資する技術（リモートセンシング技術）を有する企業（ブルーイノベーション（株））の参画を促し、その課題の現状を生の声として取りまとめるとともに、リモートセンシング技術を活用した省力的な補助金申請・検査を可能とするための補助金の交付ルールの改正（注1）を行った。さらに林野庁は、リモートセンシング技術を導入した省力的な申請・検査方法の体系化・普及を促すため、ブルーイノベーション（株）と（一社）日本林業技術協会の協業による、申請・検査法の実証・検討、林業関係者向けの研修カリキュラムの作成へ対して金銭的な支援を行った。ドローンの価格等の社会実装・普及に向けた課題は依然残るものの、行政課題の対外的発信、解決策導入に向けた規制緩和、フィジビリティスタディ（F／S）段階からのサービス開発の支援（この場合、研修サービス）を体系的に実施した好事例ではないだろうか。

一方、政府の研究開発プロジェクトへの中小企業の参入促進策として、日本政府は「中小企業技術革新制度（日本版制度）」を1999年より導入している。これは、米国のSBIR（Small Business Innovation Research）を参考にしたもので、スタートアップを含めた中小企業によるイノベーションを推進するため、政府の研究開発予算のうち要件が満たすものを中小企業向けの「特定補助金等」として指定し、特定補助金等における中小企業への支出目標を定めるというものである。これにより、中小企業に対する研究グラントの量の増大にはつながった一方、肝心のグラントを受け取った中小企業の経営パフォーマンスの向上には寄与していないことが指摘されている。その要因の1つとして、中小企業庁の検討会において、行政で必要な技術・サービスの研究課題がきちんと設定されておらず、研究成果が公共調達や民間での利用につながっていなかったことが挙げられている（筆者としては、課題を「ジブンゴト」として伝え、本気でその課題を解決しようという意識が、行政担当者において薄かったのではないかと推測する）。これを受け、政府は関係法令の改正も含めた制度の見直しを図り、２０２１年4月より、各省庁統一ルールとして、政策ニーズに基づく研究開発課題の提示、Ｆ／Ｓ・ＰｏＣ等の初期段階からの連続支援、プロジェクトマネージャーによる運用管理・公共調達・民間利用へのつなぎの支援等を開始することとしている。プロジェクトマネージャーはおそらく外部人材を登用するのではないかと思うが、当事者である行政の各担当者一人ひとりが自らの課題について「ジブンゴト」として情熱を持って語り、グラントに採択された中小企業者とともに本気でその課題を解決するという気概を持たなければ、解決策となるビジネスを創出させることは難しいのではないかと筆者は思う。制度が形だけではなく、心の入ったものとして運用され、日本の行政分野に明るい未来をもたらすことを切に願う。

4　20年後の行政の未来予想図

最後に、イノベーションが進んだ20年後の行政の未来予想図を想像してみたい。ここでは、すべての行政手続きがオンラインで完結できるようになるといった行政サービスの受諾者としての具体的なイメージではなく、1、で述べた、日本経済における公共投資の重要性、行政機能の維持・発揮という視点からの未来予想を記述したい。

日本は現在、世界で最も進んだ少子高齢化社会であるが、残念ながら今後も高齢化が進行することが予想されている。世界のどの現代国家もが経験したことのないフェーズに日本が一番乗りで突入することにより、現存する行政課題の深刻化だけではなく、世界が未経験の新たな行政課題が生じてくる可能性が考えられる。しかし、「課題＝困りごと」の発生は同時にビジネスチャンスの発生でもある。日本は世界に先駆けて、その行政課題の解決策となるビジネスの創出・実証・実装に取り組むことができるチャンスを得ることになる。ここでまず重要なことは、その行政課題が存在していることを企業やアントレプレナーが知り、その解決に向けて情熱を持ってもらうというプロセスである。そして、その水先案内を担うのは、もちろん行政課題の当事者である行政の担当者である。20年後には、行政と企業・スタートアップが「ジブンゴト」という意識を持って行政課題の解決に向けて協業することが当たり前となり、さまざまな分野の企業・スタートアップが日本のGDPの約4割を占める公共投資の大海の中でイノベーティブなビジネスを展開している世界が来るであろう。そして、この巨大な揺り籠の中で育成されることにより、行政ニーズを捉えたRegTechやGovTech（注2）を有する世界的ユニコーンが日本で誕生し、日本に遅れて少子高齢化社会に突入する他の国々の行政課題に対しても国際的競争力を持ってサービスを展開している未来が来ることを期待したい。

一方で、イノベーティブなサービスやシステムが導入されることにより、行政の業務は大幅な効率化が図られており、多くの行政担当者は膨大な事務処理に追われる日々から解放され、調査や政策の企画など、よりクリエーティブな仕事にリソースをさけるようになるであろう。加えて、行政担当者が、新たな発想・技術を持つスタートアップ等との協業を日常的に体験することで、今までにない柔軟な発想の政策が科学的根拠の裏付けをもって創出されることとなることも期待できよう。

残念ながら、2021年度の国家公務員総合職志願者は、前年度比14・5％減の1万4、310人で5年連続での減少となった。この要因の1つは明らかに過酷な労働環境であり、実際、人事院の20年度採用の新人国家公務員総合職へのアンケート調査によると、優秀な人材の獲得に必要なものは何かという問いに対して、75％が「超過勤務や深夜勤務の縮減」と回答している。行政イノベーションが進んだ20年後には、私たちの国の屋台骨を支える行政という重要な仕事が、若い人たちにとってより魅力あるものとなっていることを信じたい。

【注】

（1）（やや専門的な話になるが、）検査員が、ドローンで撮影した植栽地の画像をオルソ化し、その画像をパソコンに読み込み、GIS上で実施面積や実施状況を確認することで検査完了とすることを可とする改正が行われた。

（2）「RegTech」とは、規制（Regulatory）と技術（Technology）を組み合わせた造語で、主に金融業界での規制に対応するITソリューションのことを指す。また、「GovTech」とは、政府（Government）と技術（Technology）を組み合わせた造語で、電子申請など、技術を活用して行政サービスの品質を向上する取り組み、またはその技術ソリューションのことを指す。

参考文献

OECD（2019）Government at a Glance 2019.

人事院（２０２０）「令和元年度過労死等の公務災害補償状況について」https://www.jinji.go.jp/kisya/2007/karoushitou01.html（閲覧日：２０２１年４月12日）

日経ＸＴＥＣＨ（２０２０）「公務員も欠員時代に、応募者を増やそうと躍起の自治体」https://xtech.nikkei.com/atcl/nxt/mag/ncr/18/00086/022700003/（閲覧日：２０２１年４月12日）

Trade Economics「Japan Government Spending To GDP」（閲覧日：２０２１年４月12日）

市川洋平・江藤哲郎（２０１９）『シリコンバレーの次はシアトルだ　ＡＩゲームチェンジャー』日経ＢＰマーケティング。

ブルーイノベーション株式会社（２０２０）「森林づくりへの異分野技術導入・実証事業（リモートセンシング研修）実施報告書」

内閣府政策統括官（科学技術・イノベーション担当）（２０２０）「公共調達のイノベーション化及び中小・ベンチャー企業の活用の促進に係るガイドライン」

日本版ＳＢＩＲ制度の見直しに向けた検討会（２０１９）「中小企業技術革新制度（日本版ＳＢＩＲ制度）の見直しの方向性（中間取りまとめ）」

内閣府（２０２１）「日本版ＳＢＩＲ制度の見直しについて（令和３年２月）」

人事院（２０２１）「２０２１年度国家公務員採用総合職試験の申込状況について（令和３年４月）」

人事院（２０２１）「総合職試験等からの新規採用職員に対するアンケート調査の結果について（令和３年１月）」

第6節

個の力が試される時代の転換期
～"見つけてもらえる力"を身につけよ～

業務効率化コンサルタント・フリーランス　島崎加奈子

1　会社員という立場を利用してフリーランスで活動する時代に

友人から仕事について「最近何やってるんですか？」と聞かれると、私は「中小企業向けの業務改善のコンサルティング会社に所属して、フリーランスで短大のYouTube動画の編集、企業の人材広報の顧問、あとはライターと着物の着付けしてますよ」と返信し、大体相手は「え、何屋さん？」と不思議な目で見られる。私は個人事業主での仕事と会社員としての仕事は半々で、会社員として所属している仕事を除いては、明日無くなってもおかしくはない。

特別フリーランスで働きたかったわけではなかったが、２０１４年に休日を利用して友人と立ち上げた着物イベント団体の活動を通して、ＳＮＳで知り合った人から着物関連記事の執筆の仕事をもらい、記事を書いているうちにライターとしての活動が大きくなっていったことがフリーランスへの第一歩だった。人に会い、自分の実現したい世界を語り、また仕事をもらい、わからないことは本やネット、足を運んで情報を得る。始めからうまくいったわけでもなかったが、会社に属している中でスタートできたことで、一定の収入を確保しながら始められたことが後押ししてくれた。気がつけば、会社に属さずいろいろな仕事の相談をもらい、とりあえずやってみるうちにフリーランスになっていた、これが現在の私に至る経緯だ。

当時、私のような働き方に対して親にはとても心配され、友人たちからも不思議な視線を送られていたが、リモートワークが一般的になった今、私のような仕事の仕方をしている人が多くなった。Ｗｅｂページの制作会社にいながら、個人でも仕事を受けたり、さらに趣味のアカペラが高じて歌の動画制作をする人。テクノロジー開発系の会社にいながら、他の会社のプロジェクトにも参加する人。これは実在する私の友人たちだ。たった1年前には私の仕事スタイルを他人事のように思っていた人も、リモートワークにより時間ができ、仕事のオファーに対しチャレンジをしたら仕事になったようだ。ＩＴエンジニアなどもともと家で仕事をしていた人は、クライアントの企業がリモートになったため、ミーティングで足を運ぶことがなくなった分、より効率的に多くの仕事ができているという人も少なくない。

株式会社マイナビが行った「働き方、副業・兼業に関するレポート（２０２０年10月調査）」によれば、緊急事態宣言を境に在宅勤務・リモートワーク導入を行った企業は26・5％から40・2％へアップ。また、副業を認めている企業は約49・6％。将来的に副業を拡充する企業も含めると57・０％と半数以上に及ぶという。このようにコロナ禍の混乱から、名だたる企業がリモートワークに切り替え、残業も減り、従業員各々の自分時間が増え、副業がしやすい環境となっている。働き方改革も相まって、多様な働き方が加速していることは、このデータからも明らかである。在宅での仕事によりランチや仕事終わりにみんなで外食をするなんてコミュニケーションの時間が減ったのは寂しいかもしれないが、移動時間などが減ることで自分のために使える時間とお金は確保しやすい時代になった。

2 リモートワークの推進、業務効率化に隠れた〝見えないリストラ〟

リモートワーク、働き方改革、なんだかとても自由になった気がするが、これがリストラの一種でもあることも忘れてはならない。飲食店をはじめとするサービス業では従業員の数パーセントを削減し、希望退職を募るというネガティブなニュースばかりが目立つが、リストラの意味するものは解雇だけではないのだ。交通費の削減、残業時間の削減、人事配置の整備など、これらの業務改善や効率化はすべてRestructure（＝再構築）、つまりリストラに当てはまるからだ。企業側には新しい評価制度を設ける必要性に迫られているものの、実際のところは成果主義で、限られた時間の中で成果を残した人に良い評価をする傾向にある。いわゆる上司への〝ごますり〟や、仕事ができているように見せるパフォーマンス上手なだけでは評価されにくくなった。従業員本人は適当にやっているつもりでも、その出来が会社側の求める以上のものであれば、その従業員は必要な存在であるし、反対に会社に忠誠を誓っていても仕事の結果や存在意義が伴わなければ必要でないと判断される。ようはいかに短時間で業績につながるパフォーマンスを上げることができるのか、それを考え抜けることが重要なのだ。コロナ禍が終焉を迎えても、この方向性は変わらないだろう。

これからの時代では、「今月は残業代で稼ごう」なんていう考え方をしていては、給料は増えない。パフォーマンスを上げられなければ、企業に残ることも難しい。さらには会社の行うリストラをうまく活用し、さっさと仕事を終わらせて、空いた時間でより効率的に個人で仕事を増やすことで収入が増える。または趣味など好きなことをする時間に使い、クオリティ・オブ・ライフを充実させることができるだろう。

3 誰かに見つけてもらえる〝個〟を磨け

大企業でも倒産し、せっかく時間をかけて資格をとってもAIにとって代わられ、仕事を失う時代。独立・企業というギャンブル的な大きな一歩を踏み出さなくても、新しい仕事が始められる時代。ネガティブな感情とポジティブな感情が混在しているこの世の中で、どう生きるのか。私も一歩踏み出すのに躊躇するタイプの人間だが、いろいろな経営者や個人事業主と話すことでわかったことがある、〝踏み出したもの勝ち〟だ。リモートワークなんてやったことなくても、なんかやったらできちゃった、これがこの1年で明らかになった事実。

踏み出すと意外とできるものだ。

どう生きるのかひたすら悩んでいても何も変わらない。自分に何ができるのかわからない人は、自分の好きなことや、やっていて飽きないことを探して、それにまつわる仕事をしている人を探して真似してみるのは手っ取り早い。さらにはとことん真似してみて「こうだったら良いのに」と思えば、それがビジネスの種だ。はじめは大きく稼ごうなんて思わず、できることからやればいい。ブログやSNSでの発信は、一番お金がかからずスタートできる武器だ。文章だけでなく、映像や音だけでも発信できるようになったのだから、とても便利になったと常々思う。

20年後には今よりもさらに、フリーランスとして、個人の力を活かして活躍する人が増えていると想像できる。副業は当たり前となり、半フリーランスとして活躍し、雇用されている会社からの給与よりも個人での収入が大きくなる人もいるだろう。そして場所を選ばず、肩書にとらわれず、業種の範囲を超えて、自分自身と向き合う時間が増えているはずだ。その未来では（今もすでにそうだが）、自分はどうしたら幸せを感じるのか、何をしていると苦痛なのか、どういう場所に行くと心が安らぐのか、周りを忘れて夢中になれる瞬間はどんなときなのか……そういった自分の感情に向き合って、行動指針を自ら定め、実行する力が必要だ。思っているだけではなにも変わらない。自分の「楽しい」「好き」「どうにかしたい！」といった感情を満たし、課題を解決するために何か行動しなければ、誰にも手を差し伸べてもらえない。SNSで発信するも良し、会社で培った知識を利用しても良い、とりあえず友人に自分の考えを話すだけでも良い、とにかく小さな一歩を踏み出す練習から始めよう。

会社に出社するだけで誰かの目の中に留まり、見つけてもらえる時代は終わった。自ら考えを発信し、誰かの視界に飛び込んで、自分の仕事や存在を認識してもらう必要がある。組織の中では大きなパフォーマンスをあげたり、社内チャットなどで情報共有をしたり、発言量を増やしたり。副業や個人での仕事である程度の収入を得るためには、クライアントから注目を集められるようSNSで発信したり、イベントを主催するなどセルフプロデュース力が重要だ。今の時代に求められる〝個の力〟、それはセルフプロデュース力であり、誰かに見つけてもらえる力と言い換えられるかもしれない。自分自身と向き合い、考えすぎず一歩を踏み出す。そしてその一歩を誰かに見つけてもらうにはどうしたら良いのか、それを考え抜ける〝個〟が時代を生き抜くだろう。

参考文献

株式会社マイナビ（２０２０）『働き方、副業・兼業に関するレポート（２０２０年）』https://dugf25wejf35p.cloudfront.net/wp-content/uploads/2020/10/%E5%83%8D%E3%81%8D%E6%96%B9%E3%80%81%E5%89%AF%E6%A5%AD%E3%83%BB%E5%85%BC%E6%A5%AD%E3%81%AB%E9%96%A2%E3%81%99%E3%82%8B%E3%83%AC%E3%83%9D%E3%83%BC%E3%83%88%EF%BC%882020%E5%B9%B4%EF%BC%89.pdf（閲覧日：２０２０年5月30日）

第6章　生活・社会問題

第1節　イノベーションはライフスタイルが創る！

東北大学名誉教授／地球村研究室代表　石田秀輝

1　何が問題なのか？

地球上の生物の総重量は1兆1千億トンあるが、人間が生み出す人工物の総量が2020年12月にそれを超え、さらに毎年300億トン―毎週、世界中のすべての人が自分の体重以上の人工物を生み出しているのと同じ―を生み出し続けているという（注1）、アントロポセン（人新生）の環境危機である。

この危機を乗り越えるために、2050年を目指して世界の124カ国（2021年1月）がカーボン・ニュートラルを宣言しているが、自然界での炭素は主に太陽エネルギーを駆動力として完璧な循環を持つのに比べ、人工物はほとんどの場合、つくる時、運ぶ時、使う時、そしてその寿命を終える過程で炭素は循環せず、蓄積してしまう。それが温暖化という気候変動につながり、さらには生物多様性の劣化にも大きく影響している。現に、この50年間で地球上の脊椎動物は68％減少、昆虫はこの27年間で最大75％減少した（注2）。昆虫がいなければ90％以上の植物は受粉できず、植物がいなくなればほとんどの動物は生きていられない、人間もである。だからこそ、カーボン・ニュートラルが不可避なのである。

さらに現在の資本主義（グローバル資本主義、金融資本主義、新自由主義）そのものが限界にあることも事実である。アベノミクスの6本の矢はどこに飛んで行ったかわからず、何をやっても経済成長につながらず、日本はこの30年間のたうち回っている。

われわれは、地球環境の限界と資本主義の限界という、過去、人類史で経験したことのない2つの限界に同時に解を示さなくてはならない。そして、次の定常化社会を創り出さねばならないのだ。

2　では、どうするのか？

このままでは間違いなく20年後、いや10年後には文明崩壊の引き金に手を掛けることになるのだろう。未来の子供たちに手渡すバトンとは、あらゆるものが循環するものつくり、暮らし方のかたちを創り上げるしかないのだ。間違っても、何か革新的な技術がこの問題を一挙に解決してくれるなどと思うなかれ。テクノロジー進歩の歴史は、それができないことをすでに証明している。古くは1865年の石炭問題（ジェボンズ）（注3）に始まり、最近では

２００９－11年に日本で行われた家電エコポイント制度に明らかである。エコ・テクノロジーは革新的に進歩し、生活者の環境意識も極めて高くても、エコ・テクノロジーの市場投入は環境負荷の低減にほとんど役に立たなかった。エコ商材が消費の免罪符となったのである（エコ・ジレンマ）（注４）。カーボン・ニュートラルを目指すということは、従来の化石エネルギーに代わって再生エネルギーを導入したり、エコ・テクノロジーの利用だけでは到底果たせないことは明らかである。何かと何かを置き換えるテクノロジーは、必ずエコ・ジレンマを起こすのである。

3　ではどうやって？

循環しない暮らし方や循環しないものつくりからの離脱に必要とされるのは、足場の大きな変更である。カーボン・ニュートラルという厳しい制約の中で、どうやってワクワクドキドキ心豊かなライフスタイルを生み出せるのか、そしてそこに必要なテクノロジーやサービスが何かを考えねばならないが、それは思考の足場を少し変える（バックキャスト思考）ことで見えてくる（注５）。

今、われわれは依存型の社会にいる。それは、『あなたは何もしなくて良いのです。テクノロジーやサービスがすべてを代行します』という物質型の社会である。ブレーキを踏まないでも止まる車、全自動の何とか…物質的に飽和している今、生活者がこの社会にストレスを感じていることは間違いない。多くの人が求めているのは自立型の社会なのだ（注６）。その究極は

「間」を埋めるということ：ちょっとした不自由さ（喜ばしい制約）を，個（人）やコミュニティーの技・知恵・知識で乗り越えることによって，愛着観や達成感，自充実観が生まれる

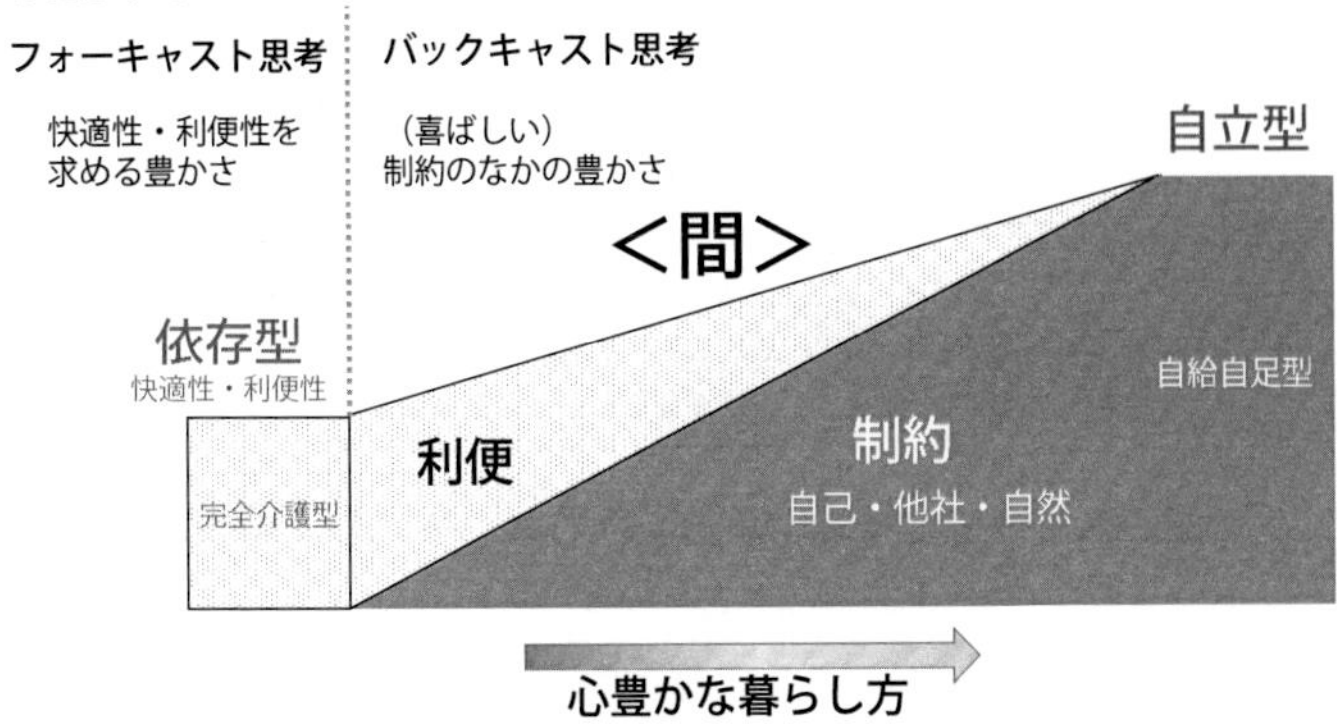

図1　心豊かな暮らし方のかたち

自給自足であるが、それは極めてハードルが高い。実は、この依存と自立の間に大きな隙間が空いている。このエリアこそが宝の山、未来社会が求めているテクノロジーやサービスの宝庫なのである。この『間』は、ちょっとした不自由さや不便さ（喜ばしい制約）を、個（人）やコミュニティーの智慧や知識・技で乗り越えることにより埋められ、その結果、愛着感や達成感、充実感の生まれる暮らし方を生み出す社会なのである（図1）（注7）。

このような、ライフスタイルを描き、それに必要なテクノロジーやサービスを創成する手法として『ネイチャー・テクノロジー』という概念がある（図2）（注8）。それは、バックキャスト思考でライフスタイルを描き、それに必要なテクノロジーやサービスの要素を抽出し、完璧な循環を最も小さなエネルギーで駆動する自然にその要素を探しにゆくものである。残念ながら、現在の科学では自然の模倣を十分に行えず、大きな環境負

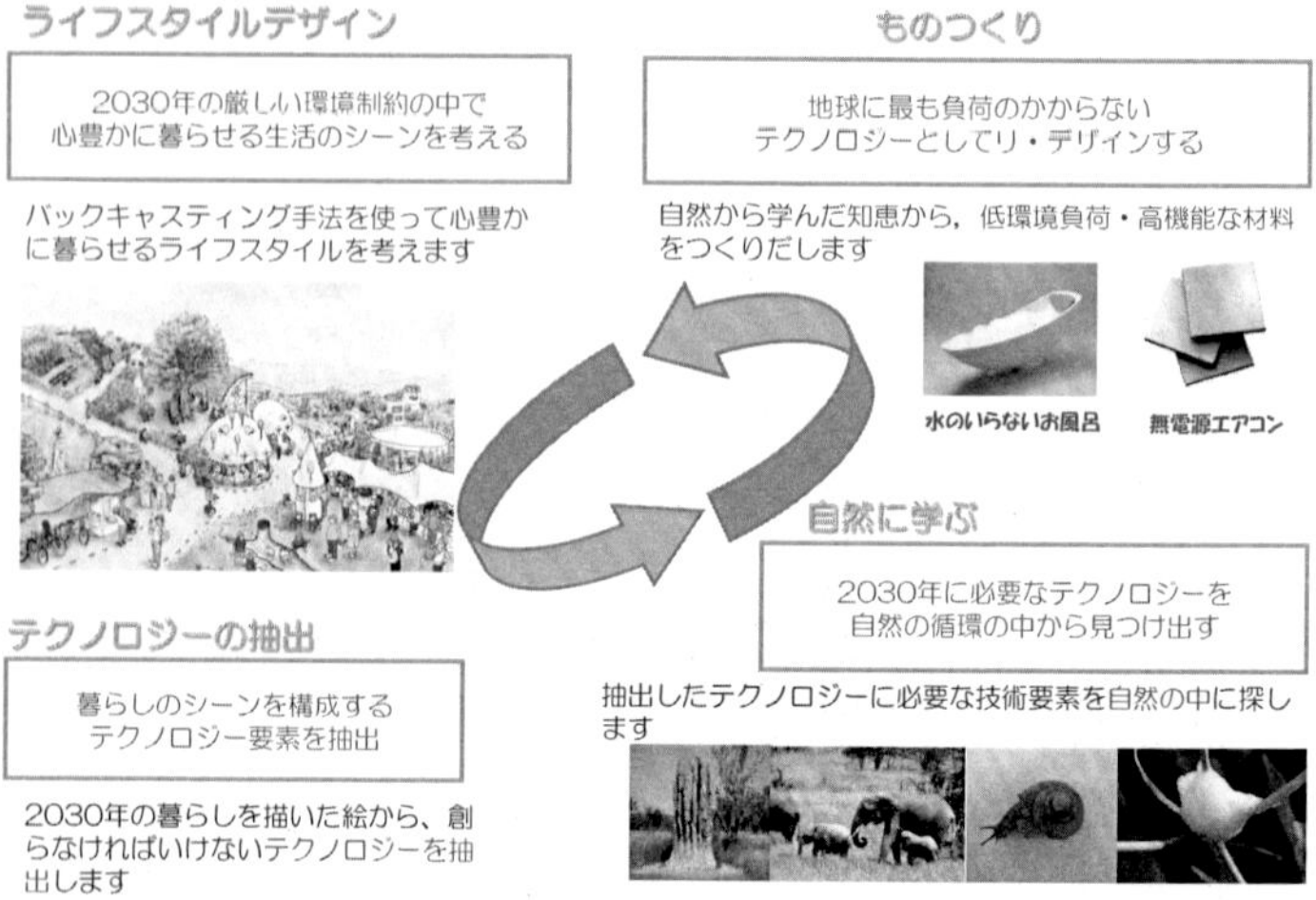
ライフスタイルデザイン
2030年の厳しい環境制約の中で
心豊かに暮らせる生活のシーンを考える
バックキャスティング手法を使って心豊かに暮らせるライフスタイルを考えます
ものつくり
地球に最も負荷のかからない
テクノロジーとしてリ・デザインする
自然から学んだ知恵から，低環境負荷・高機能な材料をつくりだします
水のいらないお風呂
無電源エアコン
自然に学ぶ
2030年に必要なテクノロジーを
自然の循環の中から見つけ出す
抽出したテクノロジーに必要な技術要素を自然の中に探します
テクノロジーの抽出
暮らしのシーンを構成する
テクノロジー要素を抽出
2030年の暮らしを描いた絵から、創らなければいけないテクノロジーを抽出します

図2　ネイチャー・テクノロジー（Nature Technology）創出システム

荷を生み出すことがあるため、持続可能というフィルターを通してテクノロジーやサービスをリデザインする必要がある。

このようなネイチャー・テクノロジー創出手法で、泡に学んだ水のいらないお風呂（3ℓ程度は必要）、土に学んだ無電源エアコン、カタツムリに学んだ汚れない表面、トンボに学んだ超微風でも回る風力発電機などいくつもの技術が生み出され始めた（注8）。

4　そんな社会に本当に移行できるのか？

今回のコロナ禍の三密という制約の中で、多くの人たちが新しい暮らし方のキーワードを見つけた。テレワークが地元や家族の再発見につながり、自分時間や家族時間を大切にし、ワークとライフが重なる暮らしを楽しみ、文化が人にとっての生命維持装置だったと認識し・・・皆が横並びではなく、個（個人、家族、コミュニティー、小さな企業、小さな行政など）のデザインが新しい時代に大事な暮らし方、働き方、学び方のかたちであることがわかった（注9）。その結果、最先端テクノロジーを使わずとも30％もの二酸化炭素を削減できたのだ。ちょっとした不自由さを個（人）やコミュニティーの技や知識や知恵で乗り越えた結果である。これこそがアフターコロナのイノベーションといえるのだろう。

未来の子供たちに手渡さねばならない素敵なバトンとは、真っ白いキャンバスにゼロから描くことではない、長い歴史の中で学んできたことをオシャレに紡ぎ直すことなのだ。確かな未来は懐かしい過去にあるのだ。それは都会ではなく、ローカルが主役の時代がすでに始まっているということでもある。

イノベーションはテクノロジーによって起こるのではない。暮らし方のかたち（ライフスタイル）が創り出すものなのである。

【注】

（1） National Geographic（2020）「地球上の人工物と生物の総重量が並ぶ」https://natgeo.nikkeibp.co.jp/atcl/news/20/121100731/（閲覧日：2020年12月30日）

（2） Living planet report 2020 WWF, Living Planet Report 2020 Official Site WWF（panda.org）（閲覧日：2021年4月30日）

（３） Alcott, Blake（2005）"Jevons' paradox", *Ecological Economics*, 54（1）: 9–21. Jevons' paradox - ScienceDirect（閲覧日：２０１１年４月15日）
（４） 石田秀輝・古川柳蔵（２０１４）『地下資源文明から生命文明へ』東北大学出版会。
（５） 石田秀輝・古川柳蔵（２０１８）『バックキャスト思考』ワニプラス。
（６） 石田秀輝（２０１５）『光り輝く未来が沖永良部島にあった』ワニブックス。
（７） 石田秀輝（２００９）『自然に学ぶ粋なテクノロジー』化学同人。
（８） Emile H. Ishida・Ryuzo Furukawa（2013）, *Nature Technology*, Springer.
（９） 石田秀輝（２０２１）『危機の時代こそ心豊かに暮らしたい』ＫＫロングセラーズ。

参考文献

National Geographic（2020）「地球上の人工物と生物の総重量が並ぶ」https://natgeo.nikkeibp.co.jp/atcl/news/20/121100731/ （閲覧日：２０２０年12月30日）

Living planet report 2020 WWF, Living Planet Report 2020 Official Site WWF（panda.org）（閲覧日：２０２１年４月30日）

Alcott, Blake（2005）"Jevons' paradox", *Ecological Economics*, 54（1）: 9–21. Jevons' paradox - ScienceDirect（閲覧日：２０１１年４月15日）

石田秀輝・古川柳蔵（２０１４）『地下資源文明から生命文明へ』東北大学出版会。

石田秀輝・古川柳蔵（２０１８）『バックキャスト思考』ワニプラス。

石田秀輝（２０１５）『光り輝く未来が沖永良部島にあった』ワニブックス。

石田秀輝（２００９）『自然に学ぶ粋なテクノロジー』化学同人。

Emile H. Ishida・Ryuzo Furukawa（2013）, *Nature Technology*, Springer.

石田秀輝（２０２１）『危機の時代こそ心豊かに暮らしたい』ＫＫロングセラーズ。

第2節

英語化は日本社会にイノベーティブな環境をもたらすだろうか

九州大学教授　施　光恒

コロナ禍の陰に隠れ、あまり注目されなかったが、2020年4月から小学校での英語正式教科化が始まった。小学校以外でも英語化の波は強くなっている。有力大学では昨今、日本語よりも英語で講義をするほうが歓迎される傾向がある。ビジネスの現場でも英語を社内公用語に定めるところが増えた。

英語化が推進される主な理由は、経済界からの強い働きかけだ。経済界はしばしば次のように主張する。「日本経済の停滞はグローバル化に乗り遅れたせいだ。英語が堪能な『グローバル人材』を増やさねばならない。英語化が進めば経済が活性化する。また、国籍にとらわれず多様な人材が英語で交流できれば、日本の企業や社会の創造性は増し、イノベーションが起こりやすくなるはずだ」。

しかし少し冷静に考えると、英語化が進めば経済が復活し、日本社会がより豊かで創造的になるという想定は疑わしいと言わざるを得ない。英語ができれば経済が成長し、豊かでイノベーティブにもなるのであれば、フィリピンなど英語が広く使われている発展途上国のほうが日本よりもはるかに豊かで創造性に富んだ国になっているはずだからだ。

1　近代社会の成立と言語

言語と経済成長に関し、最近、興味深い論考が発表された。ドイツの大学のC・ビンツェル教授らの研究グループが書いた「俗語化と言語の民主化」という論文である（Binzel, C., Link, A. and Ramachandran, R., "Vernacularization and Linguistic Democratization," *CEPR Discussion Paper* 15454, 2020）。（この論文の存在は、柴山桂太氏（京都大学）に教えていただいた）。

ビンツェル教授らは、中東地域を主な研究対象とする経済学者である。アラブ諸国の経済発展がなぜ進まないのかという問題意識から、アラブの言語状況に興味を抱いたという。アラブ社会では、書き言葉と話し言葉が現在でも異なっている。主にエリート層が用いる書き言葉（古典アラビア語）と、庶民が日常生活で使う各地の話し言葉が大きく違っているのだ。これは、言語社会学でいうところの「ダイグロシア」（diglossia）と呼ばれる状況である。ダイグロシアとは、ある社会において、2つの言語、あるいは2つの言語変種が互いに異なる機能をもって使い分けられている状況を指す。

ダイグロシア状況は、中世ヨーロッパでも見られた。エリートはラテン語で交流したり知的活動に従事したりする一方、庶民はラテン語が理解できず、各地の俗語（現在の英語やドイツ語などのもとになった言語）のみを使い暮らしていた。

アラブ社会の言語状況が中世ヨーロッパに似ているということから、ビンツェル教授らは、ヨーロッパの近代化の過程に関心を持った。ヨーロッパ諸国は近代化に伴って経済が成長し、社会の活力や人々の創造性も増したが、その背景には、言語を取り巻くどのような状況の変化があったのか。その関係性の実証的検討を試みた。

中世ヨーロッパでエリートの言語がラテン語だったのは、ローマ・カトリック教会の影響力が大きかったためだ。ローマ・カトリック教会がラテン語を公用語に定め、礼拝などの儀式はラテン語で行い、聖書をラテン語から各地の俗語に翻訳することも禁じていた。

この状況を変えたのは、周知のとおり16世紀前半の宗教改革である。聖書が各地の俗語に翻訳され、庶民が日常言語で聖書を読めるようになった。また、翻訳で知的な語彙が増えたため、各地の俗語は次第に鍛えられていった。ラテン語やギリシャ語の知的で抽象的な語彙が各地の俗語に流入していったのである。そのため各地の俗語は、知的で抽象的な事柄も論じられる洗練された言語へと発展した。その結果、宗教改革以降、特にプロテスタンティズムを採用した国や地域では、俗語で書かれる出版物が急増した。

この流れの中で、一般庶民が知的事柄に接する機会が著しく増大する。ラテン語を解さない庶民でも、日常の言葉でさまざまな本を読み、学び、考え、他の人々と知的な議論ができるようになったのである。

2　多数の庶民の社会参加こそ

このあたりの話を、私も以前、拙著『英語化は愚民化――日本の国力が地に落ちる』（集英社新書、２０１５年）で比較的詳しく論じた。宗教改革以降、聖書の翻訳を通じて各地の俗語が発展し、知的な言語となり、俗語の出版物が増え、高等教育も俗語で受けられるようになっていった。そのため多数の庶民が知的能力を鍛え、開花させる可能性が以前よりも大きくなった。実際、多くの庶民が能力を磨き、発揮し、社会のさまざまな分野に参加できるようなった。そのおかげで、ヨーロッパ諸国では多数の人々の力が社会に結集されることとなり、経済が発展し、活力ある近代社会が成立した。このように考えられるのではないかと論じたのである。

ビンツェル教授らは、私とほぼ同じ観点に立ちつつ、こうした推論を、「俗語での出版物の増加数」「俗語での出版物が増えたことにより、本を書く人々の出身階層がどのように変わったか」「俗語化が進んだ地域の経済発展はいかなるものだったか」などについて歴史的資料に当たりつつ調査し、補強していく。ビンツェル教授らが主に用いたのは、ＵＳＴＣ（universal short title catalogue）という書誌目録である。ＵＳＴＣは、印刷技術の発明が生じた15世紀半ばから16世紀末までのヨーロッパの出版物（書籍やパンフレット）を網羅したものだ。印刷物の出版地、出版年、著者、使用言語などの情報が集められている。

ビンツェル教授らは、ＵＳＴＣなどを分析した結果、以下のように述べる。宗教改革以降、俗語での出版物が急激に増加した。１５１７年の宗教改革以前は、すべての印刷物に占める俗語での出版物の割合は3割程度だったが、宗教改革以降、上昇し5〜6割を占めるようになった。

また、教授らは、宗教改革以降の20年間で、特にプロテスタントの都市で見られた変化として次の点を指摘する。1つは、著者の多様化である。ラテン語が読めない低い社会階層の出身者が書いたと推測される印刷物が急激に増加した。加えて、俗語の出版物の扱うテーマも拡大する。宗教だけではなく、農業、芸術、経済、法令などの分野にも広がった。

さらに、ビンツェル教授らは、俗語化と、経済成長や人々の創造性の開発との関係についても論じる。USTCやその他の資料を用いつつ、教授らは、俗語での出版物が増えた都市では人口の増加が目立つという指摘を行う。この点から、俗語化が進んだ地域のほうが、経済が成長したのではないかと推測するのである。

また、俗語での出版物が増えた都市の方が、歴史に名を遺す著名人の数が多いことも明らかにする。これは、俗語の出版物が増え、多くの人々が多様な書物に触れられるようになった地域の方が、創造性などの能力を磨き、発揮しやすい環境が整ったためではないかと推測する。つまり、俗語化が進んだ地域の方が、人々の創造性の開花をより促したといえるのではないかと考察するのだ。

以上のことから、ビンツェル教授らも、近代における「ヨーロッパの興隆」は、俗語化の進展によるダイグロシア状況の解消が大きく影響しているのではないかと結論する。多数の普通の人々が日常の言葉で知的事柄を論じ、社会のさまざまな場面に参加し活躍できる環境が整えられたことが、活力ある近代社会がヨーロッパで成立した主な要因だと論じるのである。

3　英語化が進行した20年後の日本

ビンツェル教授や私のこうした推論が正しければ、昨今の日本社会の英語化は、経済成長を促し、より創造性に富んだ社会を生み出すどころか、むしろその妨げになる恐れがある。

明治以来、日本が近代化に成功し、曲がりなりにも経済大国になったのは、日常の言葉である日本語で知的事柄を学び、考え、議論できる環境が整備されてきたからだろう。先人が外国語の文献を数多く翻訳し、日本語を鍛え、日本語で森羅万象を論じ考えられる環境を作り上げたおかげで、多数の普通の日本人が学び、社会に参加し、能力を磨き発揮しやすくなった。そのことが、日本社会の活力を養ったのだと思われる。

英語化が今後も進めば、学問やビジネスの第一線では英語を使うものとされ、日本語は日常生活のみで使われる卑俗な言葉に堕ちてしまう恐れがある。

たとえば、現在の英語化現象の一例として大学授業の英語化を取り上げてみよう。大学授業の英語化が進めば次のようなことが生じる。日本語で書かれた各分野の専門書（外国人が英語などの外国語で書いたものの邦訳、あるいは日本人研究者が日本語で書いたものの双方を含む）があまり出版されなくなるという事態である。

専門書の最も確実な需要が見込めるのは、つまり専門書が一番確実に売れるのは、それが大学の教科書や参考書に指定された場合である。出版社も商売であるから、確実な売り上げが見込めない本はあまり作りたがらない。私も専門書を出したり、翻訳を手掛けたりすると、出版社からは私の担当する大学の授業で教科書や参考書に指定するよう依頼されることが多い。しかし、大学の授業の英語化が進めば、当然ながら教科書や参考書も日本語のものは指定しにくい。今後、ますます日本語で書かれた専門書は減っていくであろう。

その結果、最新の専門的語彙が日本語に翻訳されなくなり、日本語は徐々に日常卑近のことしか語ることができない「現地語」に堕ちてしまう恐れがある。

このように英語化の流れがこのまま続けば、普通の日本人が多様な分野の新しい知識を学び、幅広い事柄について考え抜くことができるようになるハードルは高くなる。高度の英語を身に付けなければならなくなるからだ。結果的に、高い水準まで能力を磨き、発揮できる人々の数が大幅に減少し、日本社会の活力は失われてしまうだろう。「少数のエリート層は英語、多数の庶民層は日本語」というダイグロシア状況が生じ、それとともに日本社会の停滞は深刻化し、近い将来、日本は先進国の座を滑り落ちるのではないだろうか。経済的豊かさの点でも、人々の創造性の開花という点でも、以前よりもはるかに劣ってしまうのではないだろうか。

現在流行の英語化路線やその背景にある現在のグローバル化路線を、やはり大いに疑ってかかる必要があるだろう。

※本節はＪＳＰＳ科研費ＪＰ１９Ｋ０１４７５の助成を受けた研究の成果に依拠しています。

第3節

当事者研究の可能性
～「生きづらさ」を抱える人々を受け入れる20年後の社会のために～

長崎県立大学講師　伊藤康貴

1　当事者研究とは

本稿では、20年後の社会を予想するにあたって、近年注目が集まっている「当事者研究」に着目し、それが持つ社会変革の可能性について考えてみたいと思う。

さて、この当事者研究というものだが、これは、２００１年頃より始まった、北海道の日高地方に位置する浦河町にある精神障害などを持つ当事者の地域活動拠点である「浦河べてるの家」での取り組みを嚆矢とする自助的な方法を指すものである。

このべてるの家では、もともと日高産昆布の産地直送販売を手掛けており、「この商品はどうやって説明したらお客さんに伝わるか」というレベルの困りごとを、ＣＢＴ（Cognitive Behavioral Therapy、認知行動療法）やＳＳＴ（Social Skills Training、生活技能訓練）を通じて対処するミーティングを行っていた。しかし、べてるの家の当事者の中に、ときたま暴力への衝動によって電話機を破壊するなど「爆発」してしまう青年がいた。この青年の困りごとである「なぜ自分はいつも同じ失敗（＝爆発）を繰り返してしまうのだろう」という「深いテーマ」についてはＣＢＴやＳＳＴで対処することが難しいという問題意識にもとづいて、そのテーマについてべてるの家の仲間同士で語り合ってみることを「研究」と名付け、始められたのが当事者研究である（浦河べてるの家　２００５：１７８－１８９；伊藤・向谷地　２００７：２２９）。

この当事者研究は、べてるの家の関係者による出版物（浦河べてるの家　２００２、２００５など）や講演活動などを通じて日本全国や海外に紹介され、現在では各地において、統合失調症のみならず、その他の精神疾患や発達障害、依存症、不登校や「ひきこもり」など、「生きづらさ」を抱える人々の自助グループなどの当事者活動において組み込まれ始めている。全国の活動をネットワーク化する試み（当事者研究ネットワーク）もなされ、全国的な交流集会（当事者研究全国交流集会）も定期的に開催されており、さらに２０１５年には、東京大学先端科学技術開発センターに当事者研究分野が設置され、複数の学問分野と協働する形で教育と研究が行われている（熊谷、２０２０）。

２　当事者研究の源流としての身体障害者当事者運動と依存症自助グループ

当事者研究を行う熊谷晋一郎の整理によれば、当事者研究には次に示す２つの源流があるとされる（熊谷、2020）。

1つは、1970年代以降に身体障害者によって展開された当事者運動である。これは、障害を個人の心身の機能的問題とする「障害の個人モデル（医学モデル）」を批判し、マジョリティ中心にデザインされた社会の制度・文化・慣習が、マイノリティにとっては社会的障壁となっており、そのために社会生活上の障害（ディスアビリティ）が生じているという「障害の社会モデル」をもとに展開されたものである。たとえば駅の階段の前で立ち往生している車いすユーザーがいたとしよう。個人モデルの考え方では、この人に対して歩行訓練などのリハビリの必要性を発想するが、社会モデルでは、駅の構造自体が歩ける人のみを前提に設計されてしまっていることに着目し、その設計の偏りの改善（エレベーターの設置など）を社会的に求めることになる。身体障害者の当事者運動では、この社会モデルの考え方を通じて、地域を自立生活が可能な環境に作り変えることが目指されている。

もう1つが、依存症の自助グループである。これは、1930年代よりアメリカで始まったアルコール依存症者のグループ（アルコホリクス・アノニマス、AA）を源流とし、12のステップを用いて依存症からの回復を目指すものである。このAAから派生して、1950年代には薬物依存症者のグループ（ナルコティクス・アノニマス、NA）が生まれた。このAAやNAが日本において始まったのは1970年代から80年代にかけてであり、2001年には、浦河AAの協力で統合失調症向けのスキゾフレニクス・アノニマス（SA）が誕生し、これがべてるの家の当事者研究へとつながっていくことになる。この自助グループでは、「言いっぱなし、聞きっぱなし」というルールのもと、「私は依存症の○○です」とニックネームを用いて自分の経験談を語り合い、自分の経験を仲間とともに言語化し、物語としてまとめ上げていく。そしてこの過程を通じて自己を発見し（ディスカバリー）、依存症からの回復（リカバリー）が目指される。

この2つの潮流が交わったところに当事者研究が生まれたと熊谷はいう。これまで専門家によって病理的に解釈され、施設などに隔離され、自らの言葉を失われてきた当事者は、これら2つの潮流の理念や文化を受け継ぎつつ、自らの言葉で自らの経験（苦労）に意味を与える作業として、仲間とともに困りごとを研究し、さらにはその研究が公開されることを通じて、社会生活上の障害（ディスアビリティ）を生じせしめている社会的障壁（マジョリティ中心にデザインされた社会の制度・文化・慣習）の更新を求める実践を行っているのだ。

3 当事者研究が20年後の社会を変えていく可能性

私自身は、もともと「ひきこもり」の経験者であり（注1）、「ひきこもり」を中心とした「生きづらさ」と、それに対する人々の対処戦略（社会運動など）について、社会学をベースに研究を行ってきた（注2）。ここ10年ほどは、「ひきこもり」に関する当事者活動（自助グループや情報発信活動など）をフィールドに調査を続けており、関西を中心とした当事者活動や当事者研究に参与してきた（注3）。この「ひきこもり」というテーマをめぐっても、近年、当事者研究が浸透してきている。

もともと「ひきこもり」という問題においては、従来より、当事者を部屋から叩き出し、強制的に施設に収容して社会適応のための訓練を施すような支援手法がメディアで持て囃されてきた。多くの家族や当事者、あるいは一般社会における理解としても、「早く社会復帰して一人前にならなければ」という社会規範にとらわれてきた。これは、日本社会における同調圧力が、「ひきこもり」という問題をめぐっても強く機能してきたためである。

しかしそのことにより、「人をひきこもらせる社会」自体は温存された。実は当事者は、就職の失敗や失業などでマジョリティの生き方から外れてしまったり、障害などもともと持ち合わせていた特性があったり、あるいはいじめや虐待、貧困、もしくはジェンダーやセクシュアリティ、エスニシティに関する困りごとなどをさまざまに抱えている。ゆえにむしろ、この生きづらさを生じせしめている社会的障壁をこそが変革されるべきであったが、それが看過されたことで、現在では、団塊の世代を中心とした80代の親とその子世代である団塊ジュニア世代の50歳代の未婚の子（多くはひきこもっている）が同居する生活困窮者世帯を焦点化する「８０５０問題」という言葉が登場するまでに至ってしまった。このままでは、20年後の社会においては子世代が貧困を抱えたまま70歳代に入ることから、今よりもいっそう深刻な格差や貧困が生じてしまうことになる。

２０２０年から続く新型コロナウイルス感染症の流行（コロナ禍）によって私は、この日本社会の使い勝手の悪さを改めて認識させられたが、一方で興味深かったのは、その使い勝手の悪さを使いやすいものに変えていこうとするよりも、旧態依然とした社会システム（古いシステム）を温存しようとすることに心血を注ぐ人々も多く見られたことである。いくら使い勝手の悪いものであっても、古いシステムはそれに長く慣れ親しんだマジョリティにとっては都合がよいものであったということである。しかし古いシステムを温存させ続ければ、20年後の社会は、今よりもさらに分断が激しいものになることが予想される。いったんマジョリティから外れたとたん、多くの社会的障壁を認識させられるのがこの日本社会であり、ゆえに必死にマジョリティ側にしがみつきつつ、マジョリティ側から離脱した人々を積極的に排除することに躍起となることで、この日本社会の同調圧力と社会的分断は一層高まるであろう。

ただし、現在はまだ一部の人々によってしか実践されていない当事者研究が広く一般化し、支援や政策形成の場における当事者参画が進むのであれば、むしろ20年後の社会においては、当事者ニーズにもとづく新しい社会システムと共生社会が構築されているであろう。すなわち、20年後の社会においては、当事者が個々人の生きづらさを言葉として発信し、仲間とともにそれへの対処の仕方を対話を通して研究するという当事者研究がありふれたものとなっており、またその当事者研究での成果を踏まえ、当事者や研究者、支援者などが共同で、私たちが生きるこの社会と自分の生き方との嚙み合わなさを検討することを通じて、この社会における私たちを取り巻く価値観や社会規範の問題性を明るみにしつつ、新しい社会システムを共同で構築していくことが、支援や政策形成の現場でもごく普通に行われているということである。「ひきこもり」という問題をめぐって言えば、「就労」という社会復帰を単に押し付けるのではない、より多様で本人のニーズや特性に応じた「本人なりの生き方」をどう社会的に保障していくのかを、当事者研究などの当事者との対話実践を通して支援や政策形成に組み込んでいくことが、20年後の社会においては実現されているであろう。ここでは、日本社会の同調圧力と社会的分断は過去のものとなっている。

人は元来多様なはずであり、生まれ持った特性から、育った環境、過ごした年代、慣れ親しんだ文化などはさまざまである。そして20年後の日本社会では、グローバル化のさらなる進展により、異なる背景を持った多様な人々がともに暮らしていることが今よりもいっそう高まっている。この20年後の社会においては、単に専門家が問題を特定して当事者を矯正するということは、「ひきこもり」に限らず、あらゆるテーマにおいて時代遅れとなる。多様性と格差が増大した20年後の社会のために、自分を含めた多様な背景や生き方を持つ人々とどのようにこの社会で暮らしていくのか、想像／創造すべき時期に来ているのが現在である。そのために私たちが当事者研究の方法や成果から学ぶべきことは多い。

【注】

（1）この経験については、かつて自分史として言語化したことがあり（伊藤、２０１０）、現在インターネット上で閲覧可能である（https://note.com/khk_110）。

（2）「ひきこもり」の当事者の生きづらさを、ミソジニー（女性嫌悪）やホモソーシャリティ（同性同士の社会的絆）

との関連で論じた論考としては伊藤（2016）を、「ひきこもり」の当事者活動を社会運動として捉え返す試みは伊藤（2020）を参照のこと。

（3） たとえば大阪で開催されている「生きづらさからの当事者研究会（づら研）」がある。このづら研は、大阪でフリースクールを運営するNPO法人フォロの行う「なるにわ」の活動（役割や立場にとらわれずに人々が集う居場所）の1つである。詳細は、「なるにわ」のウェブサイト（http://foro.jp/narnywa/）を参照のこと。

参考文献

伊藤絵美・向谷地生良（2007）『認知行動療法、べてる式。』医学書院。

伊藤康貴（2010）「『ひきこもり』の自分史──『ひきこもり』現象の社会学的考察」2009年度関西学院大学社会学部卒業論文。

伊藤康貴（2016）「『ひきこもり』と親密な関係──生きづらさの語りにみる性規範」『社会学評論』第66巻4号、480-497頁、日本社会学会。

伊藤康貴（2020）「社会運動としての『ひきこもり』当事者活動──自分の価値を取り戻す集合的戦略」『社会学評論』第71巻2号、281-296頁、日本社会学会。

熊谷晋一郎（2020）『当事者研究──等身大の〈わたし〉の発見と回復』岩波書店。

浦河べてるの家（2002）『べてるの家の「非」援助論──そのままでいいと思えるための25章』医学書院。

浦河べてるの家（2005）『べてるの家の「当事者研究」』医学書院。

第4節

愛媛県における介護の未来像

松山大学講師　濵本賢二

1　愛媛県が直面する介護サービス供給の課題

我が国における近年の経済状況を指して「失われた20年、30年」と言われることがあるが、この間に行われた政策の中で、約20年前に始まった介護保険制度は成功事例として挙げられるのではなかろうか。

我が国の高齢者向け社会保障給付費である高齢者関係給付費は、図1が示すとおり、1990年代まで老人福祉サービス給付の占める比率が低く、年金と医療に偏った状況が長く続いていた。

老人福祉サービス給付の占める割合は、1973年度では社会保障給付費のわずか0・95%であり、1989年にゴールドプラン、1994年には新ゴールドプランが策定されて、在宅福祉を充実する計画が打ち出されて以降も、1998年度まで1%台を推移しているにすぎない。老人福祉サービス給付が急激に上昇したのは介護保険制度が始まって以降であり、2000年度には4・6%に上昇した。データが示すとおり、介護保険制度は老人福祉サービ

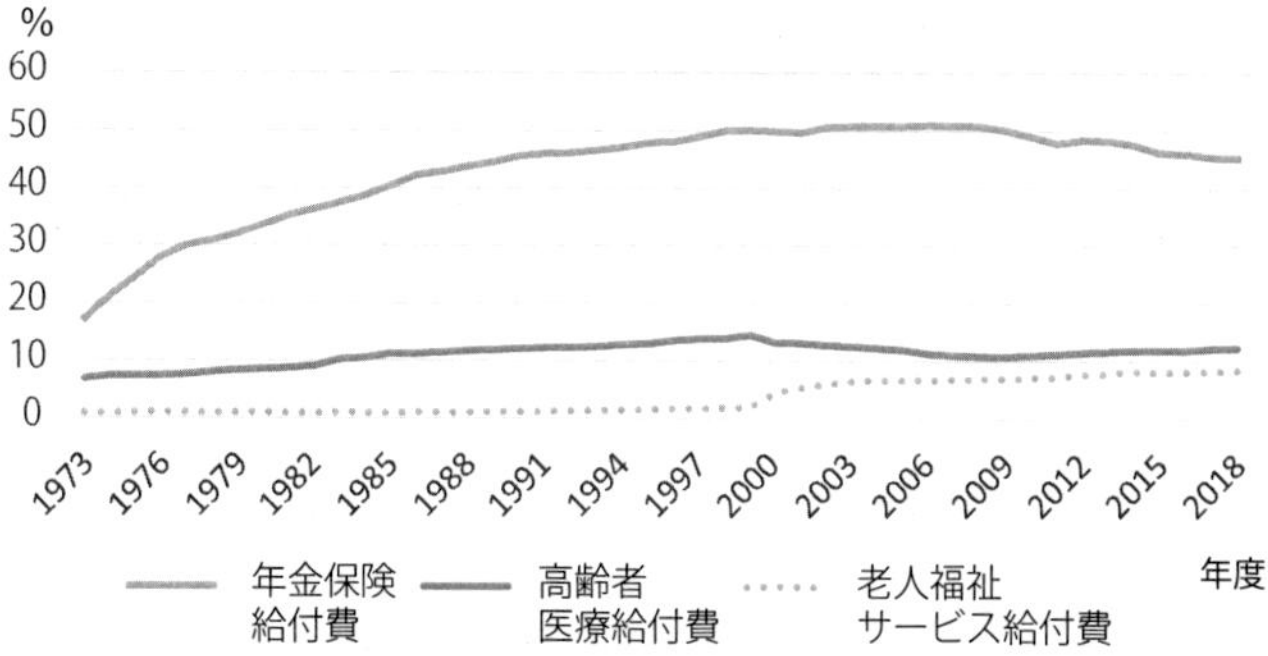

図１　高齢者関係給付費の社会保障給付費に占める割合の推移

出所：国立社会保障・人口問題研究所「平成30年度 社会保障費用統計」より筆者作成。

スを定着させ、介護地獄と揶揄される、介護を抱える家族の苦しみを緩和するのに大きな貢献を果たしたのである。しかし、今、その介護サービスの供給が、介護人材不足により揺らいでいる。

2　課題解決に不可欠な技術進歩

介護事業における人手不足の原因として、筆者は、人件費に充てられるべき財源が、他の用途に向けられている可能性があることを示した。具体的には、①借入れに多くを頼った過大な施設建設が、借入金償還費用を通じて人件費を圧迫している可能性、②事業者が、将来必要経費を過大に見積もり、収支差額を過剰に獲得しようとして人件費を圧迫している可能性、③事業者のオーナー個人が、事業収入の一部を私的利益として過大に獲得しようとして人件費を圧迫している可能性である。そして筆者は、非正規化と兼務化という方法

表1　介護サービス施設・事業所の
定員数に対する生産年齢人口

	介護老人福祉施設	介護老人保健施設	介護医療院	介護療養型医療施設	通所介護	通所リハビリテーション
全　国	131.8	200.3	4,718.8	2,205.5	97.5	257.2
愛　媛	117.3	139.6	5,278.6	1,397.0	61.1	173.4

	短期入所生活介護	特定施設入居者生活介護	地域密着型通所介護	認知症対応型通所介護	認知症対応型共同生活介護
全　国	501.9	244.9	290.6	1,897.1	352.4
愛　媛	302.6	196.0	200.3	1,767.9	141.7

（注）　2019年10月1日現在の生産年齢人口（15歳～64歳）を，2019年の各介護施設・事業所の定員数で割って計算している。
出所：厚生労働省「令和元年介護サービス施設・事業所調査」，および総務省統計局「人口推計」より筆者作成。

で事業者によって人件費が削減され、介護労働を魅力のないものにし、人手不足につながっていると考えられることを指摘している（注1）。

ただし、これからの介護人材不足は、賃金だけでは解決されない要因の影響が懸念される。それは、生産年齢人口の減少に伴う絶対的な労働者の不足である。この問題は、高齢化と人口減少が進んでいる地方において、より顕著であろう。

表1は、各介護サービス施設・事業所の定員数に対する生産年齢人口を見たものであるが、愛媛県は、「介護医療院」を除いたすべての施設・事業所で、定員数に対する生産年齢人口が少ないことから、各介護サービス施設・事業所における人材不足が窺える。愛媛県内の介護事業所では、7割の事業所が人手不足を感

じていて、4分の1以上の事業所が人手不足による利用者の受け入れ制限を経験しており（注2）、愛媛県は、20年後の２０４０年には介護職員が１０、０００人以上不足すると推計している（注３）。

労働供給不足がただちに解決できる問題ではない中で、介護人材不足を解決するにはどうすべきであろうか。それは、経済学に従えば、もう1つの生産要素である資本による代替である。具体的には、介護ロボットの導入による介護労働の代替が期待できる。しかしながら、そのためには、生産要素投入をサービス提供に変換する能力、すなわち技術進歩がなければ十分には機能しない。

20年後の２０４０年には、１人の高齢世代を1・5人の現役世代（生産年齢人口）で支えると推計されており（注４）、この２０４０年を指して２０４０年問題と呼ばれることがある。なお、愛媛県は、全国よりもさらに問題は深刻であり、1・2人の現役世代で1人の高齢世代を支えるようになると推計されている。また、一般世帯総数に占める1人暮らし高齢者（世帯主65歳以上の単独世帯）の割合でみても、２０４０年には全国が17・７％であるのに対して愛媛県は20・８％にのぼると推計されている（注５）。

3　明日を生きる―未来への願い

２０４０年問題を控え、この介護人材不足の解決策が喫緊の課題であることに気付いた愛媛県は即座に対応に乗り出し、20年後には現在の介護イメージから一変している。介護ロボットの技術が進み、力のいる作業や複数の介護者の対応が必要であった作業が軽減されて、高齢介護者（老老介護）や女性介護者1人でも対応できるようになっている。

技術の進歩が果たす効果は、介護労働に対してだけではない。要介護者の住環境にも及ぶ。高齢者だけで生活するのに、まず困るのは食事であるが、これは現在の宅配サービスの内容が大きく改善されて、利用が浸透している。高齢者には、日中でも睡眠時間が多いことなどから玄関先に出るのが難しいことにより置き配の方が都合の良い場合があること、噛む力や飲み込む力の低下により偏食が多いこと（注6）、電子レンジを使えるとは限らないこと、などの特性があるが、これらの事情を踏まえた食品保存技術が進歩した結果、食事宅配サービスが高齢者世帯にも受け入れられるようになったのである。食べ終わった後の残飯や食器類は、配達業者が回収するので、高齢者が生ごみの処理や洗い物をしないで済む。もし、食事に手をつけていなければ、配達業者が高齢者の確認をし、見守りの機能も果たす。次に困るのは掃除であるが、これは進歩したロボット掃除機により、家屋内が自動的に清掃される。次に困るのは洗濯であろう。これも、高齢者が洗濯物を籠の中に入れさえすれば、洗濯、乾燥から収納までをすべて自動で行ってくれる。そして最後に困るのが入浴であるが、全自動入浴により、浴室の椅子に座りさえすれば、進歩したミストシャワーによって浴槽に入っているかのような感覚を得ながら、洗髪も含めて体を洗ってくれる。独居高齢者にとって、浴室は危険な場所ではなくなっており、浴槽での溺死という痛ましい事故は聞かれなくなった（注7）。

技術進歩は、上記の介護労働や住環境だけに留まらない。高齢者自身の身体機能を代替する機器も開発されている。老化により身体機能が低下した高齢者は、身体の代替・補完を果たしてくれる機器を自然な形で無理なく装着しており、手足など自分の体を思うように動かせるようになっている。高齢者は自分への自信を取り戻し、身体面だけではなく、心の面・精神面も改善されており、積極的に外出して、人と関わりながら生活している。もはや、施設に入らなくても、高齢者は安心して自宅にて生活できるようになっているのである。

【注】

（1） 濵本賢二（2011）「特別養護老人ホームにおける介護職員定着化に関する研究」『医療と社会』21（1）、69－83頁、公益財団法人 医療科学研究所。
（2） 愛媛新聞（2020年4月4日）
（3） 愛媛県（2021）『愛媛県高齢者保健福祉計画・愛媛県介護保険事業支援計画（令和3～5年度）』。
（4） 国立社会保障・人口問題研究所（2018）『日本の地域別将来推計人口（2018年推計）』。
（5） 国立社会保障・人口問題研究所（2019）『日本の世帯数の将来推計（都道府県別推計）（2019年推計）』。
（6） ただし、高齢者の偏食の原因は、こうした身体的な理由だけではなく、1人で食べている孤食（孤食による孤独感といった精神的な理由を含む）によって生じている場合もある。
（7） 厚生労働省「人口動態統計」によると、2019年の家庭の浴槽での溺死者数は5、188人で、そのうち93・6％が65歳以上の高齢者である。2019年の交通事故による死亡者数4、279人よりも多く、高齢者にとって浴室は危険な場所となっている。

第5節

犬・猫と暮らす20年後
～ペットテックがペットとの生活をもっと楽しく簡単に～

経済コラムニスト　伊藤紀子

1　ペット需要の増加とペットテック市場の拡大

２０２０年からのコロナ禍では、人との接触機会が制限され、孤独を強く感じる人は増えたであろう。そうした中、ペットとの生活に癒しを求めようとする人が増えている。日本の２０２０年の犬猫飼育頭数は約１、８１３万頭と、人間の子どもの数よりも多く、また前年よりも増加した（ペットフード協会、２０２０）。２０１０年代後半から、ＡＩ搭載カメラによるペットの見守り、食事や健康管理におけるデータ活用、マイクロチップ埋め込みによる個体情報・繁殖管理、保護犬・猫と飼い主とのマッチングアプリなど、先端デジタル技術を使ったペット向けのテクノロジーやサービスである「ペットテック」市場が急拡大している。こうした技術は、ペットの行方不明や殺処分の減少にも貢献してきた（２０１９年度の全国の殺処分犬猫数は約３万２、７００頭、環境省）。20年後には、ますます少子化が進み、さまざまな困難を伴う子育てよりも、ペットを飼うことを選択する人が増えているかもしれない。20年後の人とペットの暮らしはどのように便利になっているのだろうか。

実をいうと、私はペットを飼うことが怖かった。子どもの頃、実家で犬と猫を飼っていたのだが、毎日散歩に行くのが面倒で、毛づくろいや餌の世話などもこまめにしてあげられず、上京するときには高齢になった犬と猫の世話を親に託してしまった。散歩に連れて行かなかった日に、犬が庭から私をじっと見ていた恨めしそうな顔がたまに夢に出てくるほど、後ろめたい気持ちが忘れられない。でも、20年後はそんなダメな飼い主をペットテックがサポートしてくれる。未来の自分が、さまざまな「便利道具」を駆使して、犬・猫と楽しく穏やかに暮らしている様子を想像することは、とても幸福だ。

2　20年後の未来におけるペットテックを活用した暮らし

20年後、生活に幾分余裕が出た私（女性、1人暮らし、年齢は初期の高齢者）は、郊外の小さな一戸建てに住み、室内で猫2匹と犬1匹を飼っている。犬と猫は、マッチングアプリで引き取り手を募集していた元保護犬・猫である。若く、健康な雑種。犬は茶色、猫はシマとトラ。希望を入力するとたくさんの情報が得られ、オンライン面談を経て、引き取りを決めた。朝起きたら、犬の散歩に行く。時間があり、気分が良い時は、もちろん自分で連れていく。しかし、眠い、頭が痛い、寒い、時間がない、体のどこかが不調であるというのは日常茶飯事であり、そんな日は「お散歩ロボット」に託す。私が起きそうにない雰囲気を察すると、賢い犬は即座にお散歩ロボットにおねだりに行き、しっぽを振る。私はお散歩ロボットの電源を入れ、犬とリードでつなげ、玄関で見送る。あらかじめ選択したルートを、登録された速さで、ロボットと犬は並んでぴったり寄り添い、仲良くお散歩する。信号、障害物、車などにはロボットが対応し、犬の安全を守る。私は布団の中で、犬のマイクロチップとGPS情報で所在地を確認している。ロボットの目に搭載されたカメラを通じて犬を見下ろし、犬は濡れた丸い黒い瞳でロボットを見上げる。そして犬は、私が離れていても見守っていることを確認して安心している。今日は「公園で運動コース」。公園につくと、朝のみずみずしい空気の中、ロボットは犬のリードをとってやり、犬は元気に駆け回り、他の犬と遊ぶ。他の犬もお散歩ロボットが散歩させていたら、ロボット同士、「不精な飼い主ですね」と世間話をする。時間が来るとロボットは犬を呼び寄せ、来た道を帰る。事故などの突発事態が起きた時、私は遠隔操作でロボットと犬をその場に待機させる。ロボットは犬を守り、私はロボットと犬を迎えに行く。散歩は犬にとって最重要事項であり、散歩の時間になると犬からのプレッシャーはものすごい（実家の犬は、散歩に行かないと目を三角にして般若のような表情をしていた）。でもこんな頼れるロボットがいたら、犬も飼い主もストレスがかなり軽減されるだろう。お散歩ロボットには、犬が立ち寄った箇所、マーキングの箇所（排泄物もロボットの道具できれいに処理する）、犬友達情報が毎日蓄積され、「犬めぐりコース」、「お気に入りの匂いめぐりコース」など、楽しい散歩コースのパターンがいくつも登録されていく。やがてロボットと犬の間には、私が入り込めないような友情が芽生えるかもしれない。その時は、ロボットと、犬と、私の3人で散歩に行くのも楽しいかもしれない。

散歩が終わったら、家に入る前のスペースで犬の足を洗い、「万能ブラシ」で身体を撫でれば、ホコリ、虫、ゴミ、草、抜け毛がすべて取り除かれ、全身ピカピカになる。私が散歩に行った日は、私の服も撫でて、服についた抜け毛も完全に取り払う。家では猫も起きてきて、身体を足に摺り寄せ、ニャアニャアとごはんをねだる。明るい縁側で「自動餌やり機」のスイッチを押すと、3匹のそれぞれの皿に、餌が適量与えられる。犬種・猫種、年齢、体重、好み、その日の体調によって、3匹のデータを個別に分析して、フードを配合して提供してくれる。データは毎日蓄積されて、私は犬と猫の好みや、自動餌やり機が推奨するメニューに応じて適切なフードを購入し、餌やり機にセットしておく。めいめいに食べ始める。犬は残さず食べたが、気まぐれな猫は大半を残してしまった。残された餌はすぐに回収されて、付属の自動食洗器が皿を洗う。残された餌の量や種類はデータとして蓄積され、次回の餌の配合時は、より好みに合った餌が配合される。水も24時間浄水され、猫草も新鮮なものが食べられる。猫草への水やりも、自動餌やり機に任せる。猫のトイレは2匹それぞれにある。排泄後に自動で掃除してくれるだけでなく、回数や量がデータとして記録され、異常がある場合には私に知らせてくれる。

朝ごはんのあと、犬は疲れて少し眠る。猫は遊び始めた。テレビの天気予報の気象予報士が持っている棒を、必死で追いかけたりしている。猫の狩りへの本能は昔も未来も変わらない。朝食後、みんなで仕事場近くの「託児所」ならぬ「託犬猫所」に行く。足腰が弱って運転に自信がないので、自動運転タクシーをアプリで予約する。ペットを乗せることが可能で、ペットが落ち着かなければ飼い主の匂いを充満させたり、猫じゃらしの立体映像を映し出し、移動中の緊張を和らげる。託犬猫所に着くと、そこには広い庭やキャットタワーがあり、常駐するお世話ロボット、他の犬・他の猫と、ペットは自由に遊び、おやつを食べたりする。昼休みになると、私は犬と猫に会いに行き、少し撫でたり、体調に変化がないか確認する。オンラインで託犬猫所を常時管理しているペット保育士は、預かっているすべての犬猫それぞれの行動を見張りつつ、飼い主との間で食事、健康、性格などのデータを共有している。私は心配事があると相談に乗ってもらい、時には獣医やペットカウンセラーを紹介してもらう。仕事が終わったら犬と猫を迎えに行き、一緒に帰る。夕焼けを見ながら、帰りのタクシーの中で犬と猫に今日の仕事の愚痴や楽しかったことを話すのだ。託犬猫所に連れて行くのが難しい日は、ペットカメラをつけて家で留守番させる。未来のお掃除ロボットは、犬猫の毛や匂いを察知して家中をいつも清潔に保つ。汚してしまった個所も、即座に掃除し雑巾がけをしてくれる。

帰ったらまた「万能ブラシ」で身体と服をきれいにして、自動餌やり機で夜ごはん。テレビを見て、大きなベッドでみんな一緒に眠る。布団の上の犬と猫の重み、高い体温、濡れた鼻、薄い耳、速い心臓の鼓動を直に感じながら、一日の疲れの中で眠りに落ちる。次の日の朝にも、犬と猫はその丸い瞳で散歩や餌をねだり、昨日と同じように一緒に出掛け、不満があると訴えてくる。私たちは、日進月歩のデジタル社会や、複雑極まりない人間関係で、疲れ切っている。身体が今よりも老化しているうえに、いっそうのデジタル化やオンライン化でさらに疲労しているであろう20年後の私にとって、ペットとのリアルなコミュニケーションは、きっと大事な心のよりどころとなっているだろう。

3　ペットと築く楽しく快適な未来に向けて

動物は人間の言葉を話さない。だから、自らに都合の良いようにペットの気持ちを解釈して、ストレス解消のために虐待したり、SNSでペット自慢をした後に飽きたら放り出したりしても、ペットは抗議すらできない。犬への愛情あふれるたくさんの小説を出されている近藤氏が言うように、ペットを虐待したり、保健所に持ち込んでしまう人の多くは、一度はペットを愛し、一緒に生きようとした人たちである（近藤、2008、2016）。ペットテックによりペットを飼いやすくなったとしても、最期まで世話する覚悟が何よりも重要であることは未来も変わらない。ペットは、人間の孤独をいやす道具でも、人に見せびらかすおもちゃでもない。それぞれが固有の身体や心を持った生き物である。世話は大変だが、犬や猫の願望を理解して、それに寄り添うことはそれほど難しくない。犬や猫は、好きな相手（飼い主や友だち）と一緒にいること、昨日と同じように今日も快適に暮らすことを望んでいるだけだ。そして、長い時間を共有することで、必ず飼い主への信頼や愛情を示してくれ、飼い主も彼らへの愛情を示すことで、お互いが満足する。デジタル技術を活用してもっと気楽に、物言わぬペットの心と身体に寄り添いながら、日々の生活を楽しむ。シンプルで、淡々とした、冷静な「他者」としてのペットとの間に安定した穏やかな関係を築ければ、私たちは、うるおいや実感の持てる、ゆったりとした心身を取り戻せるのではないかと思う。

参考文献

近藤史恵（２００８）『黄泉路の犬 南方署強行犯係』徳間書店。

近藤史恵（２０１６）『シャルロットの憂鬱』光文社。

環境省「犬・猫の引取り及び負傷動物等の収容並びに処分の状況」https://www.env.go.jp/nature/dobutsu/aigo/2_data/statistics/dog-cat.html（閲覧日：２０２１年４月７日）

ペットフード協会（２０２０）『２０２０年（令和２年）全国犬猫飼育実態調査結果』https://petfood.or.jp/topics/img/201223.pdf（閲覧日：２０２１年４月７日）

第6節

発達する技術と置き去りの技術
～北海道における銃猟の重要性を踏まえて～

宗谷森林管理署森林官（礼文担当区）　松野寛了

あなたは町の中を安全に歩けることを当然のことと思っているだろうか。しかし想像してほしい。町を悠然と歩いている中、突然ヒグマがあなたの目前に現れる。あなたは恐怖を感じるだろうが、すぐに助けてくれるものは誰もいない。なぜなら、ヒグマを撃てる銃猟者は皆年老いていなくなってしまったから。これが20～30年後、北海道の町々に待っている現実かもしれない。

1　はじめに

野生鳥獣の農作物等や人身への被害は全国的な課題となっている。北海道でもエゾシカ、ヒグマによるデントコーンやビート等、北海道の主要農作物への被害は問題となっており、令和元年のエゾシカによる農林業被害額は37・97億円、ヒグマでは2・23億円となっている

（注1）。またヒグマに関しては、2016〜2020年の5年間に合計13人の死傷者が発生している（注2）。北海道住民の経済・安全を守るためには、狩猟や有害駆除等によるエゾシカおよびヒグマの捕獲が欠かせないところである。

2　野生鳥獣被害対策における銃猟の重要性

2019年のエゾシカおよびヒグマの捕獲数はそれぞれ106,774頭（注3）および822頭（注4）となっており、その手法は大きく分けて、わな猟と銃猟の2通りである。ヒグマは通常の狩猟では銃による捕獲のみが認められており、農林水産業または生態系への被害防止を趣旨とし、北海道知事の許可のもと行われる有害駆除では、わな猟による捕獲は認められているが、銃猟では対応できない場合に行うことを基本としている（注5）。

わな猟と比較し、銃猟は臨機応変な追跡や捕獲が可能、捕獲すべき個体の選別が容易という利点がある。また、一部地域の高圧電線など施設保守点検業務では、ヒグマから身を守るため銃所持者の同行を必要とするなど、北海道住民の生活を守るために銃の存在は欠かせないものとなっている。筆者は銃を所持してから6年になるが、猟銃が地域社会の農作物等財産や住民の生命を守っているという背景があるからこそ、住民や警察が銃所持者への一定の信頼を寄せているということを実感している。

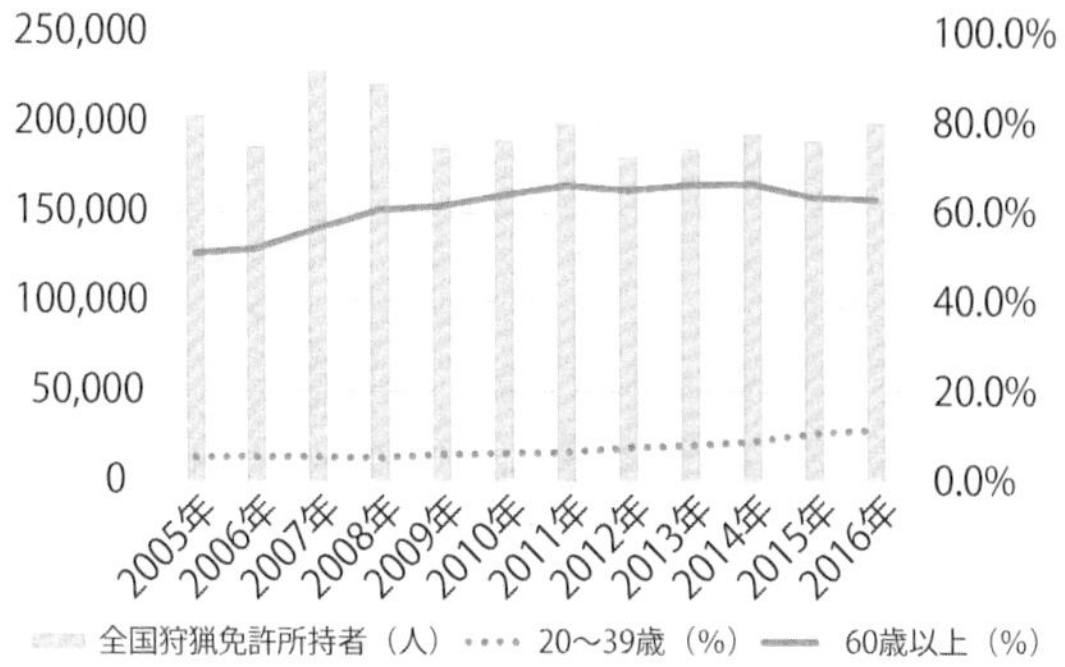

図１　全国狩猟免許所持者数，20～39歳および60歳以上割合

出所：環境省『年齢別狩猟免許所持者数』https://www.env.go.jp/nature/choju/docs/docs4/menkyo.pdf（閲覧日：2021年4月1日）より筆者作成。

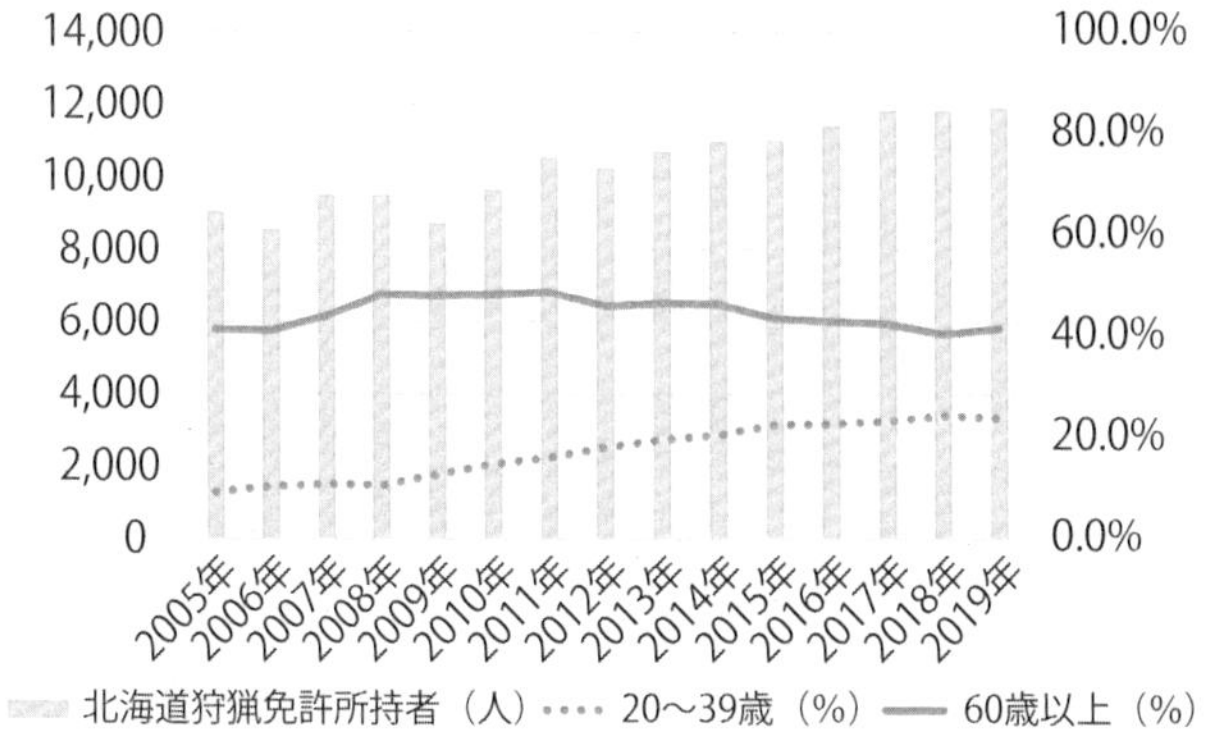

図２　北海道狩猟免許所持者数，20～39歳および60歳以上割合

出所：北海道（2019，2016，2013，2010，2007）『鳥獣関係統計（北海道版）令和元年度，平成28年度，平成25年度，平成22年度，平成19年度』http://www.pref.hokkaido.lg.jp/ks/skn/toukei/tyozu.htm（閲覧日：2021年4月1日）より筆者作成。

	わな猟		第一種銃猟		第二種銃猟		網猟		合計	
019年	4,677人	(39.28%)	6,689人	(56.18%)	47人	(0.39%)	494人	(4.15%)	11,907人	(100%)
018年	4,549人	(38.48%)	6,693人	(56.61%)	52人	(0.44%)	528人	(4.47%)	11,822人	(100%)
017年	4,398人	(37.24%)	6,863人	(58.11%)	49人	(0.41%)	501人	(4.24%)	11,811人	(100%)
016年	4,192人	(36.78%)	6,664人	(58.47%)	45人	(0.39%)	496人	(4.35%)	11,397人	(100%)
015年	3,992人	(36.29%)	6,484人	(58.94%)	50人	(0.45%)	475人	(4.32%)	11,001人	(100%)
014年	3,795人	(34.60%)	6,715人	(61.22%)	52人	(0.47%)	406人	(3.70%)	10,968人	(100%)
013年	3,628人	(33.94%)	6,635人	(62.07%)	49人	(0.46%)	377人	(3.53%)	10,689人	(100%)
012年	3,381人	(33.10%)	6,425人	(62.90%)	52人	(0.51%)	357人	(3.49%)	10,215人	(100%)
011年	3,050人	(28.98%)	7,064人	(67.12%)	49人	(0.47%)	361人	(3.43%)	10,524人	(100%)
010年	2,348人	(24.36%)	6,918人	(71.79%)	45人	(0.47%)	326人	(3.38%)	9,637人	(100%)
009年	1,655人	(18.98%)	6,744人	(77.36%)	41人	(0.47%)	278人	(3.19%)	8,718人	(100%)
008年	1,341人	(14.16%)	7,342人	(77.52%)	29人	(0.31%)	759人	(8.01%)	9,471人	(100%)
007年	1,173人	(12.39%)	7,343人	(77.53%)	27人	(0.29%)	928人	(9.80%)	9,471人	(100%)

図３　北海道種類別狩猟免許所持者数

※割合は小数点第３位で四捨五入。
出所：北海道（2019, 2016, 2013, 2010, 2007）『鳥獣関係統計（北海道版）令和元年度，平成28年度，平成25年度，平成22年度，平成19年度』http://www.pref.hokkaido.lg.jp/ks/skn/toukei/tyozu.htm（閲覧日：2021年４月１日）より筆者作成。

３　担い手の偏り

北海道住民の生活を支えている狩猟者ではあるが、その担い手の確保には課題がある。全国的に狩猟免許所持者の高齢化が進んでおり、２０１６年時点で60歳以上が62・74%となっている（図1）。北海道では狩猟免許所持者が増加傾向にあり、かつ60歳以上が２０１６年時点で42・97%と全国と比較して低く、その後も減少傾向になっている。逆に20～39歳の割合は２０１６年時点で、全国では11・57%に対して北海道は22・68%と2倍近くになっており、その後も増加し続けている（図2）。このように北海道での狩猟者確保および世代交代は、全国と比べ好調であるといえる。しかし、所持免許の種類には偏りがあり、散弾・ライフル銃を扱える第一種銃猟免許所持者数の割合は2007年の77・53%から2019年の56・18%と減少し、わな猟免許所持者割合は2007年12・39%から2019年39・28%と3倍以上となっている（図3）。このことから若手参入は進んでいるものの、わなを扱う狩猟者に偏りつつあることが読み取れる。

なお、有害駆除でエゾシカ・ヒグマ等を捕獲した狩猟者には市町村から奨励金が支払われるほか、食肉加工施設によるエゾシカの買い取りも行われているが、わな猟（くくりわな）は肉質が悪くなりやすいため、銃猟で適切に捕獲したエゾシカの方が高額買い取りとなりやすい。それにも関わらず、銃猟者が増加しない理由としては、技術的なハードルの高さが考えられる。

4　発達するわな猟、置き去りの銃猟

北海道森林管理局知床森林生態系保全センターでは、2013年から始まったエゾシカ捕獲では主に囲いわなを採用していた。初期は原始的な手法も使われ、人間が囲いわな近辺で待機、中に入ったエゾシカをケーブルビデオで確認し、遠隔で扉の開閉操作をするものもあった。しかしその後、わなに入ったエゾシカの個体数をカウントし、設定した以上の頭数が入れば自動で扉が閉まる装置が採用されるなど技術が発達し、取り入れられるようになった。現在では業者間の価格競争も進み、1つ当たり1万円にも満たない安価なくくりわなや

図4　囲いわなによるエゾシカ捕獲の様子

出所：林野庁（2013）『平成25年度網走南部署斜里地区鳥獣被害対策エゾシカ捕獲事業第1号その2報告書』http://www.rinya.maff.go.jp/hokkaido/policy/business/pr/siritoko_wh/attach/pdf/koukakennsyou-3.pdf

発信器、わずか数万円の電気止め差し等がインターネットで手軽に買えるようになり、わな狩猟者の経済的、身体的負担を減らす技術は大変発達したといえるだろう。

一方で銃猟を取り巻く技術的な環境はまったく変わっていない。銃猟をサポートする新たな技術開発はなく、ほぼ個人の技量、修練に頼っている状況である。特にヒグマの捕獲では、主にライフル銃が使用されるが、業務で使用するなど特別な事情がない限り、銃所持許可証を取得した者は10年間ライフル銃を所持することはできず、ハーフライフルと呼ばれる代用品を使用することになる。ハーフライフルは一般的に飛距離、威力、精密性いずれもライフル銃に劣っており、ヒグマ猟に対応する上では非常に不利である。また、ヒグマ猟は反撃の恐れがあり、手負いグマにすることを避ける必要から、エゾシカ猟以上の技量が求められる。

このような過酷な条件を乗り越え、修練を積んだベテラン猟師たちが銃猟捕獲を支えてきたが、その高齢化に伴い引退は避けられない。確かにわな猟は銃猟に比べ致命的な事故が起こりにくく、販売業者、狩猟者ともに参入ハードルが低いが、銃猟者が減れば今後、北海道の獣害対策の手法は限定されるだろう。

5　銃猟にも技術革新を

銃を扱うことに責任と鍛錬が求められるのは異論がないが、個々人の努力には限界があり、銃猟にも技術的なサポートがなければならない。筆者はドローンの存在がポイントと考えており、20年後ドローンが野生動物を自動追跡、追い込みを行って銃猟者を助ける未来を想像している。しかし、それだけではまだまだ足りない。自宅でも簡単にできる射撃練習システム（レーザー射撃、構えの正確さの判定など）で心理的ハードルを下げる、赤外線で獲物を識別する装置など、より実践的で銃猟者本人に働きかける技術開発が必要ではないだろうか。もちろんこのような技術には、自動運転車と同様、事故を起こした時の責任は狩猟者か、製品を販売した会社か整理する議論が必要になる。

また、銃猟者の減少が食い止められない場合は、銃付きドローンを使った捕獲等、人に頼らない捕獲技術も求められるようになるかもしれない。この場合も、誤射が発生した場合の責任の所在の問題を解決する必要があるので、業者の参入は容易ではないだろう。しかし困難だが必要な技術にこそ、技術開発が必要である。

【注】

（１）北海道（２０２０）『野生鳥獣被害調査結果（令和元年度分）』http://www.pref.hokkaido.lg.jp/ks/skn/higai2019.pdf（閲覧日：２０２１年４月１日）

（２）北海道（２０２０）『ヒグマの捕獲数・被害の状況（Ｓ37～Ｒ２）』http://www.pref.hokkaido.lg.jp/ks/skn/higuma/data10.pdf（閲覧日：２０２１年４月１日）

（３）北海道（２０２０）『エゾシカ捕獲数の推移』http://www.pref.hokkaido.lg.jp/ks/skn/est/R2/R1hokakusuukakutei.pdf（閲覧日：２０２１年４月１日）

（４）注２と同様。

（５）北海道（２０１８）『ヒグマ捕獲許可取扱方針』http://www.pref.hokkaido.lg.jp/ks/skn/higuma/hokakukyokatoriatukai.pdf（閲覧日：２０２１年４月１日）

編集後記

本来、イノベーションという概念は非常に多義であり、その議論も無数になされている。そのため、本書ではこの概念について具体的なフレームワークを設けず、著者の自由な発想に依拠した。ときに読者の期待されたそれと違うこともあるかもしれないが、それもイノベーションの1つであると甘受いただけたら幸甚である。

本書のテーマは20年後の未来である。筆者は２０１７年に小説家（椋田撩）として２００年後の日本の未来を執筆した（『ソフト経済小説で読む超高齢化社会　21世紀ネバーランド政策』晃洋書房）。科学技術の進歩は現在で固定し、普遍的なテーマであろう〝人と人のつながり〟におけるイノベーションを描いた。しかし、科学技術は日進月歩であり、それに伴って、人の思考や行動様式も変わる。その一切を捨象したことへの反省を踏まえつつ本書の刊行に携わった。現在は過去から未来へと連続する時間軸にある。ある時点を境に時間軸が断絶して未来が出現することは、フィクションでもない限り起こり得ない。未来を予測するヒントは、過去、そして、現在に必ず隠れている。

リダ・フジック氏の理論ＴＦＴＫ（The First To Know）によると、現在、主流（メインストリーム）になっているような消費行動の多くは、少数（約2・5％）のイノベーター層の間で、約20年前に発生した価値観であるという。イノベーター層で直感的に受容された価値観が、その後20年かけて主流化し、陳腐化していく（注1）。つまり、本書のテーマである20年後の未来とは、まさに今頃、少数のイノベーター層でにわかに芽生えつつある価値観であると言える。今現在、突拍子もなく馬鹿げていると思えるアイデアが、10年後には一般に普及し始め、20年後には常識になっているかもしれない。

予測研究で知られるフィリップ・テトロック氏によると、未来を予測するにあたり2種類の思考スタイルがあるという。1つは確固たる理論や原則を信じ、それを他の事象に適用して未来を予測するハリネズミ型。もう1つは、複数の見解を比較検討して、未来を予測するキツネ型である。そして、キツネ型の方が未来予測の正答率は高いようである（注2）。

本書はさまざまな分野の専門家が、ときに論理を飛躍しつつも、持論に基づく未来を展開した。複数の専門家の見解を比較考察して未来を予測するにあたっての最適な資料であろう。

読者皆様が自身の信念（理論や原則）を基に、本著者のさまざまな見解を比較検討し、的確な未来予測に至ることを祈念している。その予測の一端に貢献できることが、編著者の1人として何よりも光栄である。

【注】

（注1）インテージ（2020）「超先進層にフォーカスし、新しい価値観の兆しをいち早くキャッチするアプローチ～未来への兆しを見つけ出す foresight（フォーサイト）（後編）～」『インテージ 知る Gallery』2020年11月18日公開記事。https://www.intage.co.jp/gallery/foresight-2/#section1（閲覧日：2021年9月4日）

（注2）ウォルター・フリック（2015）「『未来を予測するスキル』は訓練で高められる」『ハーバード・ビジネス・レビュー』https://www.dhbr.net/articles/-/3369（閲覧日：2021年9月3日）

明治大学兼任講師　土居拓務

《編著者紹介》

水野勝之（みずの・かつし）

明治大学商学部教授，博士（商学）。早稲田大学大学院経済学研究科博士後期課程単位取得退学。『ディビジア指数』創成社（1991 年），『新テキスト経済数学』中央経済社（2017 年，共編著），『余剰分析の経済学』中央経済社（2018 年，共編著），『林業の計量経済分析』五絃舎（2019 年，共編著），『防衛の計量経済分析』五絃舎（2020 年，共編著），『コロナ時代の経済復興』創成社（2020 年，編著），『基本経済学視点で読み解く アベノミクスの功罪』中央経済社（2021 年）その他多数。

土居拓務（どい・たくむ）

明治大学商学部兼任講師，商学研究所所属特任研究員。林業普及指導員（区分：地域森林総合監理）。2017 年，一般社団法人パイングレース設立。『ドラマで学ぼう！　統計学～森の中の物語 Statistics in the Forest』五絃舎（2020 年，共編著），『林業の計量経済分析』五絃舎（2019 年，共編著），『余剰分析の経済学』中央経済社（2018 年，共編著），その他。

（検印省略）

2021 年 9 月 20 日　初版発行　　略称 ― 未来予想図

イノベーションの未来予想図
―専門家 40 名が提案する 20 年後の社会―

編著者　水野勝之
　　　　土居拓務
発行者　塚田尚寛

発行所　東京都文京区春日 2 − 13 − 1　株式会社 創成社

電　話　03（3868）3867　ＦＡＸ　03（5802）6802
出版部　03（3868）3857　ＦＡＸ　03（5802）6801
http://www.books-sosei.com 振　替　00150-9-191261

定価はカバーに表示してあります。

ISBN978-4-7944-3237-8 C3033
Printed in Japan

組版：スリーエス　印刷・製本：鳩

落丁・乱丁本はお取り替えいたします。